from・to 保育者 books ③

おりがみ よくばり 百科

津留見裕子／編著　池田かえる・いわいざこまゆ／製作・アレンジ

本書のおすすめポイント

ポイント1
折り紙の ネタ が
いっぱい！
161 例

1年間通して使える、
折り紙のアイデアが満載！
保育のいろんな場面で
活用できます！

ポイント2
折り紙を使った
アイデア がたっぷり！
壁面 35 例
アレンジ遊び 70 例
せいさく帳 41 例

ポイント3
折るときにわかりやすい！
子どもへの ことばがけ
コツなどの ポイント 付き！

ポイント4
いつでも遊べる・使える
お役立ち折り紙 も満載！

ポイント5
壁面 作りに
すぐ使える
型紙付き！

本書を読む前に

●本書の折り図には、折り方がわかりやすいように、3つの吹き出しマークを付けています。

　子どもへのことばがけ例
Point!　折るときのコツ、注意点
Hint!　活用への気づきや発展へ

●折り紙を保育で生かせる詳しい解説やスキルアップ術は、P.98〜P.103をご覧ください。

●本書では、主に、一般的に手に入りやすい15cm×15cmサイズの折り紙を使用して製作しています。それ以外の大きさの折り紙を使用しているときは、（　）内に示しています。また、折り紙はさまざまなサイズの物があります。使用対象、作品を飾る場所に応じた紙で楽しんでください。

ひかりのくに

・・・・・・・・・・・・・・P.80～97

92 ごっこで遊ぼう！	●かんむり／中華屋さんの帽子 ・・・・・・・92
93 便利な入れ物グッズ	●コップ●箱 ・・・・・・・・・93
	●三方 ・・・・・・・・・・・94
	●つのこう箱 ・・・・・・・・95
	●三角の入れ物 ・・・・・・・96
	●平たい入れ物 ・・・・・・・97

4 折り紙スキルアップ術 ・・・・・・・・・P.98～103

その1 ★ 折り紙が楽しくなる!! ことばがけ＆折り図記号・・98
その2 ★ 子どもといっしょに楽しく折るために ・・・・・101
その3 ★ 保育でさらに折り紙を活用!! ・・・・・・・・102
その4 ★ 壁面製作が簡単で楽しくなる!! コツ＆アイデア・・103
その5 ★ せいさく帳がすてきに束ねられる!! アイデア・・・103

☆ 便利な型紙 ・・・・・・・・・・・・104
☆ いつでも使える、お役立ちチケット ・・・117
○ 折り紙さくいん：ジャンル別 ・・・・・・118
○ 折り紙さくいん：５０音順 ・・・・・・・119

季節の折り紙 (10月～3月) ・・・・・・・・・・・・・・・・・・・・・・・P.46～79

	各月の折り紙	壁面	アレンジ遊び	せいさく帳	
10月	●ドングリ ●クリ	●ドングリがいっぱい！	●ドングリカバン ●コロコロシアター ●くっつけクリクリ～	●ダンスパーティー	46
	●魔法使い ●キャンディー	●ワクワクハロウィン	●魔法の書を作ろう！ ●甘いポケットすごろく	●魔法使いのスープ	48
	●リス ●カボチャ●キノコ●貝		●リスさんのおうち拝見！ ●お菓子をちょうだい	●テクテク働き者リスさん ●キノコ、ノコノコ	50
11月	●落ち葉＊とがった葉＊イチョウ	●ホクホク焼きイモ	●落ち葉のファッションショー ●落ち葉で DE パズル	●葉っぱくんのお散歩日記	52
	●ミノムシ ●丸い葉 ●本 ●クレヨン		●ユラユラミノムシ ●葉っぱで変身!! ●はじまりはじまり…！ ●クレヨンのしおり	●寒くてもへっちゃら！	54
12月	●サンタ●トナカイ	●サンタクロースがやって来た。	●ミニツリー＆オーナメント	●空を走るサンタさん	56
	●リボン◎ちょこっとアレンジ de へんしーん！ ＊チョウチョウ	●プレゼントがいっぱい	●カウントダウン！ ●活用！ デコレーション ●チョウチョウの花集め	●ぼくもわたしもサンタさん	58
	●リース●ケーキ ●クルクル		●ケーキ屋さんごっこ ●クルクル、ミニ絵本	●キラキラリース	60
1月	●かんたん・コマ ●チャレンジ・コマ	●あけましておめでとう	●クルクルモビール ●ぶらさがりやじろべえ	●おっとっとサーカス ●おめかしゴマ	62
	●羽子板●おしし	●今年の目標は？	●はねつきをしよう！	●お正月が来た！	64
	●福の神●野菜＊ゴボウ＊ダイコン＊ニンジン				66
2月	●かんたん・鬼 ●チャレンジ・鬼	●鬼っ子ダンシング！	●小鬼のいないいないばぁ！ ●節分グッズあれこれ	●鬼っ子フィーバー!!	68
	●雪だるま●てぶくろ◎ちょこっとアレンジ de へんしーん！＊ペンギン	●仲よし雪だるま	●雪だるまマン参上！	●雪大好き！	70
	●ツバキ●ハクチョウ		●湖を泳ぐハクチョウ	●パッと咲くツバキ ●湖の探検だ！	72
3月	●かんたん・おひなさま◎ちょこっとアレンジ de へんしーん！＊かき氷＊ソフトクリーム	●みんなでひなまつり	●どこに並べよう？	●ニコニコひなまつり	74
	●チャレンジ・おひなさま●おびな●豪華めびな				
	●富士山◎ちょこっとアレンジ de へんしーん！ ＊プリン●ツクシ	●卒園おめでとう！	●NO.1で賞！	●夢はBigに！	76
	●ツル●羽ばたくツル●カメ		●クルクル、カメレース ●カメ Family 愛の力		78

※折り紙だけのさくいんは、P.118 ～P.119 をご覧ください。

よくばり CONTENTS

本書のおすすめポイント／本書を読む前に・・・・・・・・・・1

① 年中使える壁面・・・・・・・・・・・・・・・・P.4〜9

使いまわし壁面
- ようこそワクワク森へ 春／夏／秋／冬・・・・・・4
- 大空の下で 春／夏／秋／冬・・・・・・・・・・・6
- 動物がいっぱい！ ウキウキお散歩／みんなで発表会・・8

誕生表
- みんな元気におめでとう！・・・・・・・・・・・9
- 12か月のHappy Birthday!・・・・・・・・・・・9

③ お役立ち折り紙 いつでも 遊べる! 使える!

81 変身折り紙
- ① 山／プリン／家／木／キツネ／帽子／冬の帽子・・・81
- ② まくら／サンドイッチ／電車／船／バス／帽子・・・82
- ③ 家／店／ピアノ／帽子／さいふ・・・・・・・・・83
- ④ ウサギ／ゾウ／ネコ／ライオン／クマ／パンダ・・・84
- ⑤ ぱくぱく／やっこさん／はかま／クリのいが／パッチンカメラ／イス／テーブル／クローバー／花・・・86

88 遊びの折り紙
- ピョンピョン動物＊ウサギ＊ネコ＊ブタ・・・・・・88
- アクロバットホース・・・・・・・・・・・・・・89
- しゅり剣・・・・・・・・・・・・・・・・・・・90
- 紙飛行機＊へそ飛行機A・B＊いか飛行機・・・・・91

② 季節の折り紙（4月〜9月）・・・・・・・・・・・・・・・・・・・・・・・・P.10〜45

	各月の折り紙	壁面	アレンジ遊び	せいさく帳	
4月	●かんたん・チューリップ◎ちょこっとアレンジdeへんしーん！＊イヌ＊セミ●葉っぱ●チャレンジ・チューリップ	●ニコニコ入園式	●ペープサートでこんにちは！●チューリップペンダント	●きれいに咲いた！	⑩
	●イチゴ◎ちょこっとアレンジdeへんしーん！＊ブドウ＊赤カブ＊宇宙人＊肉まん＊クリ＊カッパ●ことり	●イチゴ畑へようこそ！	●イチゴでごあいさつ●足長ことりのダンス	●フワフワ葉っぱベッド	⑫
	●かんたん・チョウチョウ●チャレンジ・チョウチョウ●テントウムシ●ハチ		●どこにとまる？●ヒラヒラチョウチョウ●おいしいお花はど〜れ？	●チョウチョウ見つけた！●お花畑で遊ぼうよ！	⑭
5月	●かんたん・こいのぼり●チャレンジ・こいのぼり	●ゆったりこいのぼり	●くぐって遊ぼう！●ミニこいのぼり	●親子でスーイスイ！●ユラユラこいのぼり	⑯
	●おにぎり＊かしわもち●かぶと	●おむすびころりん	●クイズ！ 具はなあに？●かしわもちくんデビュー	●ワクワク！ お弁当作り●はっけよい！ with 金太郎	⑱
	●電車●カーネーション●かんたん・オタマジャクシ●チャレンジ・オタマジャクシA・B		●いつもありがとう！●のぞいてごらん池の中	●GO! GO! 電車●カラフルオタマジャクシ	⑳
6月	●かんたん・カタツムリ●チャレンジ・カタツムリ	●雨降りも大好き！	●カタツムリの花びん●ユラユラカタツムリ●カタツムリのお散歩	●雨粒いっぱい！	㉒
	●うで時計	●チクタク時計ワールド	●今、何時？ ゲーム●魔法の時計	●My 時計コレクション	㉔
	●雨粒◎ちょこっとアレンジdeへんしーん！＊ナス＊カキ●カエル●アジサイ●ネクタイA・B		●おしゃれネクタイ		㉖
7月	●おり姫・ひこ星●ロケット◎ちょこっとアレンジdeへんしーん！＊ひこ星	●天の川でピクニックデート	●ちょこっとラブレター●おでかけポシェット	●五色の天の川	㉘
	●クジラ●流れ星	●スイスイクジラ	●波乗りクジラ●ユラユラクジラ	●クジラの親子	㉚
	●かざぐるま●だまし舟●七夕飾り＊ちょうちん＊貝＊網		●ダンシングかざぐるま●キラキラ、ササ飾り●おばけだぞ〜！	●ビックリ！ からくり絵	㉜
8月	●セミ●クワガタムシ	●Let's go! 虫捕り！	●ワクワク夏の森●こっちの蜜は甘いぞ〜！	●夏の虫Getだぜ！	㉞
	●ヒマワリ●トマト	●ヒマワリ畑	●ニコニコヒマワリ●カッパに変身	●元気に咲いたね！●たくさん実ったよ！	㊱
	●風船●キンギョ●スイカ		●やさしい積み木●キンギョ、ヨーヨー●メロンもパクリ！	●大きなおくちでア〜ン！	㊳
9月	●トンボ	●秋が来た！	●秋色みーつけた！●The! トンボのめがね●トン・トン・トンボ飛んだ！	●秋空トンボ	㊵
	●コスモス	●コスモス畑でかくれんぼ	●コスモスプログラム●コスモスで部屋飾り●がんばったね！ ペンダント	●コスモスきれいだね〜！	㊷
	●果物＊ミカン＊リンゴ＊ナシ＊クリ＊カキ●ススキ●バッタ●キク		●果物屋さんごっこ	●月夜のかくれんぼ●大きくジャンプ！	㊹

1 年中使える壁面

折り紙を使い、ちょっとした工夫を加えると、1年間楽しめる壁面や誕生表が簡単に作れます。

使いまわし壁面

ようこそワクワク森へ

大きな木に四季のすてきな折り紙を咲かせましょう！ 子どもたちとの共同作業でしあげてください。

土台作りのPoint
- 木は色画用紙をもんでから木の形に切ります。やさしい表情と木らしさが簡単にできます。
- ★型紙…P.104

春

春らんまん花盛り！ 簡単に折れるお花で春の折り紙をじっくり、楽しんで、親しみましょう。

製作のPoint
お花は同系色を2〜3種類使ってたくさん貼ります。大きさが違う物を混ぜるとより花盛りの感じがでます。
イチゴちゃんたちの手足はモールで好きな表情をつけてください。

使用アイテム
- ●折り紙 ＊かんたんチューリップ…P.11（小さいものは12㎝×12㎝サイズ）＊イチゴ…P.13 ＊ことり…P.13（1/4サイズ）●色画用紙 ●モール ●クラフトパンチ：星 ●フェルトペン

夏

お日様いっぱい夏の木で遊ぼうよ！ 夏野菜も汗をかきながら遊びに来ました。切り紙で木漏れ日もまぶしい夏の木に変身！

製作のPoint
緑系の折り紙を2〜3色用意し、自由に切り紙を楽しみます。折り方を変えるとバラエティ豊かな葉っぱになります。

使用アイテム
- ●折り紙 ＊葉っぱ…P.33（網の④まで）＊ナス…P.26 ＊トマト…P.37（緑と赤などの両面折り紙）＊セミ…P.35 ●色画用紙 ●モール ●クレヨン ●フェルトペン

冬

ポカポカあったか野菜家族の木のおうち。木の土台もがらりと変えて、子どもたちをびっくり喜ばせてあげましょう。

製作のPoint
- いちばん下の枝だけ残して切り取り、切り取った枝で家の枠を作ります。楽しく想像を膨らませて野菜家族達を作ります。
- 雪の結晶は切り紙をして貼りました。

使用アイテム
- 折り紙＊野菜：ゴボウ、ダイコン、ニンジン…P.66〜67（12㎝×12㎝サイズ）＊かんたん鬼…P.69（12cm×12cmサイズ）＊雪だるま…P.71（12cm×12cmサイズ）＊雪の結晶…（1/4サイズも）●色画用紙●新聞紙●モール●丸シール●クレヨン●フェルトペン

秋

秋の果物たちがブラブラ楽しい、ちょっと不思議な木。1本の木で秋の実りがお得に楽しめます。

製作のPoint
- 手足はたこ糸と丸シール。足は丸シールを両面から貼り、手は片面のみで木にそのまま貼り付けます。たこ糸は2本を上下にU字に付けると手間も省けます。

使用アイテム
- 折り紙＊果物：ミカン、カキ、リンゴ…P.44＊とがった葉…P.53＊イチョウの葉…P.53（12cm×12cmサイズ）＊ドングリ…P.47（1/4サイズ）
- 色画用紙●モール●たこ糸●丸シール●フェルトペン

1 年中使える壁面

使いまわし壁面 大空の下で

1年間同じ動物を使って壁面を作ってみましょう。いつも見慣れた動物を、少し移動したり、衣替えをしたりするだけで、子どもたちも興味を持って見てくれます。簡単な折り紙を季節に合わせて楽しく作って、華やかに飾りましょう。

土台作りのPoint
- クマとウサギの手、足、体、顔の形・大きさは同じなので重ねて切ってもOK。
- 動物の移動で取り外しがしやすいように、裏に布ガムテープを貼り、セロハンテープを丸めて貼ります。
- ★型紙…P.105

春

色とりどりのお花が咲きました。ことりやチョウチョウもやって来ましたよ。何をして遊ぼうかな？

製作のPoint
- お花も、いろいろな折り方のものを使って、ちょっとアレンジするだけで、とても楽しくなりますね。
- 両面折り紙を使ったり、表裏を逆にしたりすると、同じ折り方でもバラエティがでます。大小をつけることで、ポップなしあがりになります。

使用アイテム
- 折り紙 ＊太陽…P.37（ヒマワリを太陽に見たてて）＊ことり…P.13 ＊チョウチョウ…P.14 ＊チャレンジチューリップ…P.11 右から1番目の花…P.37（ヒマワリの中央に、さらに1/4サイズの芯を貼る）＊右から3番目の花…P.37（ヒマワリの花びら❷までを1/4サイズで）＊左の花…P.37（ヒマワリの花びら❷までに、1/4サイズの芯を貼る）＊葉っぱ…P.11（1/4サイズの折り紙も使用）● 色画用紙 ● モール ● 丸シール ● クレヨン

夏

クマくんとウサギさんが浮き輪でプカプカ気持ちよさそうです。魚さんたちも勢ぞろい。

製作のPoint
- 浮き輪を貼るときは、直接動物に貼らずに、浮き輪の左右に丸めたセロハンテープを貼れば、はがすときに動物を傷つけません。
- キンギョも色を変えれば魚になります。
- 魚の目は丸シールを使うと簡単です。

使用アイテム
- 折り紙 ＊クジラ…P.31（1/4サイズも）＊キンギョ…P.38 ● 色画用紙 ● スズランテープ ● 丸シール ● クラフトパンチ：星・デイジー ● クレヨン ● フェルトペン

冬

寒い冬がやってきました。動物たちには寒くないよう、帽子、手袋、長靴を着せてあげましょう。

製作のPoint
- 雪だるまにも手袋をつけて、顔やボタンはすべて丸シールを使って簡単に製作しましょう。
- キラキラテープを短く切って、3本ずらして重ねると雪の結晶になります。

使用アイテム
- 折り紙＊雪だるま…P.71（12㎝×12㎝サイズ）●色画用紙●キラキラテープ●丸シール●クレヨン●フェルトペン

秋

涼しくなってきたので、クマくんもウサギさんも長袖に衣替えです。クリもたくさん実って、さあ！秋の収穫です！

製作のPoint
- 太陽をトンボにかえると、グッと秋らしくなります。
- 小さいクリを中央にたくさん、大きなコスモスを下のほうに並べることでメリハリがでます。
- ウサギとクマの袖は直接上から貼りましょう。

使用アイテム
- 折り紙＊トンボ…P.41 ＊ドングリ…P.47 ＊クリ…P.47（1/4サイズ）＊台車のタイヤ…P.37（ヒマワリの芯を1/4サイズで）＊コスモス…P.43（中央の芯は台車のタイヤと同様。葉は折り紙をちぎって）＊リス…P.50 ●色画用紙●リボン●丸シール●クレヨン●フェルトペン

1 年中使える壁面

使いまわし壁面 動物がいっぱい！

P.84～85「変身折り紙4」のいろいろな動物は、簡単に折れます。顔を描いてちょっと傾けるだけで表情も豊かです。バックを季節の装いにしたり、動物の組み合わせを変えたりして、1年中いつでも使えます。壁面をにぎやかに飾る動物仲間です。

ウキウキお散歩

公園で散歩を楽しむ動物たちです。お花はだれにあげるのかな？ことりも遊びに来て楽しそうですね。

製作のPoint
- 草と囲いを作れば、あとは折り紙の動物を貼って完成です。
- クリやキノコなど、さまざまな物も並べたり、大小をつけたりすることで楽しい雰囲気になります。

使用アイテム
- 折り紙 ＊木…P.81 ＊ことり…P.13(1/4サイズ) ＊キノコ…P.51(1/4サイズ) ＊クリ…P.47(1/4サイズ) ＊ドングリ…P.47 ＊キツネ…P.81(1/4サイズと、12cm×12cmサイズ) ＊ウサギ、ゾウ、ライオン、ネコ、クマ、パンダ…P.84～85(ブタはネコと同じ。子どもは12cm×12cmサイズで) ●色画用紙 ●リボン ●丸シール ●クラフトパンチ：ウメ ●クレヨン ●フェルトペン ★型紙…P.105

みんなで発表会

動物たちの大合唱!! ライオンさんが指揮をとっていますよ。何を歌っているのかな？

製作のPoint
- 動物たちの首元にちょこっとリボンをつけることでゴージャスに見えます。
- カーテンは不織布でボリュームを出し、紙テープをバックに貼ると舞台になります。
- 音符と指揮棒、楽譜立てを作ればできあがりです。

使用アイテム
- 折り紙 ＊ウサギ、ゾウ、ライオン、ネコ、クマ、パンダ…P.84～85(トラ、ブタはネコと同じ) ●色画用紙 ●不織布 ●紙テープ ●キラキラテープ ★型紙…P.105

誕生表 みんな元気におめでとう！

誕生表も折り紙で作ってみると、色画用紙で作る壁面とは少し違った雰囲気になります。花、ことり、リースの3種類の組み合わせで、かわいく見栄えがする壁面が作れます。

製作のPoint
- 月ごとに、ことりの色をそろえてみました。子どもたちに好きな色を選んでもらってもいいですね。
- 誕生児がひとりだけの月は、クラフトパンチで抜いた花や色画用紙を切った葉を多く飾るなどすると明るい感じになります。
- ことりを他の動物に変えてみてもかわいいですね。

使用アイテム
- 折り紙 ＊花…P.37（ヒマワリの花びら❷までを1/4サイズで）＊ことり…P.13 ＊リース…P.60 ●色画用紙 ●リボン ●丸シール ●クラフトパンチ：ウメ ●クレヨン ●フェルトペン

誕生表 12か月のHappy Birthday！

1年間使う誕生表を、折り紙のカラフルさを生かして作りました。季節感もたっぷりです。子どもたちと、その月ごとにチャレンジしたい折り紙を飾っても楽しいですね。

製作のPoint
- 折り紙の細かい部分は丸シールをそのまま使ったり、半分に切ったりして使うと簡単です。
- 数字は接着剤で数字を書いてひもをのせて乾かします。ひもの先端をセロハンテープで留めるとやりやすいです。

使用アイテム
- 折り紙 ＊チャレンジチョウチョウ…P.14（12cm×12cmサイズの両面折り紙）＊かんたんこいのぼり…P.17（12cm×12cmの1/4サイズ）＊かんたんカタツムリ…P.23（15cm×15cmの1/4サイズの両面折り紙）＊クジラ…P.31（12cm×12cmサイズ）＊セミ…P.35（12cm×12cmと、15cm×15cmの1/4サイズ）＊トナカイ…P.57 ＊おしし…P.65（15cm×15cmの1/4サイズ）＊ペンギン…P.71（15cm×15cmの1/4サイズ）＊豪華めびな・おびな…P.75（12cm×12cmサイズの両面折り紙）●色画用紙 ●カラーひも ●セロハンテープ ●モール ●丸シール ●フェルトペン ★型紙…P.106

2 季節の折り紙

季節の折り紙を楽しんで折った後は、壁面にしたり、せいさく帳にしたり、アレンジして遊んだり…。折り紙の楽しさがいっぱい広がります。

idea 壁面 ニコニコ入園式

いよいよハラハラ、ドキドキの園生活のスタートです。これからの園生活が楽しくなるような壁面で迎えましょう。

使用アイテム
- 折り紙＊かんたん・チューリップ…P.11（1/4サイズも）●色画用紙●包装紙●モール●リボン●クレヨン●カラーフェルトペン★型紙…P.106

製作のPoint
- チューリップの花は、開きぐあいや大きさを変えて組み合わせます。
- 葉は、色画用紙を二つ折りにし、輪のほうを残して切ると、左右対称が簡単に作れます。

idea せいさく帳 きれいに咲いた！
赤？　白？　黄色？　きれいだね。

大きなチューリップがきれいに咲きました。葉っぱも折り紙で折って貼りましょう。「お天気はいいかな？」「チョウチョウも飛んでいるね」など、楽しくお話しながら描いてみましょう。

idea アレンジ遊び ペープサートでこんにちは！

入園したての子どもにとって、園が楽しいところと思えることが一番です。簡単に作れるチューリップに紙を巻いた棒を付けて、『チューリップ』の歌をうたいながら、ペープサートにして楽しみましょう。

チューレップ （チャレンジ）

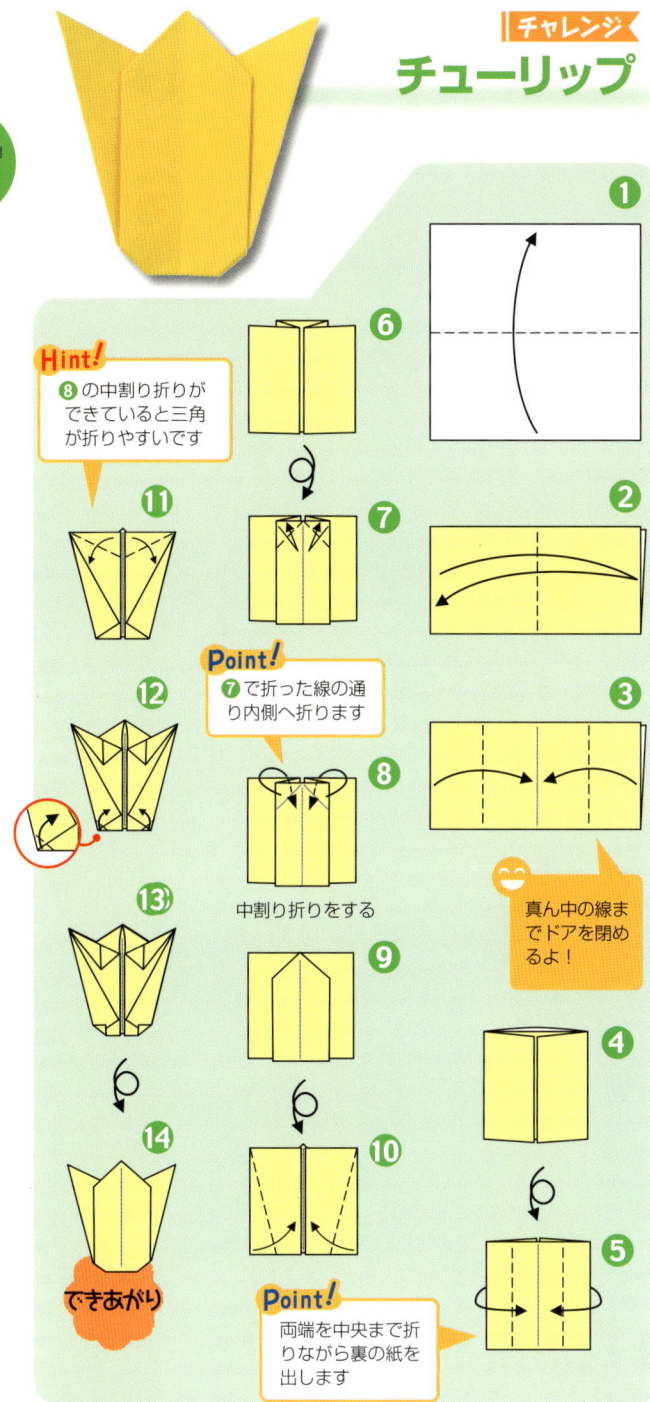

Hint! ⑧の中割り折りができていると三角が折りやすいです

Point! ⑦で折った線の通り内側へ折ります

中割り折りをする

Point! 両端を中央まで折りながら裏の紙を出します

真ん中の線までドアを閉めるよ！

できあがり

idea アレンジ遊び　チューリップペンダント

「はじめまして、よろしくね！」

チューリップのペンダントは、在園児から新入園児へのプレゼントにピッタリです。「よろしくね」と首にかけてあげると仲よくなるきっかけにもなりますね。

チューリップ （かんたん・伝承）

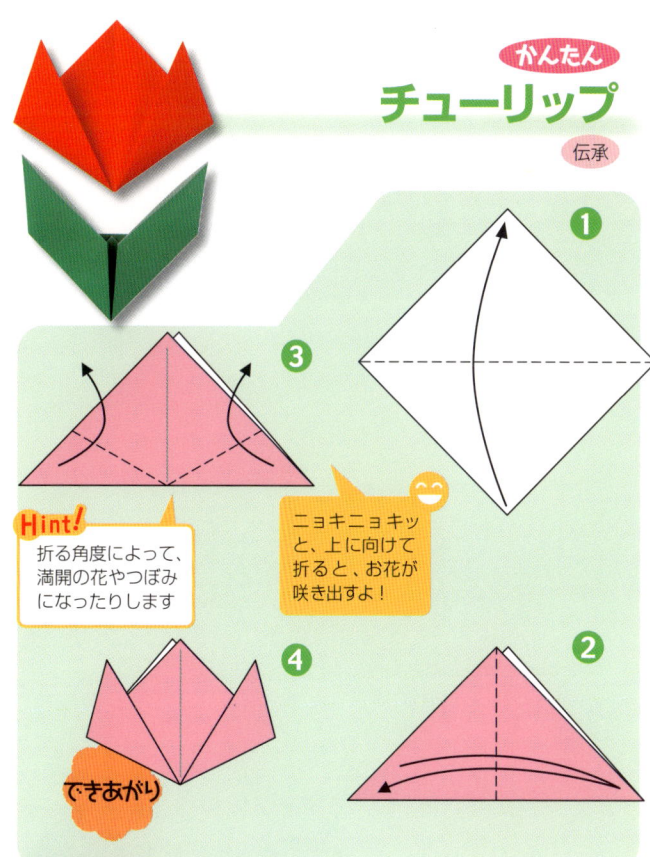

Hint! 折る角度によって、満開の花やつぼみになったりします

ニョキニョキッと、上に向けて折ると、お花が咲き出すよ！

できあがり

ちょこっとアレンジdeへんしーん！

ひっくり返して、目鼻や模様を付けるといいね！

イヌ 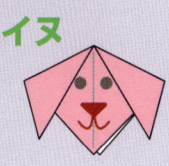　　セミ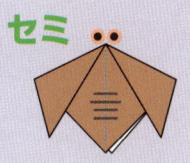

葉っぱ

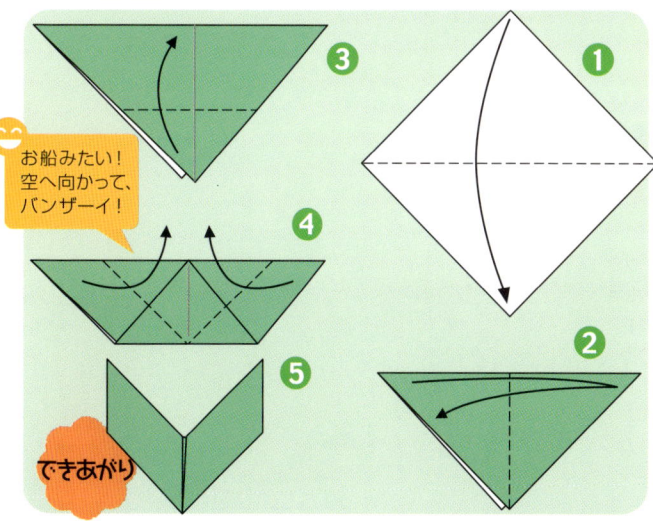

お船みたい！空へ向かって、バンザーイ！

できあがり

11　折り方と記号　　谷折り線 　前へ折る 　山折り線 　後ろへ折る 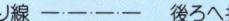　折り筋をつける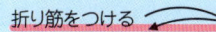

idea 壁面

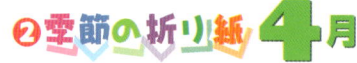

イチゴ畑へようこそ！

おいしいイチゴがたくさんなりました。ネズミさんたちといっしょにイチゴ摘みに出かけましょう！ イチゴに隠れたテントウムシを間違ってとらないでね！

使用アイテム ●折り紙＊イチゴ…P.13 ＊ことり…P.13(1/4サイズ) ＊テントウムシ…P.15 ●色画用紙●透明プラスチックトレイ●モール●クラフトパンチ：星●丸シール●クレヨン★型紙…P.107

製作の Point

●イチゴの粒々は、ほかにもアレンジして楽しめます。
●イチゴ摘みのトレイには、透明プラスチックトレイを使うと立体的になります。
●葉っぱは、色画用紙をクシャクシャにもみます。子どもたちといっしょに作ると楽しいですね。

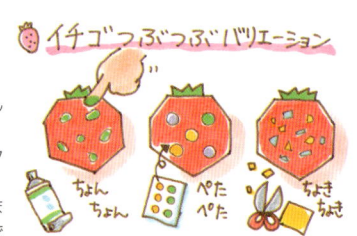

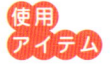

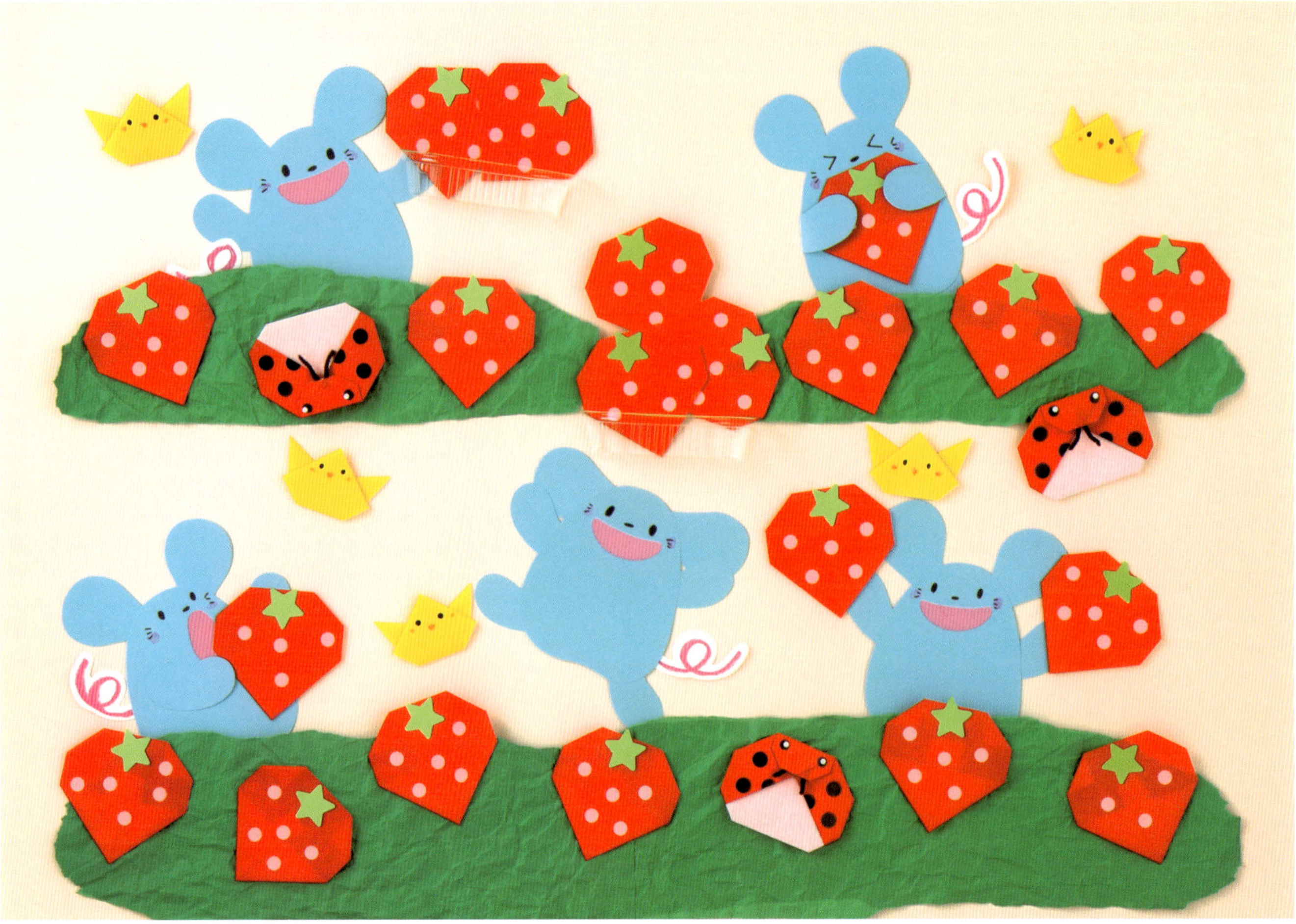

idea せいさく帳

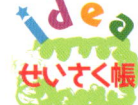

フワフワ葉っぱベッド

イチゴは、色画用紙にのりで貼ってね！

●紙を丸めたり、広げたり、ちぎったりして、たくさん楽しみます。
●丸シールでつぶつぶを付けたイチゴを貼って、葉っぱのベッドに寝かせてあげましょう。

idea アレンジ遊び

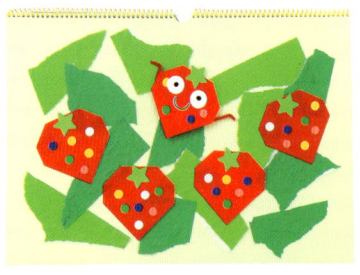

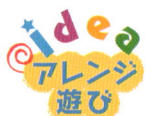

イチゴでごあいさつ

新学期にピッタリの遊びです。

●イチゴに名前を書いて、名刺がわりにして友達と交換しましょう！
●好きな色でたくさん作り、絵を描いたりマークのシールを貼ったりしてもいいですね。
●P.83 のさいふを大きな紙で折って名刺入れにも。

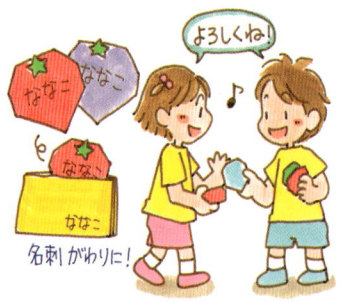

4月

ことり

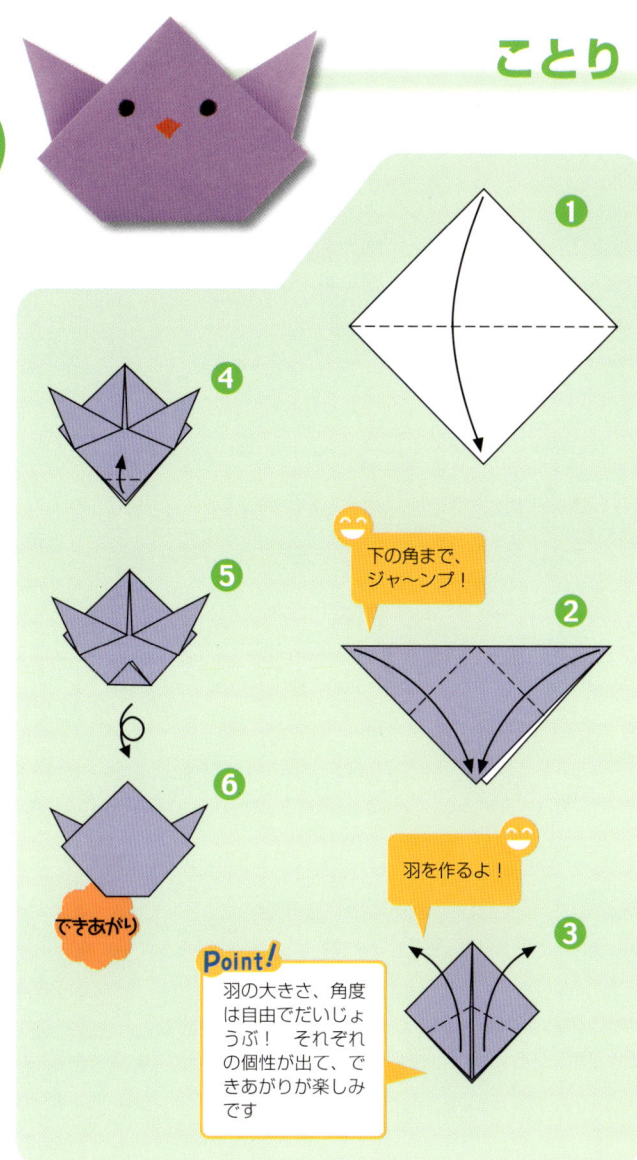

- 下の角まで、ジャ〜ンプ！
- 羽を作るよ！
- **Point!** 羽の大きさ、角度は自由でだいじょうぶ！ それぞれの個性が出て、できあがりが楽しみです

イチゴ

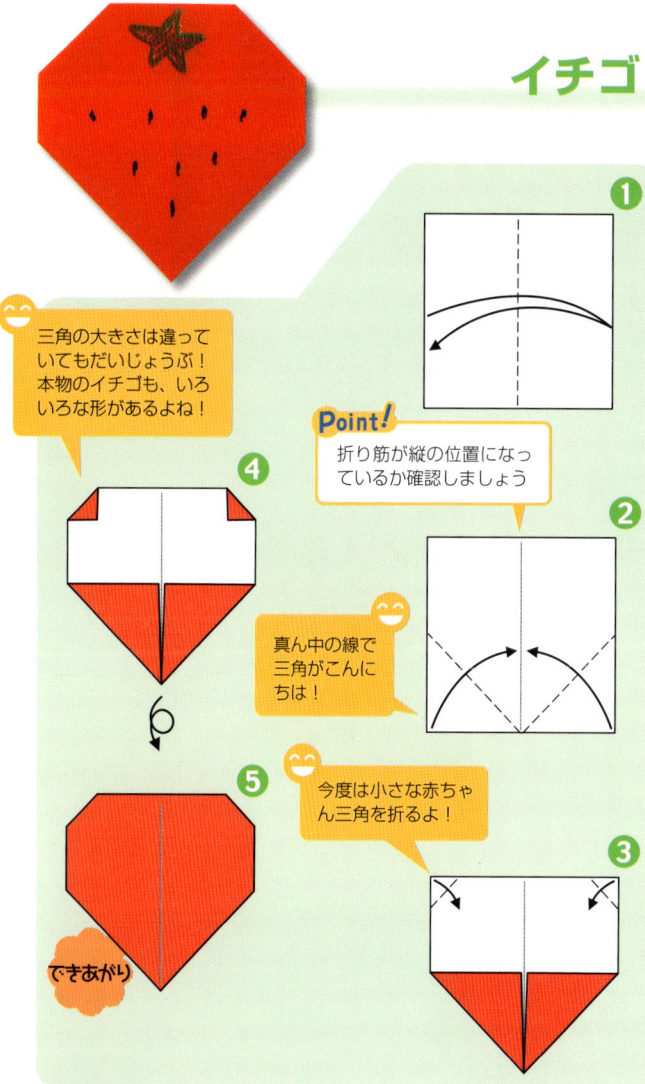

- 三角の大きさは違っていてもだいじょうぶ！ 本物のイチゴも、いろいろな形があるよね！
- **Point!** 折り筋が縦の位置になっているか確認しましょう
- 真ん中の線で三角がこんにちは！
- 今度は小さな赤ちゃん三角を折るよ！

---

idea せいさく帳 　足長ことりのダンス

モールの足は、長めのほうが表情も豊かにでますよ！

- ことりに顔を描いたら、モールを付けて色画用紙に貼ります。
- モールの足を動かして、ダンスのポーズをバッチリ決めましょう。
- モールの長さや太さ、色も変えてみてください。

ちょこっとアレンジdeへんし〜ん！

いろんなものに見えてきたら、どんどんへんし〜ん！

- **ブドウ**
- **赤カブ** — 葉っぱを付けると
- **宇宙人** — 宇宙人にもなるね
- **肉まん** — ホカホカ！
- **クリ** — おいしそうなクリだよ
- **カッパ** — 星形のお皿を付けて

折り方と記号　谷折り線 --------　前へ折る　山折り線 — — —　後ろへ折る　折り筋をつける

季節の折り紙 4月

チャレンジ チョウチョウ

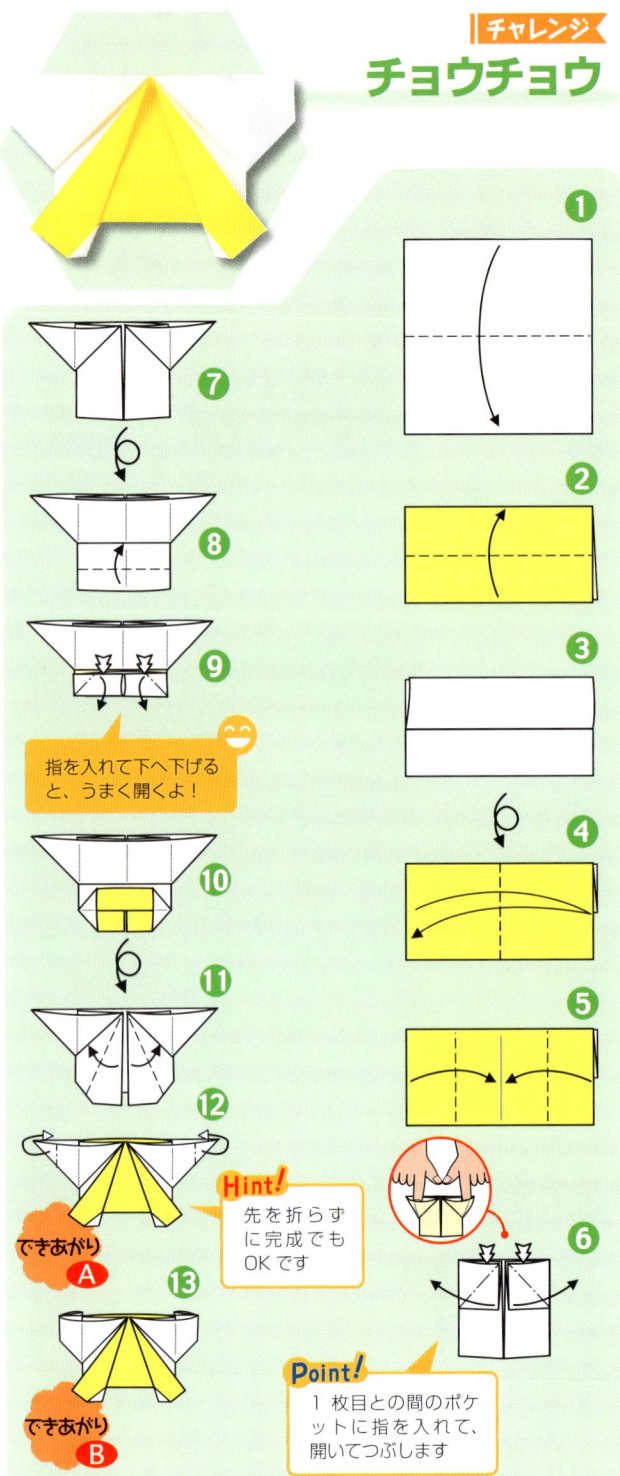

- ① ② ③ ④ ⑤ ⑥ ⑦ ⑧
- ⑨ 指を入れて下へ下げると、うまく開くよ！
- ⑩ ⑪ ⑫ できあがり A
- ⑬ できあがり B

Hint! 先を折らずに完成でもOKです

Point! 1枚目との間のポケットに指を入れて、開いてつぶします

idea アレンジ遊び ヒラヒラチョウチョウ
保育室が華やかになりますよ～！

ヒラヒラ飛んでいるようなモビールです。いくつかつないでつるしましょう。

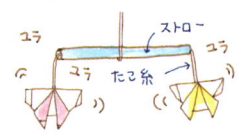

かんたん チョウチョウ

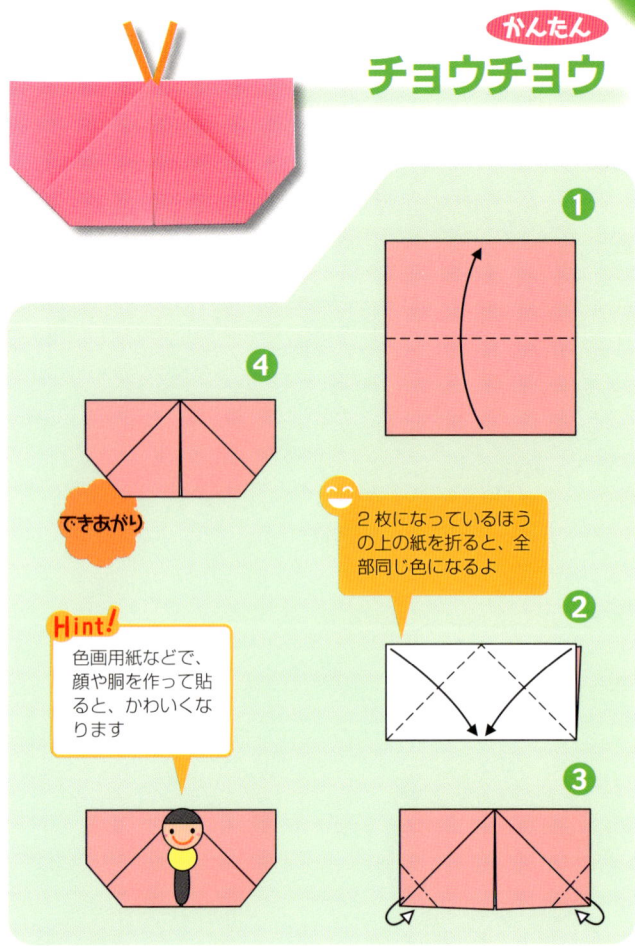

- ① ② ③ ④ できあがり

2枚になっているほうの上の紙を折ると、全部同じ色になるよ

Hint! 色画用紙などで、顔や胴を作って貼ると、かわいくなります

idea アレンジ遊び どこにとまる？
ヒラヒラ～、すっかりチョウチョウ気分。

- チョウチョウに輪ゴムを付けて両手首に通します。ヒラヒラしながら好きな所へ飛んで行きましょう。
- 歌をうたったり、スキップしながら遊ぶと楽しいですよ。

idea せいさく帳 チョウチョウ見つけた！
ヒラヒラと、春のお散歩です。

- チョウチョウを色画用紙に貼ります。
- 動物たちが見つけて、楽しそうに見上げているようすが楽しいです。
- クレヨンで自由に描きましょう。チョウチョウの羽に模様を描いてもいいです。

折り筋線　　裏返す　　向きを変える　　指を入れて広げる　　引き出す・引っぱる　　差し込む　　ふくらます

4月

ハチ

テントウムシ

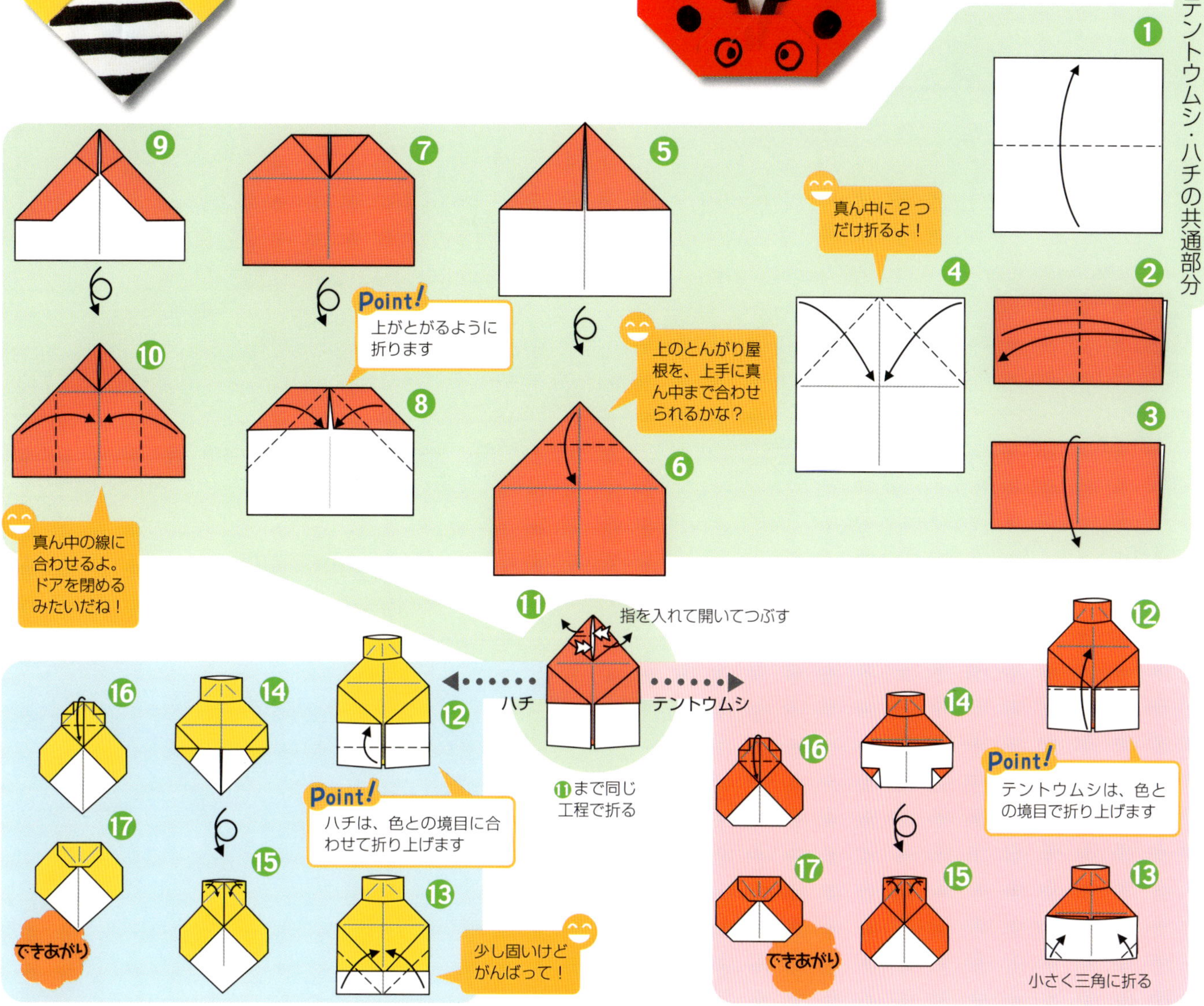

テントウムシ・ハチの共通部分

① ② ③ ④ 真ん中に2つだけ折るよ！ ⑤ ⑥ 上のとんがり屋根を、上手に真ん中まで合わせられるかな？ ⑦ Point! 上がとがるように折ります ⑧ ⑨ ⑩ 真ん中の線に合わせるよ。ドアを閉めるみたいだね！

⑪ 指を入れて開いてつぶす　ハチ ← → テントウムシ　⑪まで同じ工程で折る

ハチ
⑫ Point! ハチは、色との境目に合わせて折り上げます ⑬ 少し固いけどがんばって！ ⑭ ⑮ ⑯ ⑰ できあがり

テントウムシ
⑫ Point! テントウムシは、色との境目で折り上げます ⑬ 小さく三角に折る ⑭ ⑮ ⑯ ⑰ できあがり

idea せいさく帳　お花畑で遊ぼうよ！
テントウムシくんは、どの花が好きかな？

- 色画用紙に花のスタンプをペタペタ押して楽しみます。
- ハチやテントウムシが、おしゃべりするように貼ってあげたら、できあがりです。

＊花のスタンプ…厚紙や段ボールで台紙を作り、スポンジや発泡スチロールトレイなどを切り取った型を貼り付ける。

idea アレンジ遊び　おいしいお花はど〜れ？
導入に『ぶんぶんぶん』など春の歌をうたって、楽しい雰囲気づくりをしましょう。

- ハチやテントウムシの裏には厚紙とマジックテープを貼り、一方のマジックテープを壁面やボードの花に貼り付けます。
- ハチやテントウムシを花に貼ったりはがしたりして楽しみます。花を貼る場所は、壁やイス、机など、部屋の環境作りを考えて取り入れてもいいですね。

折り方と記号　谷折り線　前へ折る　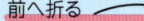山折り線　後ろへ折る　折り筋をつける

2 季節の折り紙 5月

 **idea 壁面** ゆったりこいのぼり

金太郎とこいのぼりが風に乗って、スイスイ泳いでいます。いったいどこに行くのかな？ 小さな子どものこいのぼりも大はしゃぎです。

 **使用アイテム**
- 折り紙 ＊かんたん・こいのぼり…P.17（1/4サイズも）＊かぶと…P.19 ＊金太郎の服の中央はヒマワリの芯…P.37 ● 色画用紙 ● 千代紙
- スズランテープ ● 丸シール ● カラーフェルトペン ★型紙…P.107

製作のPoint
- こいのぼりのうろこには、丸シールを半分に切ったものを貼っています。
- スズランテープで風をイメージ。スペースに合わせて本数を増やすといいですね。
- 金太郎おなかの黄色の部分は、ヒマワリの芯（P.37）を使っています。円を描かなくても折り紙を使うと簡単です。

 **idea せいさく帳** 親子でスーイスイ！
青空をどこまでも高く！

- 大小の折り紙で折った親子のこいのぼりが、大空をスイスイ気持ちよく泳いでいます。
- 「どこへ行くのかな？」とお話しながら、行った場所を想像して、クレヨンで絵を描いても楽しいですね。

 **idea アレンジ遊び** くぐって遊ぼう！
だんだん下げるよ～！
こいのぼりに触らないでくぐってねー！

- かんたんこいのぼりを、たこ糸に挟んで貼ります。
- いくつもつなげて、その下をくぐって遊びましょう。
- 両端にストローなどを結ぶと、持ちやすくなります。

折り筋線 ——— 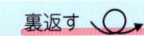 裏返す 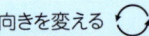 向きを変える 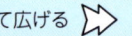 指を入れて広げる 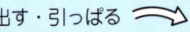 引き出す・引っぱる 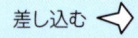 差し込む ふくらます

5月

チャレンジ こいのぼり
伝承

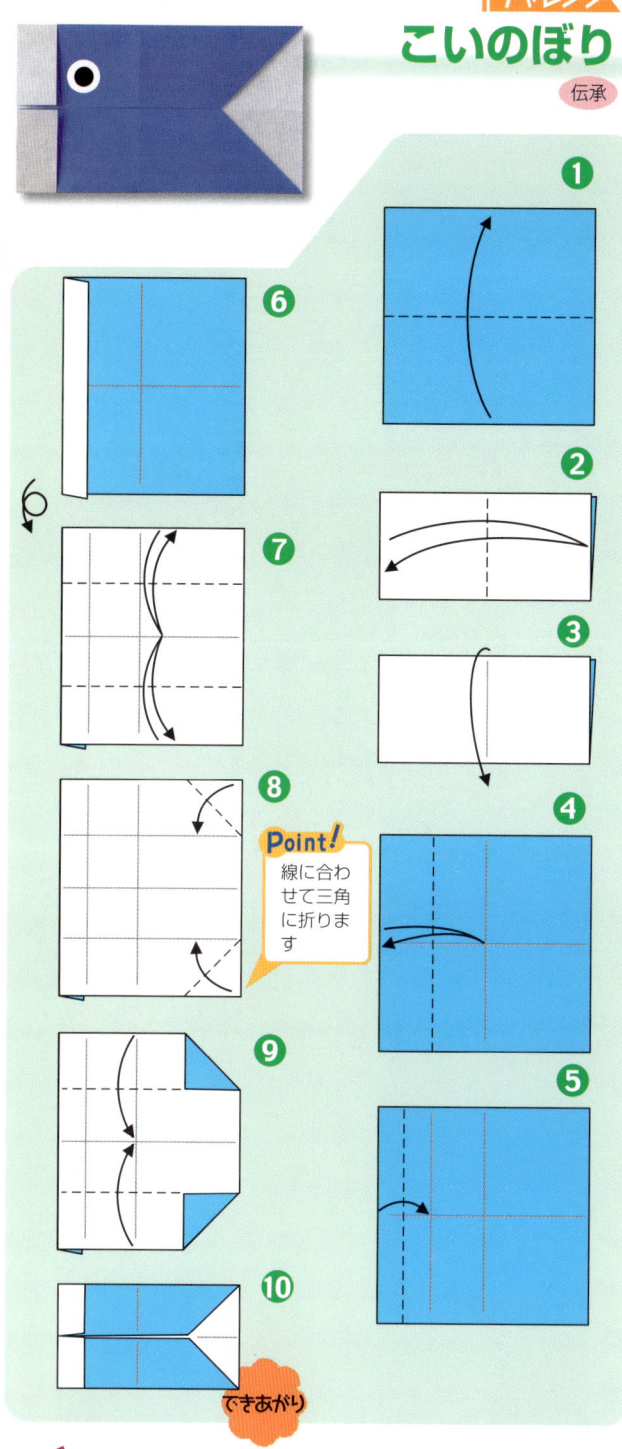

Point! 線に合わせて三角に折ります

できあがり

かんたん こいのぼり

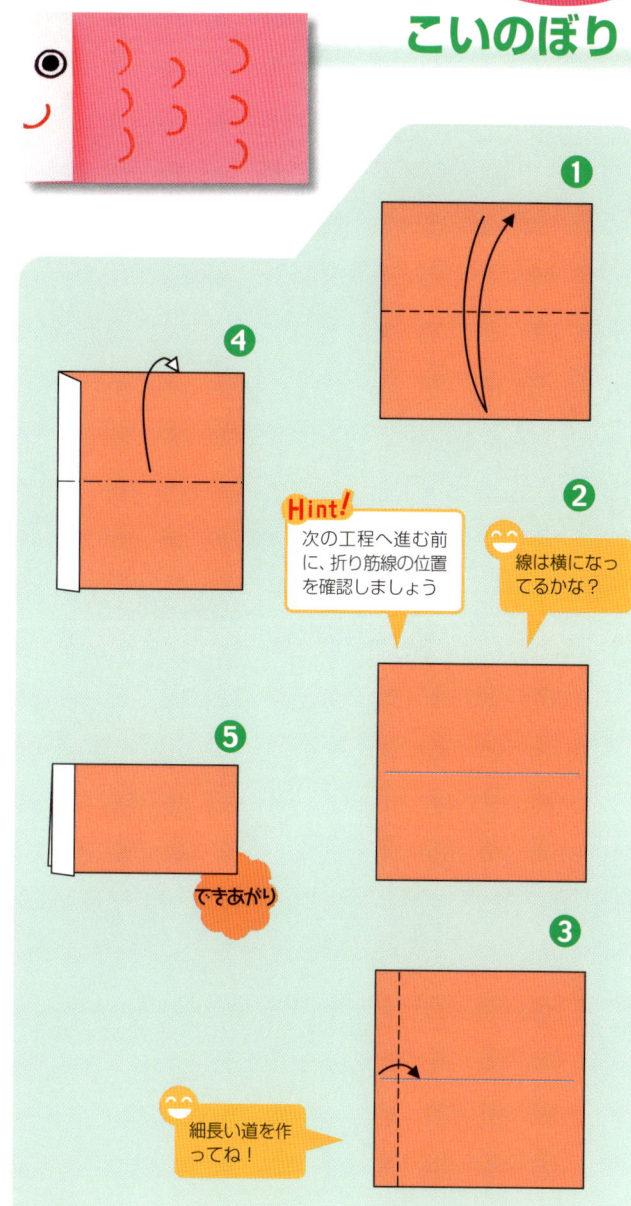

Hint! 次の工程へ進む前に、折り筋線の位置を確認しましょう

線は横になってるかな？

細長い道を作ってね！

できあがり

idea アレンジ遊び ミニこいのぼり
持って遊んでも、飾っても、かわいいね。

- トイレットペーパーの芯を2つつなげ、カラービニールテープで巻き付けます。
- セロハンテープでこいのぼりを貼ります。

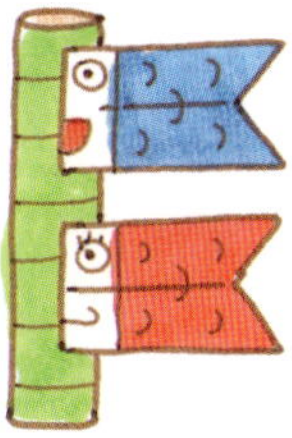

idea アレンジ遊び ユラユラこいのぼり
どちらから見ても、こいのぼりがユラユラ〜、楽しくロッキングするよ！

- 紙皿の周りに、ちぎった折り紙をのり付けして飾り、半分に折ります。
- 模様を描いたこいのぼりを、紙皿にまたがせるように貼るとできあがり。
- 指でチョンと押すとユラユラ揺れます。

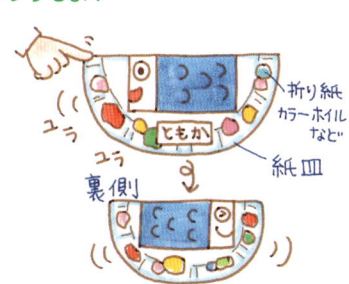

折り方と記号　　谷折り線 　前へ折る 　山折り線 　後ろへ折る　折り筋をつける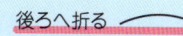

idea 壁面

おむすびころりん

色とりどりのおむすびがころころころりん！ おいしいおむすびにネズミたちは大喜びです。ネズミたちには何のおむすびが人気か、みんなで話し合っても楽しいですね。

使用アイテム ●折り紙＊おにぎり…P.19（小おにぎりは 1/4 サイズ）●色画用紙●千代紙●クレヨン★型紙…P.108

製作の Point

- ●おじいさんの手元のおむすびを小さいサイズの折り紙で折ると、遠近感がでます。
- ●千代紙を少し加えるだけで昔話の雰囲気になります。
- ●おむすびころりんの絵本といっしょに楽しんではいかがですか。

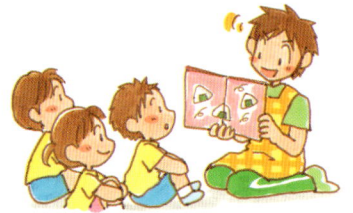

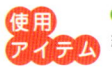

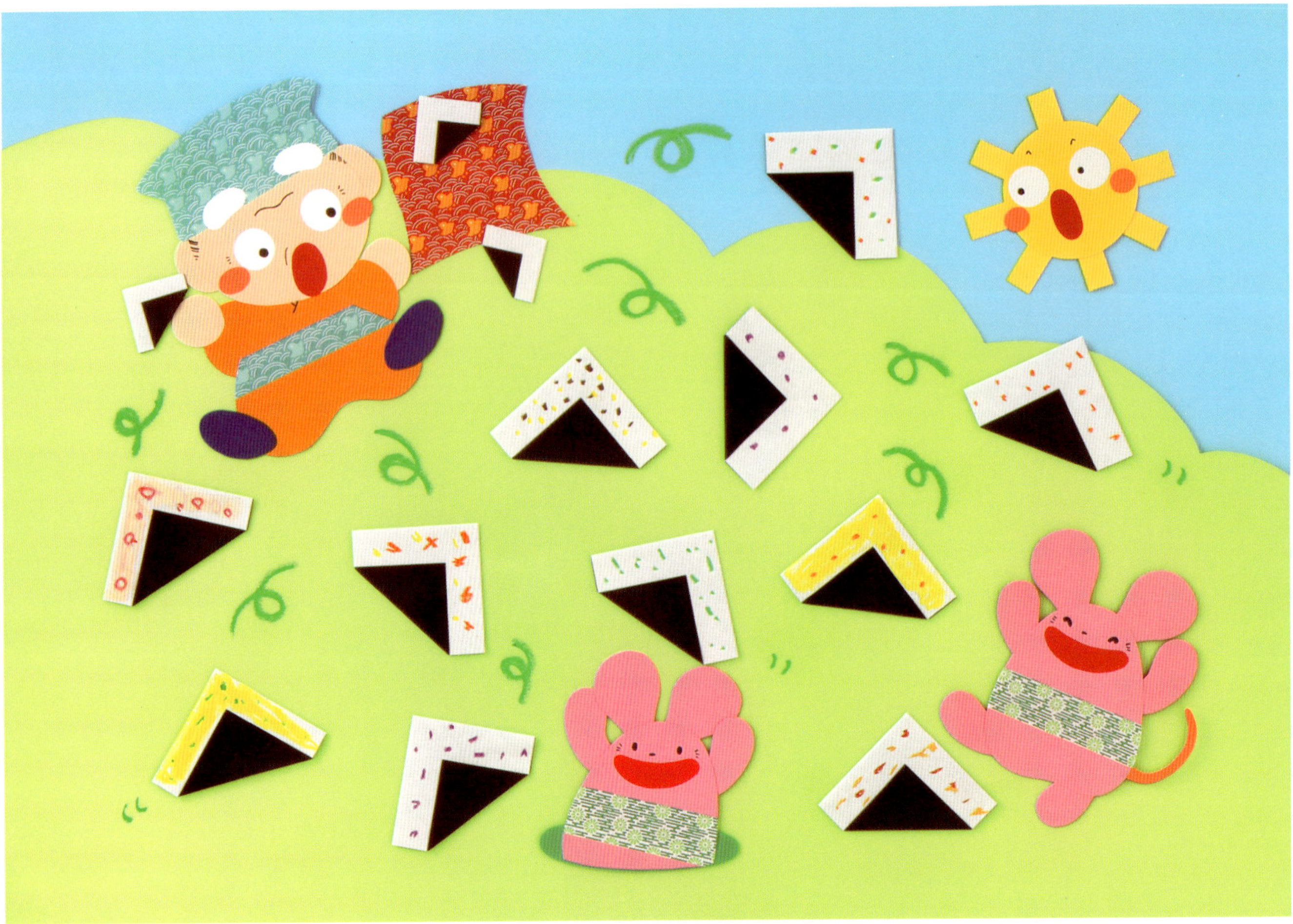

idea せいさく帳

ワクワク！ お弁当作り

好きなおかずは「たまごやき！」

- ●お弁当箱の中に、自分の好きな中身をいろいろ詰めましょう。
- ●おかずのパーツをいろいろ用意しておくと、イメージしやすいでしょう。
- ●「何を詰めようかな？」と、おしゃべりも楽しいひとときですね。

idea アレンジ遊び

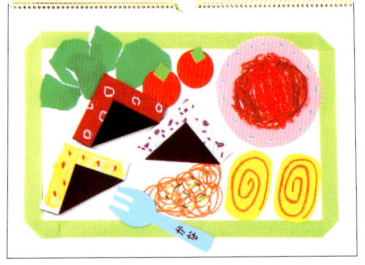

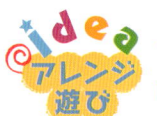

クイズ！ 具はなあに？

「赤くて、すっぱいもの？」

- ●おにぎりののりで隠れている部分に、好きな具を描いて、何の具か当てっこして遊びましょう。
- ●なかなか当たらないときは「色は何かな？」など質問してみましょう。
- ●同じ具の友達探しをして遊んでもいいですね。

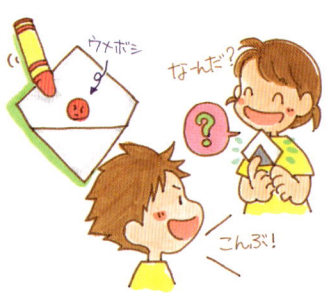

5月

かぶと 伝承

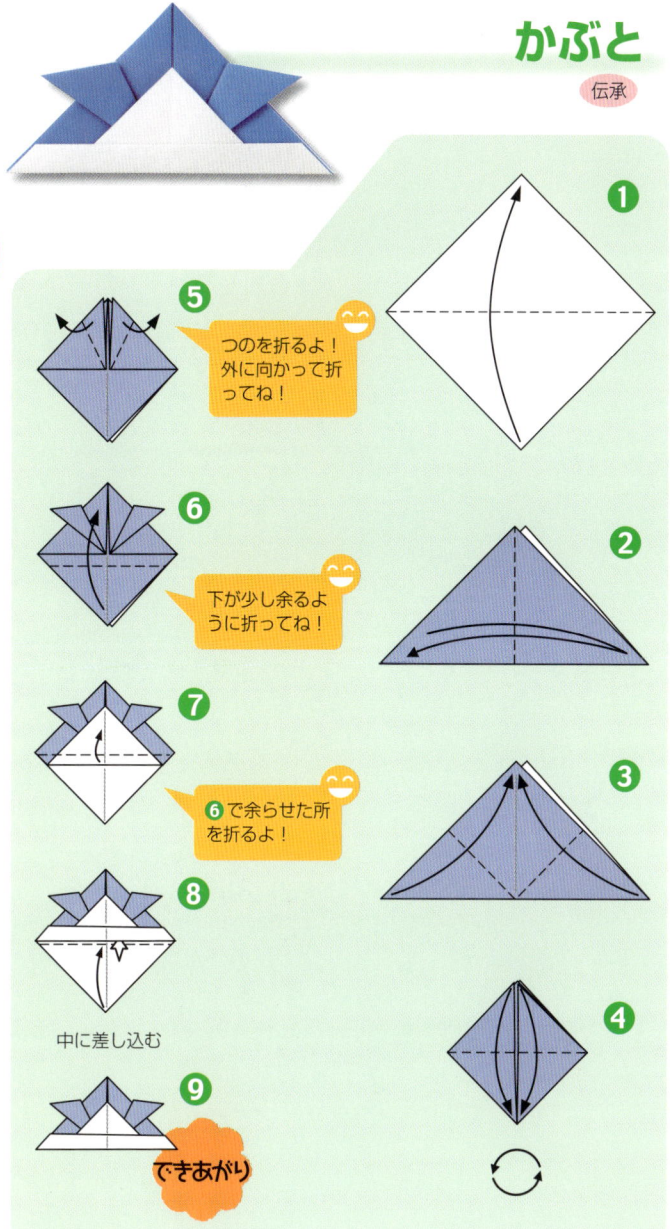

おにぎり

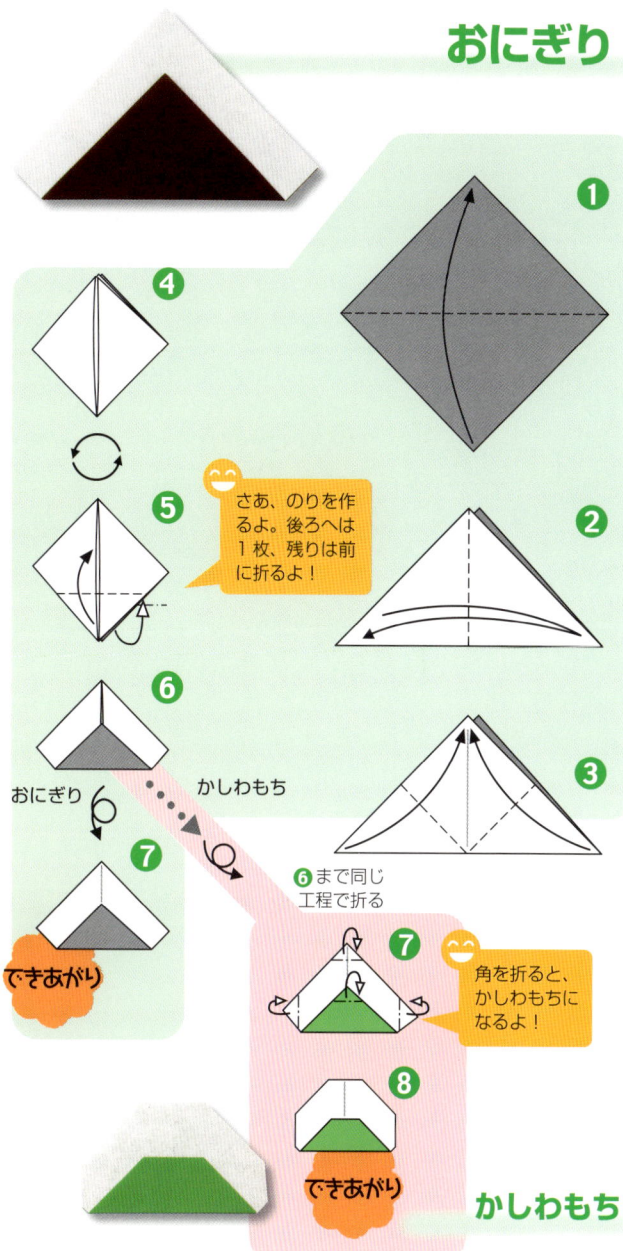

idea せいさく帳 はっけよい！with 金太郎

「さぁ、はっけよい、のこったのこった！」

- 色画用紙に土俵を描きます。かぶとを2つ折って貼り、自分と金太郎をクレヨンで描き足します。
- 「どちらが勝つかな？」と想像しながら進めましょう。
- 導入に絵本を読んだり、P.107の型紙を貼ると、イメージしやすいですね。

idea アレンジ遊び かしわもちくんデビュー

5月の節句のニューフェイス、緑の葉っぱもさわやかで〜す！

- かしわもちに目鼻や口を描き、色画用紙とモールで作った体を付けたら、かしわもちくんの誕生！
- ペープサートにしても楽しく遊べますよ。

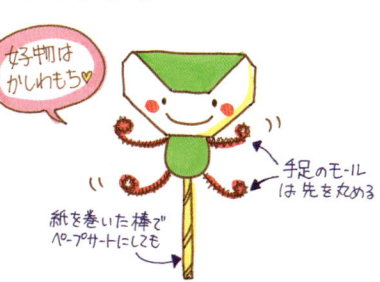

❷季節の折り紙 5月

カーネーション

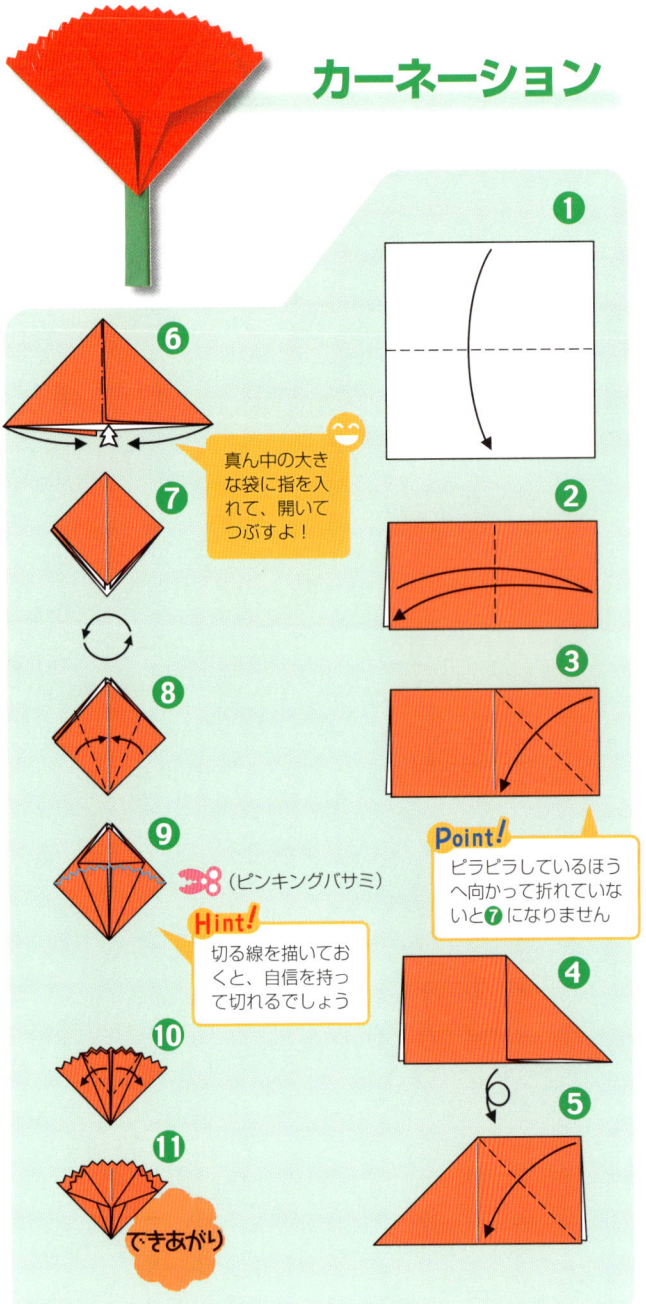

真ん中の大きな袋に指を入れて、開いてつぶすよ！

Point! ピラピラしているほうへ向かって折れていないと ❼ になりません

✂ （ピンキングバサミ）

Hint! 切る線を描いておくと、自信を持って切れるでしょう

電車

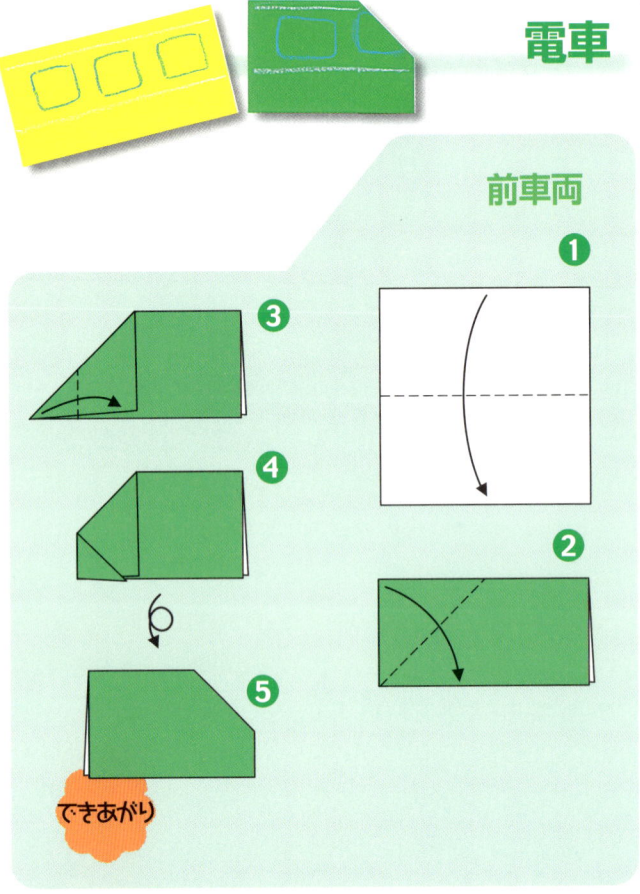

前車両

後ろ車両

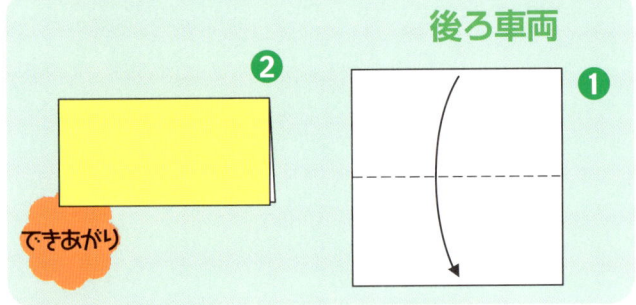

idea アレンジ遊び いつもありがとう！
笑顔もいっしょにプレゼントしてね！

- 緑や黄緑の折り紙を二つ折りにして巻きます。
- 茎にカーネーションをセロテープで貼り付け、リボンを結ぶとできあがりです。

idea せいさく帳 GO! GO! 電車
遠くへ行くなら、長い線路がいるね！

- 電車を折ったら、窓や模様を描きましょう。
- 折り紙をちぎって色画用紙に貼り、線路を作って電車を走らせます。
- 「いくつつながっている？」「どこに行こうかな？」など、想像をふくらませて楽しみましょう。

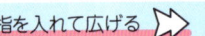

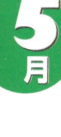

かんたん

オタマジャクシ

チャレンジ

オタマジャクシ

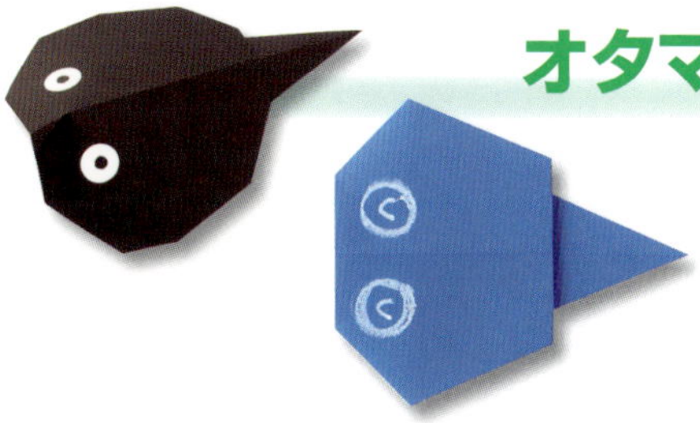

5月

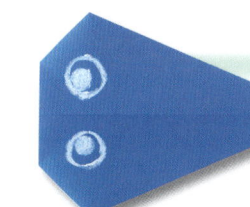

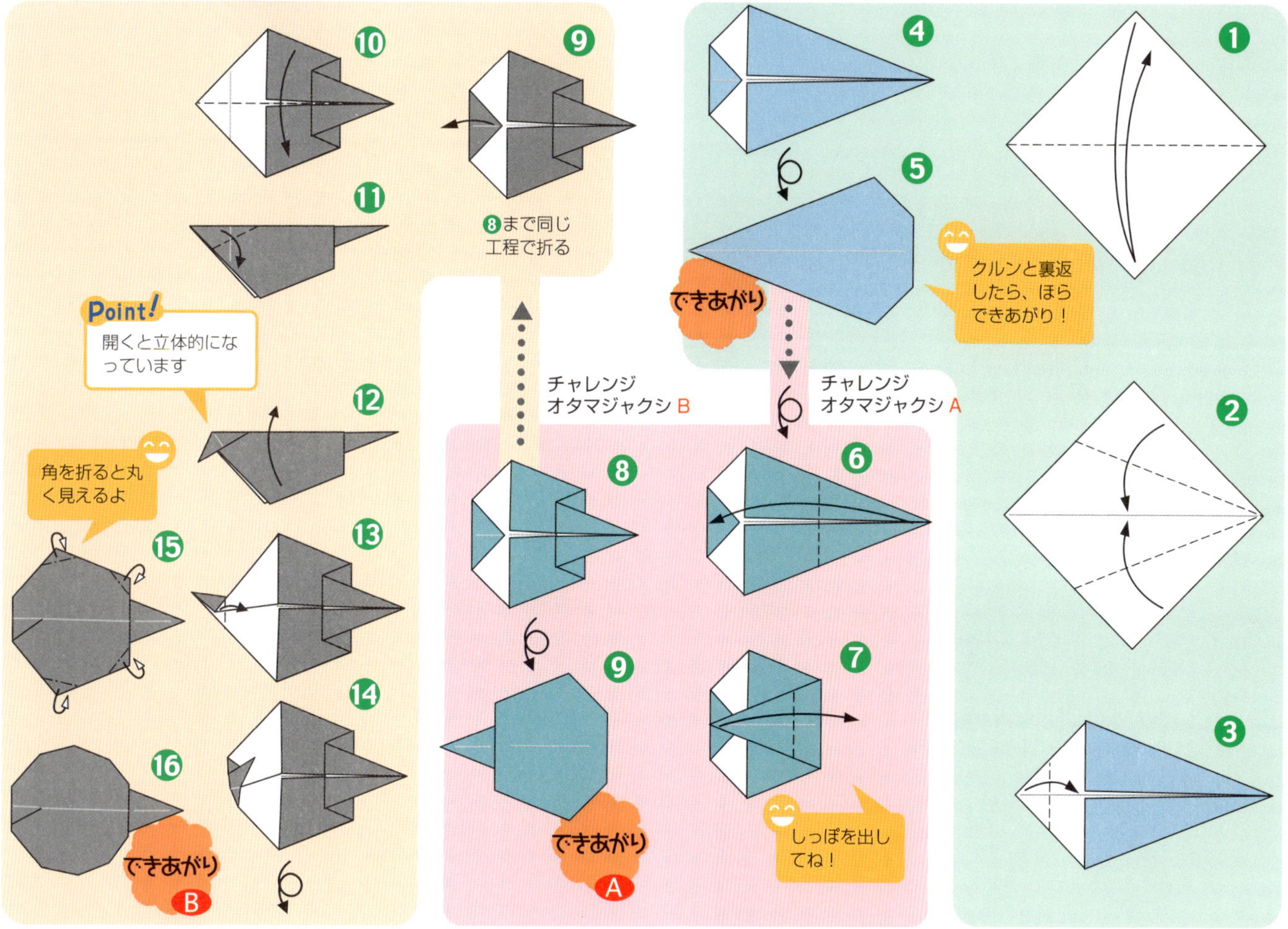

1
2
3
4
5
クルンと裏返したら、ほらできあがり！
できあがり
チャレンジ オタマジャクシ A
チャレンジ オタマジャクシ B
6
7
しっぽを出してね！
8
9
できあがり A
9
8まで同じ工程で折る
10
11
Point! 開くと立体的になっています
12
13
14
15
角を折ると丸く見えるよ
16
できあがり B

idea アレンジ遊び のぞいてごらん池の中

「ぼくの池にも遊びに来てね！」

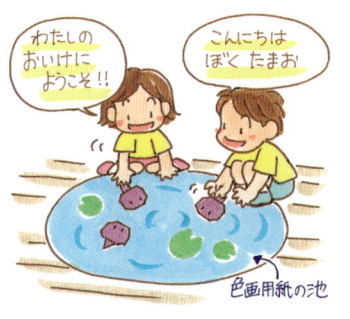

- 保育室の床に、大きな色画用紙やビニールシートを敷いて池を作り、オタマジャクシを泳がせて遊びましょう。
- 別の池から訪問してごっこ遊びになったり、ジャンプ移動のゲームをしたり、いろいろな遊びに発展していきます。
- いつもと違った作品展の展示スタイルとしても新鮮です。

わたしの おいけに ようこそ!!
こんにちは ぼく たまお
色画用紙の池

idea せいさく帳 カラフルオタマジャクシ

いつもは黒いオタマジャクシが「へんし〜ん！」さて何になるの？

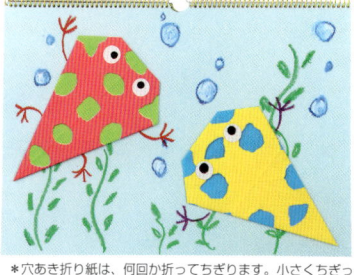

- ちぎって穴をあけた折り紙を、もう一枚の折り紙に重ねて貼ってからオタマジャクシを折ると、カラフルオタマジャクシのできあがり！
- シールを貼って目玉にしたり、手足を付けてカエルに変身中！ にしても愉快ですね。

＊穴あき折り紙は、何回か折ってちぎります。小さくちぎったり、大きめにちぎったりと工夫します。

折り方と記号　谷折り線 - - - - - - - -　前へ折る　山折り線 —·—·—·—　後ろへ折る　折り筋をつける

2 季節の折り紙 6月

idea 壁面 雨降りも大好き！

梅雨の季節が始まり、室内活動が増える時期です。じっくりと折り紙を楽しみましょう。自分で作ったものが飾られると、子どもたちの気持ちも晴れやかになります。

使用アイテム ●折り紙＊かんたん・カタツムリ…P.23 ●色画用紙 ●キラキラ折り紙 ●クラフトパンチ：花・丸シール ●クレヨン ★型紙…P.108

製作のPoint
- カタツムリの殻にクレヨンで模様を描きましょう。左向きだけでなく右向きにも折って、向かい合わせにすると楽しいです。
- カタツムリの角は、一本の細長い紙を半分で折り返します。目は丸シールで簡単に。
- アジサイの花は、折り紙で折ったアジサイ（P.27）を飾るのもおすすめです。

idea せいさく帳 雨粒いっぱい！

雨粒がたくさんあると、カタツムリさんもうれしそう！

- カタツムリと、P.26の雨粒もいっしょに色画用紙に貼り付けます。
- 周りに、絵の具で雨粒をテンテンと付けてみましょう。青い丸シールを貼ったり、クレヨンで描いたりしてもいいですね。

idea アレンジ遊び カタツムリの花びん

カタツムリくんには、やっぱりアジサイがよく似合うね！

- ペットボトルを切り、切り口にビニールテープを巻き付けて保護します。
- ペットボトルにカタツムリを貼って、油性フェルトペンで水玉模様など絵を描いてもきれいです。
- 水を入れて、季節の花を生けましょう。

お部屋に飾るとはなやかに！

カタツムリ

チャレンジ カタツムリ

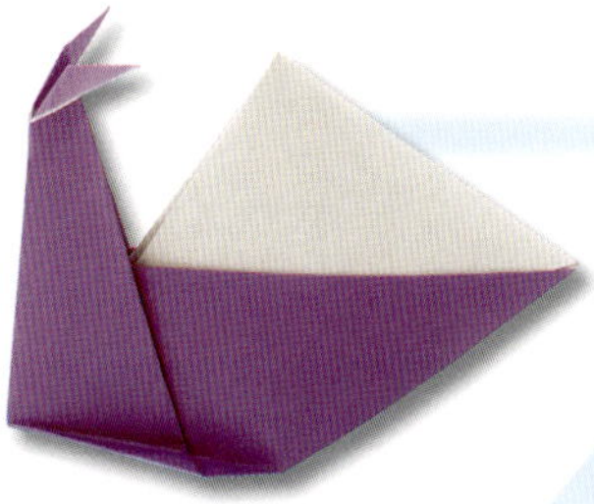

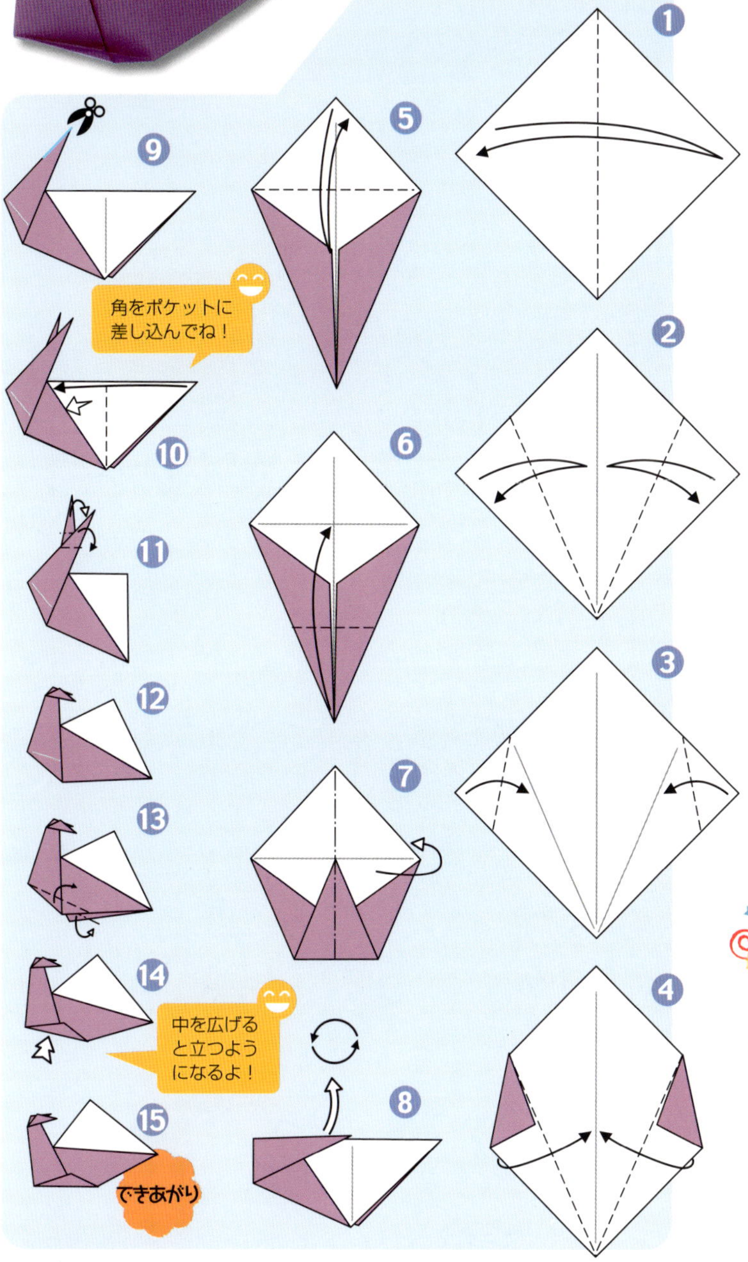

かんたん カタツムリ

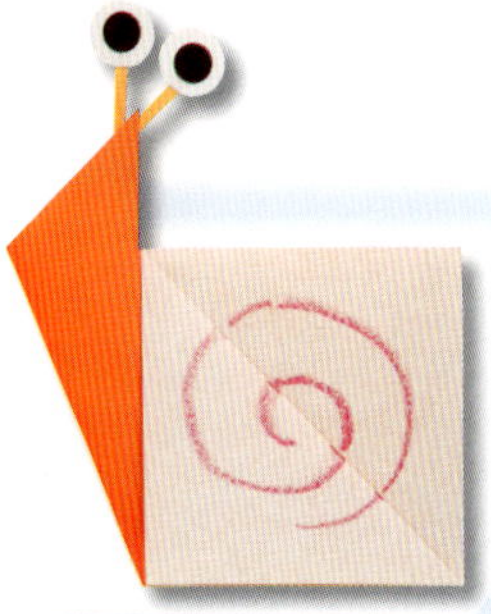

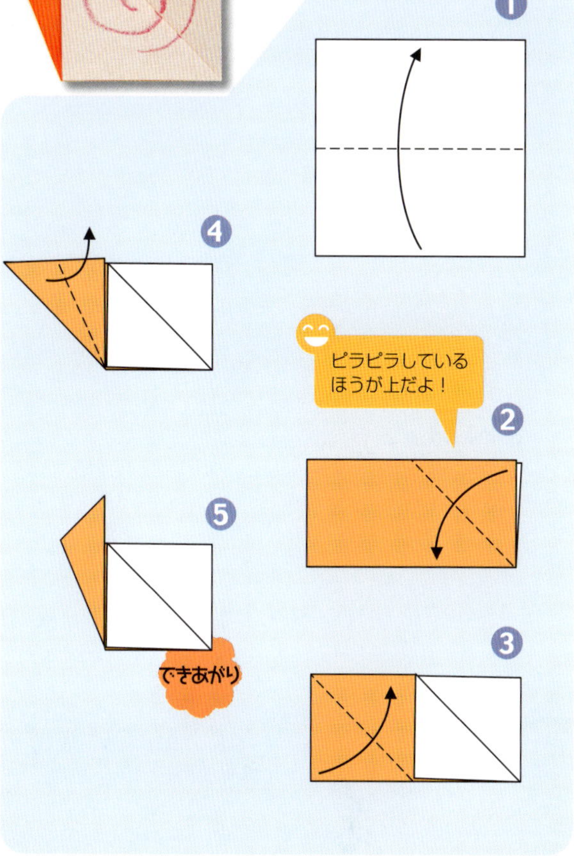

6月

角をポケットに差し込んでね！

ピラピラしているほうが上だよ！

できあがり

中を広げると立つようになるよ！

できあがり

idea アレンジ遊び カタツムリのお散歩

「ゆっくり、ゆっくり転ばないでね〜 どこまでお散歩に行こうかな？」

- 色画用紙をアジサイの葉の形に切り、リボンを付けます。チャレンジカタツムリを乗せて、引っ張ってお散歩させましょう。

idea アレンジ遊び ユラユラカタツムリ

戸外で遊べない雨の季節は、部屋飾りを充実させて、パッと明るく！

- 水色や青色のキラキラテープに、カタツムリやP.26の雨粒を貼り付けましょう。
- モールでカタツムリを壁に貼ると、ユラユラ揺れる壁面飾りに。
- 棒にたこ糸をくくり付け、カタツムリを貼ると、楽しく揺れるモビールに。

23　折り方と記号　谷折り線 ------- 前へ折る　山折り線 —－—　後ろへ折る　折り筋をつける

②季節の折り紙 6月

チクタク時計ワールド
壁面

チクタク時計の国は不思議の国。ウサギさんたちはどの時計を見ればいいのか混乱気味。みんなで今、何時かを教えてあげましょう。針の位置を変えても楽しめますよ。

使用アイテム　●折り紙＊うで時計…P.25(両面折り紙。ウサギの腹巻時計は12cm×12cm)　●色画用紙　●丸シール　●カラーフェルトペン　●修正ペン　●色鉛筆★型紙…P.109

製作のPoint
- うで時計には、両面折り紙を使うと少しじょうぶになり、後で遊びやすくなります。
- 文字盤には先が細いペンのほうが書きやすいでしょう。
- 土台の文字盤の数字は、修正ペンを使っています。

My 時計コレクション
せいさく帳　取り外し自由！　時計をおしゃれに替えましょう！

- 包装紙や千代紙、ホイルカラーなどで時計を折り、コレクションを作ります。
- 文字盤のパーツも穴あけパンチで抜いておき、選べるようにすると楽しいですね。
- ベルト留めは、色画用紙を輪っかにして貼ります。

今、何時？ ゲーム
アレンジ遊び　フルーツバスケットの時計版。それぞれ時計の時刻を決めたら、さぁ、ゲーム開始〜！

- 鬼は円形に並んだイスの真ん中に立ちます。
- 座っている子どもが鬼に「今、何時？」と聞きます。鬼が「○○時！」と答えると、その時刻の子どもは立ち、ほかのイスに座ります。残った人が次の鬼です。

＊少人数のときは、時間を3、6、9、12など、少なめに決めておくとスムーズに進みます。

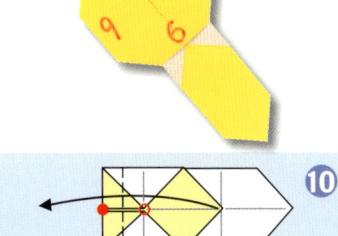

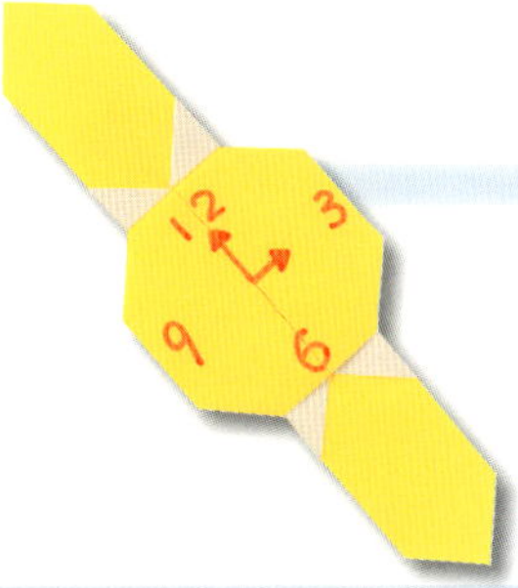

12
3
6
9

うで時計

1
2
3
4

5
6
7
8
9
反対側の角を、遠くの横線まで連れて行ってね！

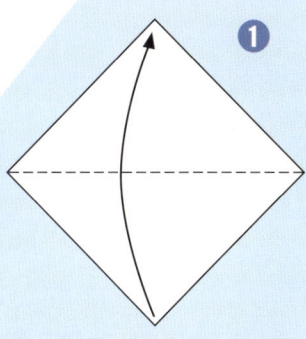

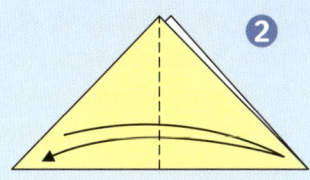

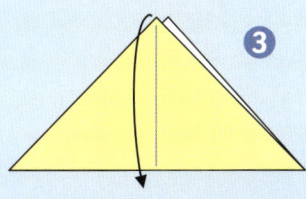

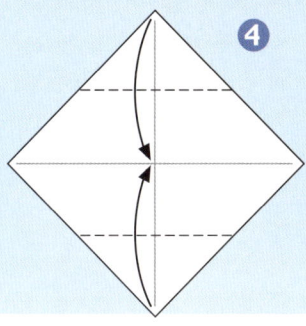

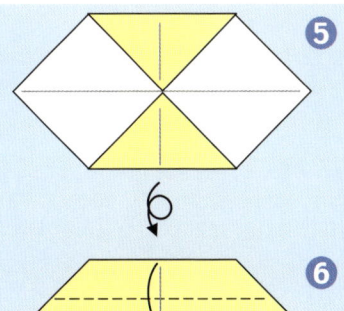

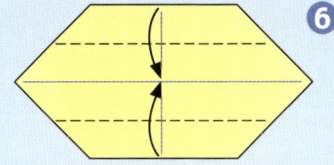

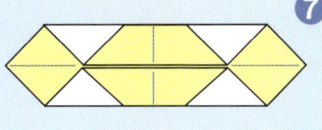

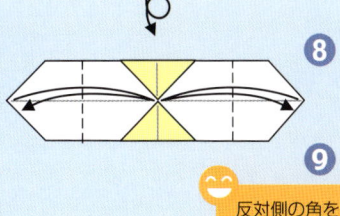

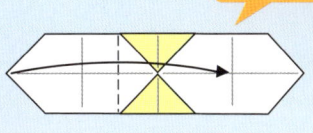

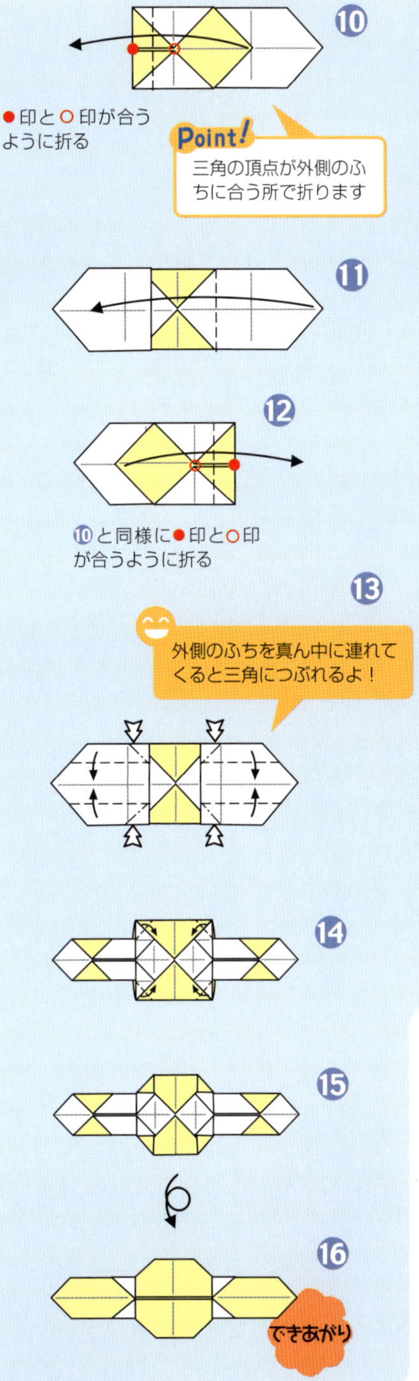

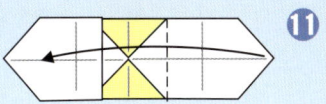

10
●印と○印が合うように折る
Point!
三角の頂点が外側のふちに合う所で折ります
11
12
10と同様に●印と○印が合うように折る
13
外側のふちを真ん中に連れてくると三角につぶれるよ！
14
15
16
できあがり

idea アレンジ遊び 魔法の時計

スピードアップ？それともスローモーション？

- この時計には、時間を速くできるスイッチが付いています。だれかの前で「スピードアップ！　スイッチオン！」と号令。目の前でスイッチを押された人は、そのときの動作をスピードアップさせましょう。スイッチオフも忘れずに。
- 動きを遅くするスローモーションも楽しみましょう。

普通の足踏みが…
てくてく
スイッチオン！
ポチッ
サカサカサカサカ

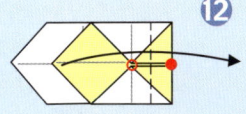

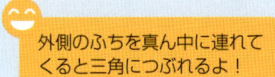

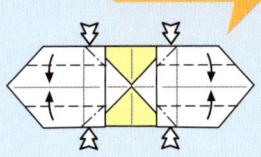

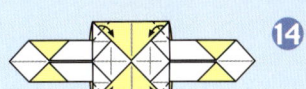

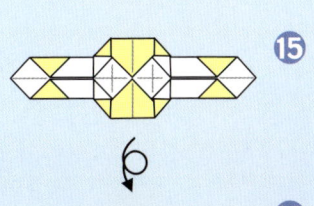

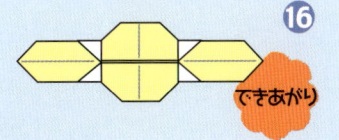

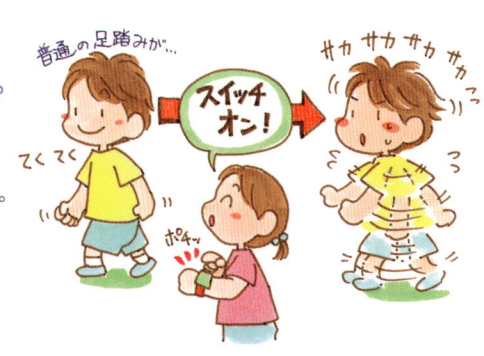

折り方と記号　谷折り線　前へ折る　山折り線　後ろへ折る　折り筋をつける

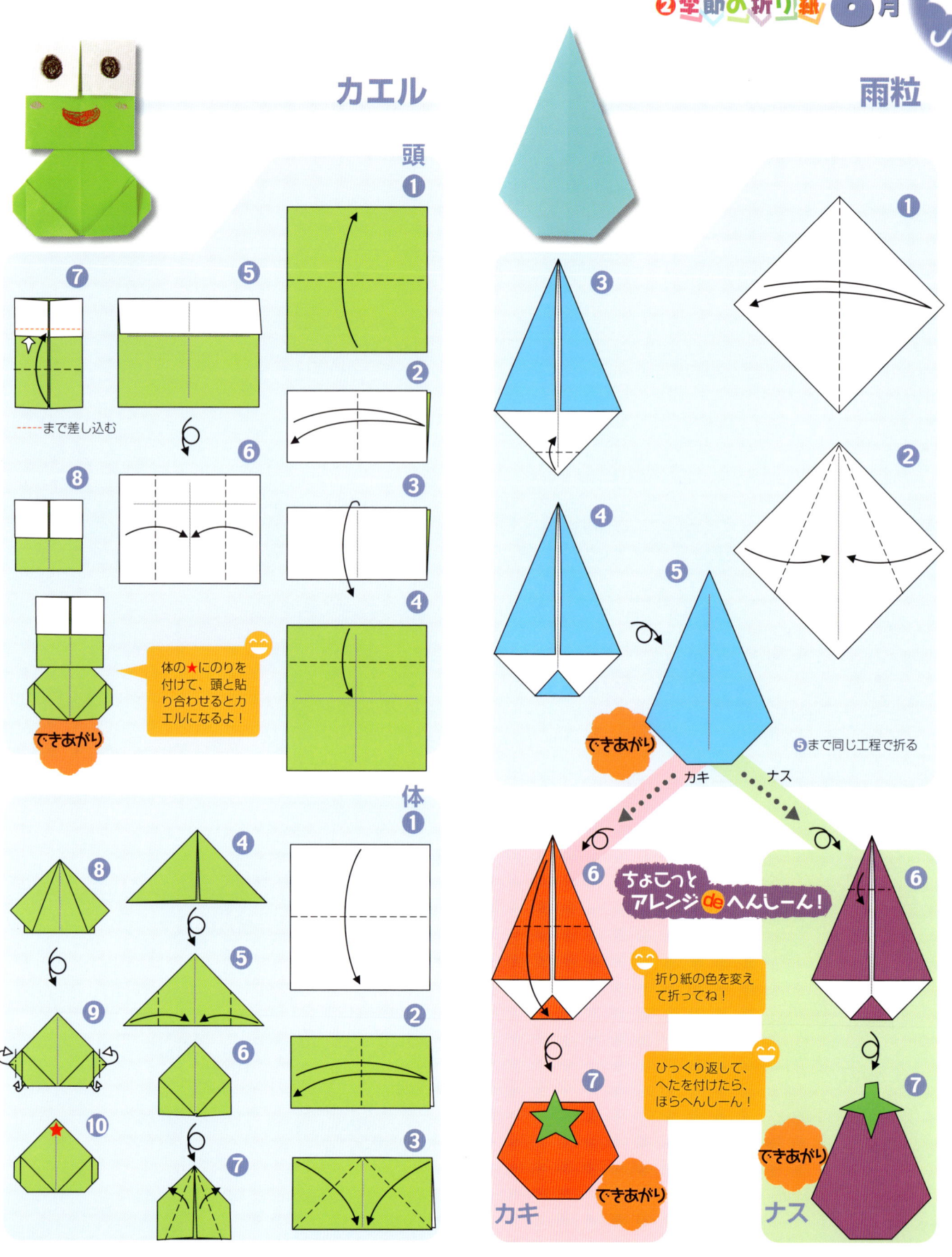

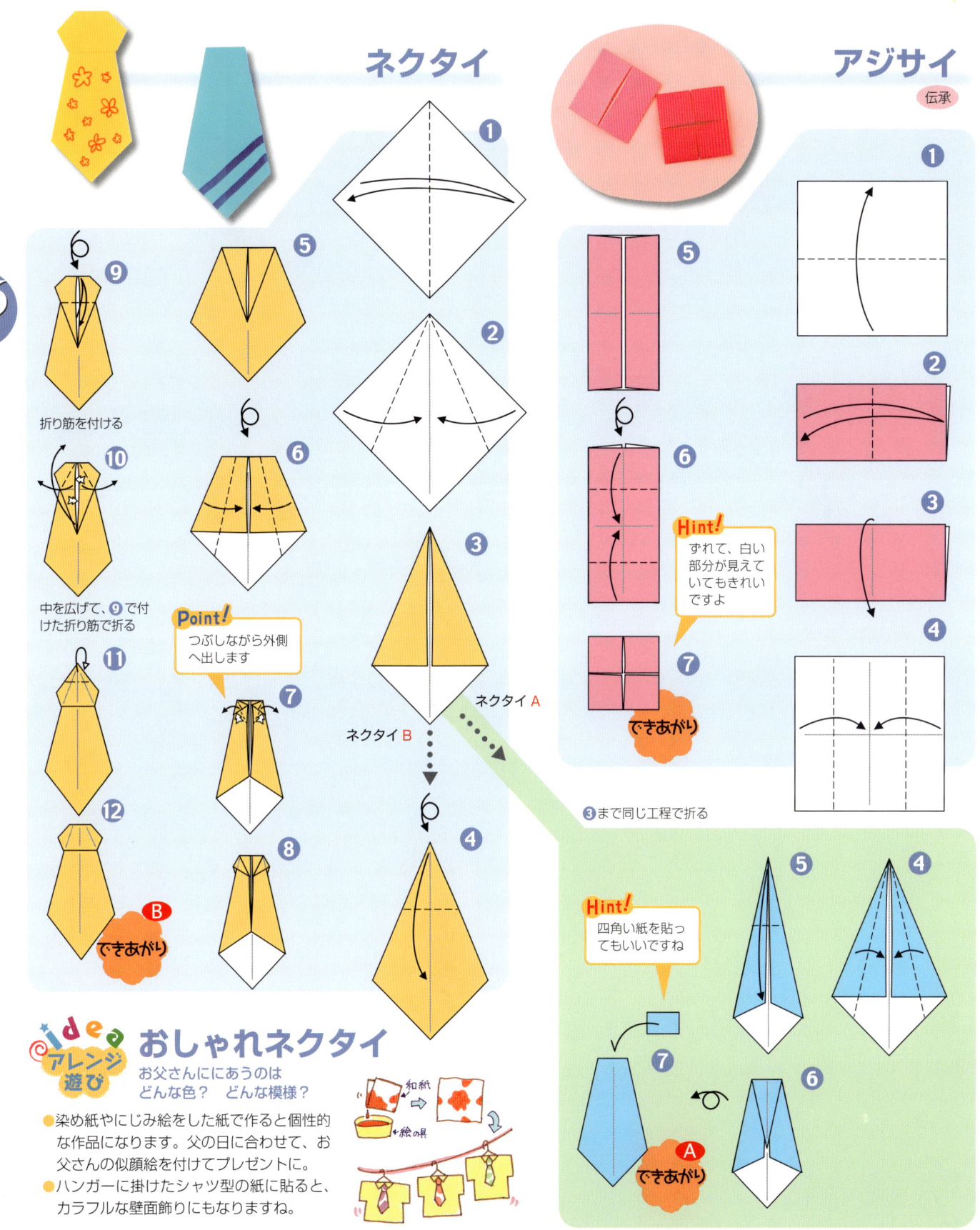

2 季節の折り紙 7月

idea 壁面 天の川でピクニックデート

七夕の夜はたくさんのおり姫とひこ星が天の川でピクニックデート。舟遊びをしたり、星の中をドライブしたり楽しそう！にぎやかなようすに星たちもご機嫌です。

製作のPoint
- おり姫・ひこ星は千代紙を外側にして2枚重ねで折っています。ずれて折りにくそうなときは、角をのりで軽く留めてあげてください。
- スズランテープを数本貼るだけで、夜空のイメージを作れます。

- 折り紙＊おり姫・ひこ星…P.29（千代紙とうすだいだいの折り紙を2枚重ねで使用）＊だまし舟…P.32（B4のカラーコピー用紙を正方形に切って使用）★型紙…P.109

idea せいさく帳 五色の天の川

色がにじんでカラフルな天の川、ファンタジックな織り姫とひこ星が出会います。

- 画用紙にクレヨンで星を描いてから、霧吹きで水を吹きかけ、指に絵の具をつけて（5色でカラフルに）、水が乾かないうちに一気に線を引きます。
- 乾いたら折り紙のおり姫とひこ星を貼りましょう。

idea アレンジ遊び ちょこっとラブレター

"From ひこ星 To おり姫" みたいに "大好き"を伝えたいですね。

- 七夕祭りにちなんで、"大好き"という気持ちをだれかに伝えるのはどうでしょう。おうちの人や友達へ、プチ・ラブレターを贈りましょう。
- 折り紙に顔や模様を描いて、中にメッセージを書きましょう。

ロケット　　おり姫・ひこ星

7月

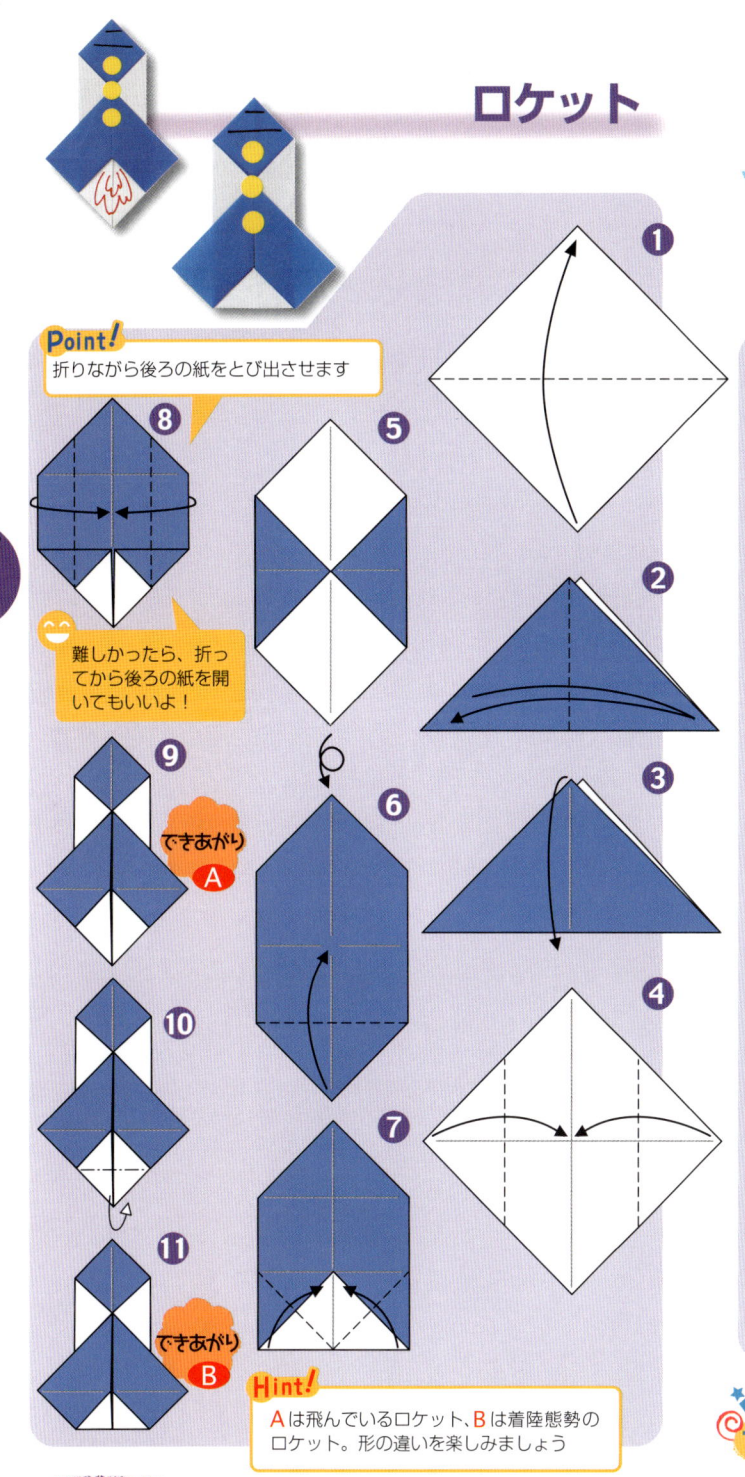

Point!
折りながら後ろの紙をとび出させます

難しかったら、折ってから後ろの紙を開いてもいいよ!

できあがり A

できあがり B

Hint!
Aは飛んでいるロケット、Bは着陸態勢のロケット。形の違いを楽しみましょう

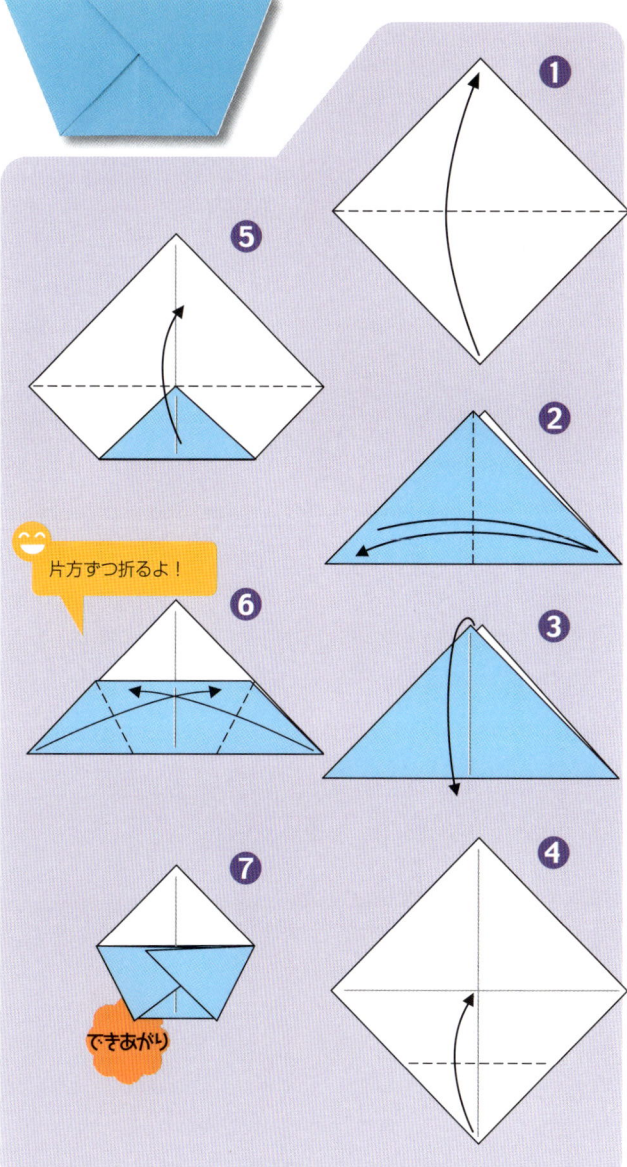

片方ずつ折るよ!

できあがり

おでかけポシェット

ごっこ遊びでも大活躍しますよ。

- 上の折り方でポシェットを作ります。紙は大きめの包装紙がいいですね。
- ⑥で折った袖の先をのりではずれないように貼ります。
- リボンやひもを付けて、ポシェットやバッグに。

ちょこっとアレンジdeへんしーん!

Hint!
Bのロケットに顔を貼り、折り紙の色も柄のあるもので作るとひこ星になります

ちょっといってきます!

折り方と記号　谷折り線 ------ 前へ折る　山折り線 ----- 後ろへ折る　折り筋をつける

②季節の折り紙 7月

idea 壁面　スイスイクジラ

暑い夏が始まります。室内が涼しくなるように、海の壁面を飾って雰囲気づくりをしましょう。おサルさんとクジラさんはとっても仲よしで楽しそうですね。

●折り紙＊クジラ…P.31(1/4サイズも使用)●色画用紙●クラフトパンチ：花●クレヨン★型紙…P.109

製作のPoint
- クジラのおなかに、模様を描きましょう。少し切り込みを入れるので、ハサミの練習にもなります。
- クジラを傾けたり、小さなクジラも入れたりすると、楽しく泳いでいる雰囲気が出ます。
- ヤシの木が生えた島と波を置くことで、海の上のイメージが作れます。

idea せいさく帳　クジラの親子

親子仲よくザブンザブン、潮をふき上げ並んで泳ぐよ！

- 画用紙に、絵の具で大きな波や小さな波を描きます。「海は何色かな？」「波はどんなふうに揺れているのかな？」など、お話しながら楽しみましょう。
- 大小の折り紙で折ったクジラを貼るとできあがりです。

idea アレンジ遊び　波乗りクジラ

大波、小波、プカプカ越えて、波乗りは最高にいい気分！

- ペットボトルに絵の具を溶かした色水を入れて、キャップをビニールテープで留めてからクジラを貼ります。
- ペットボトルを揺らすと水が揺れて、波間をクジラが泳いでいるように見えます。
- 立てても、横にしてもOK。

＊こぼれないように、キャップはビニールテープでしっかり巻き付けて留めます。

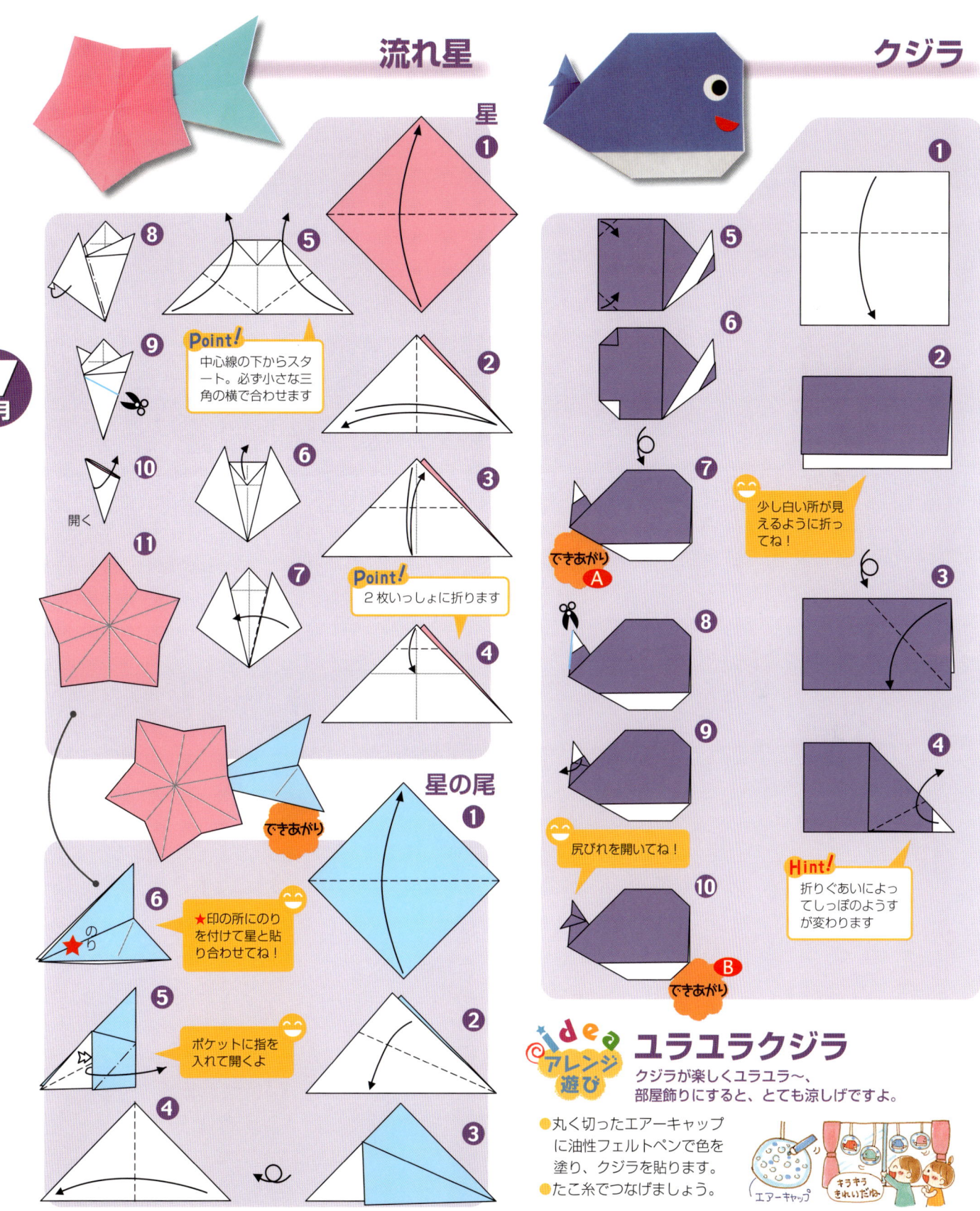

②季節の折り紙 7月

だまし舟 (伝承)

かざぐるま (伝承)

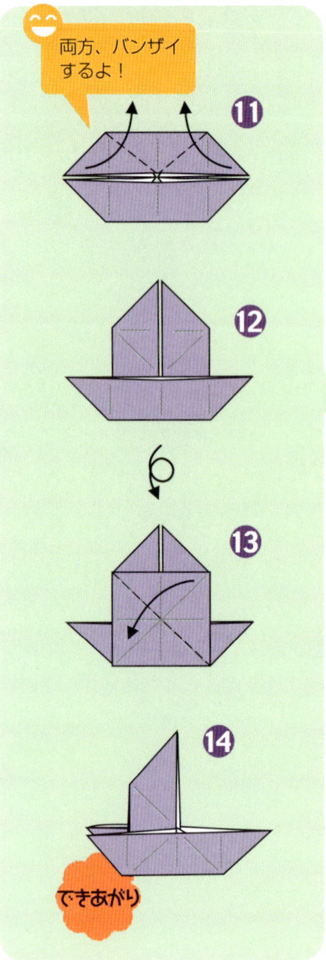

❶ ② ③ ④ 裏も同じように折り目を付ける ⑤ ⑥ ⑦ 大きく開くと、うまくつぶれるよ！

⑧ ⑨ 中の白が、たくさん見えるように開いてね！ ⑩

→ だまし舟 ⑩まで同じ工程で折る

↓ かざぐるま

⑪ あれれ？かざぐるまの形になったよ！ ⑫ できあがり

Hint! 壁面の、こいのぼりの支柱の先にも使えます

⑪ 両方、バンザイするよ！ ⑫ ⑬ ⑭ できあがり

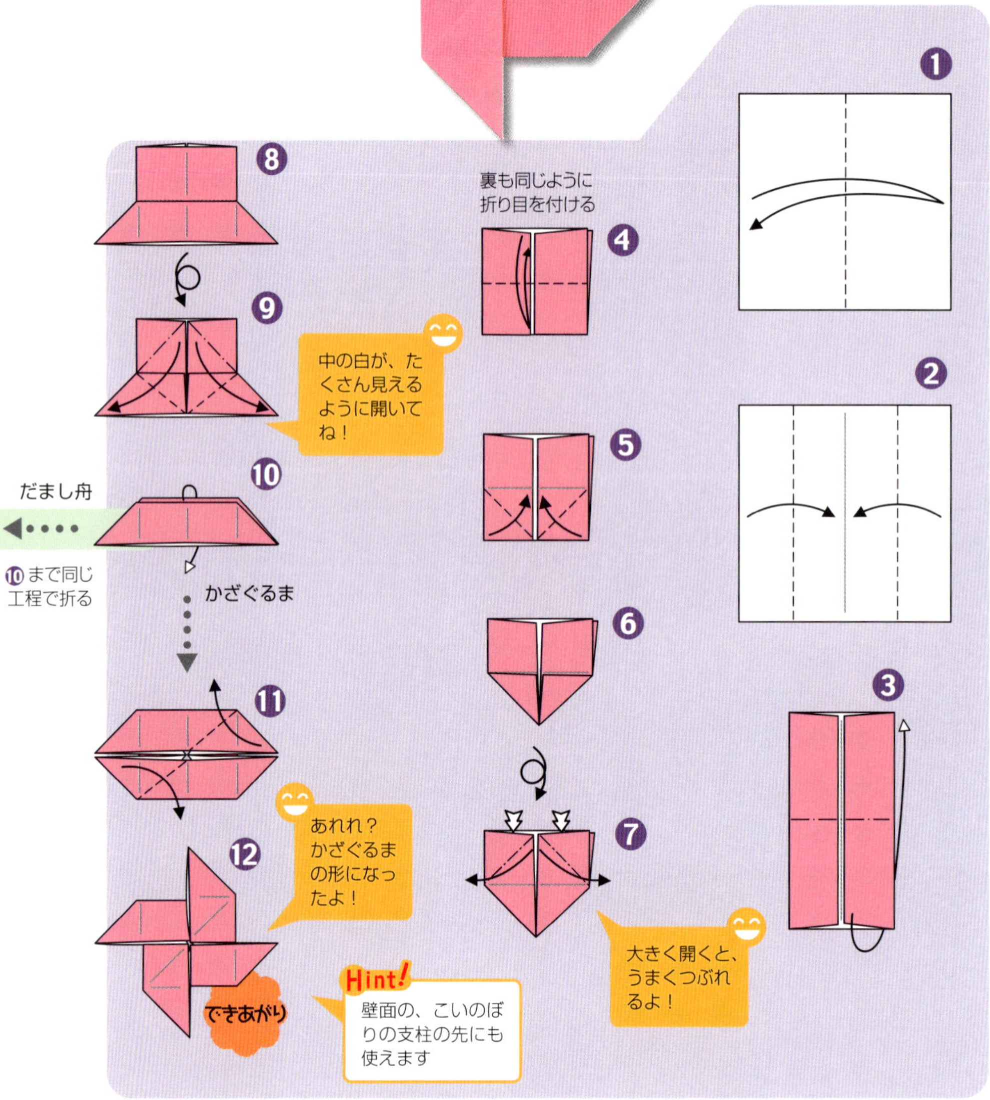

---

idea せいさく帳 　ビックリ！ からくり絵

太陽も人も舟も大変身！
驚きのだまし舟、さぁ、だれに試そうかな？

- 舟と太陽の★印の箇所だけのり付けして、色画用紙に貼って絵を描きます。

idea アレンジ遊び 　ダンシングかざぐるま

太い手足でコミカルにダンス！
「はい、右手上げて！ 左足下げて〜！」

- かざぐるまの下半分にストローを貼り、持ち手にします。顔を付けたらダンサーに変身!!
- 先を指でつまんでダンスさせましょう。
- 手上げ、足下げゲームをしても楽しいですね。

折り筋線 ——— 　裏返す 　向きを変える 　指を入れて広げる 　引き出す・引っぱる 　差し込む 　ふくらます

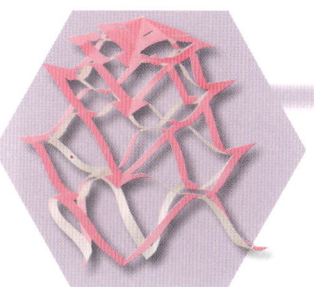
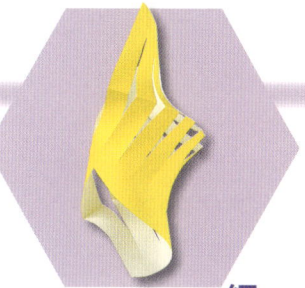

七夕飾り
伝承

ちょうちん・貝の共通部分

① ② ③

Point! 対角線の角と角を合わせます

Point! クルッと巻いて、筒状にします

③まで同じ工程で折る

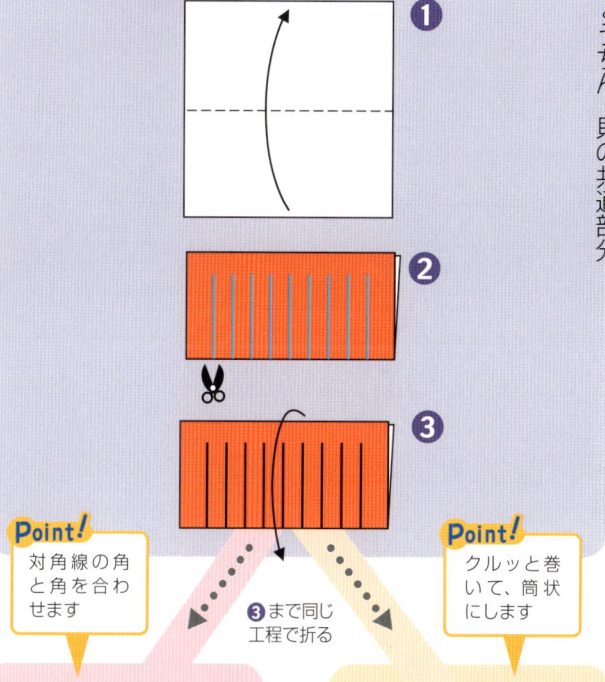

網

① ② ③ ④ ⑤ ⑥ ⑦ ⑧

左右から交互に切っていく

白い袋が見える部分を下にする

端まで切り落とさないでね！

全部開く

Point! ★印の所をつまんで引き上げると、網になります

できあがり

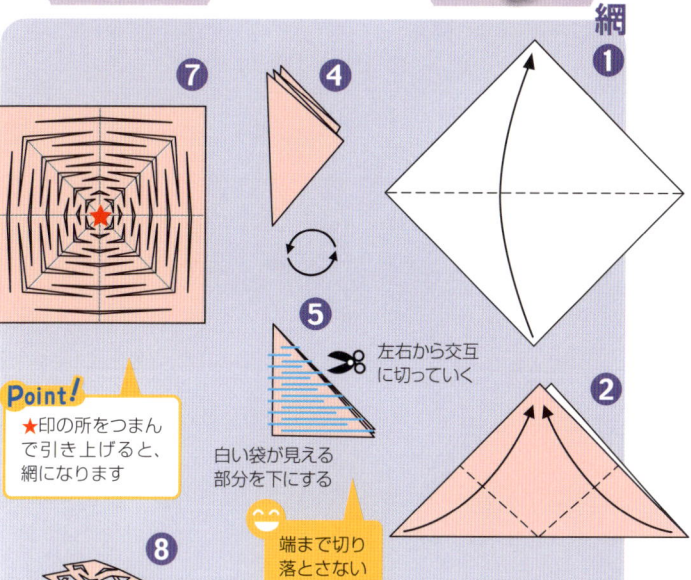

7月

貝

④ ⑤

できあがり

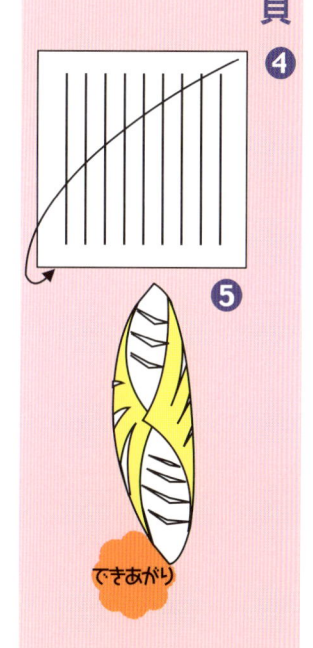

ちょうちん

④ ⑤

できあがり

Hint! 上下に黒い帯を貼ってから巻くと、ちょうちんらしくなります

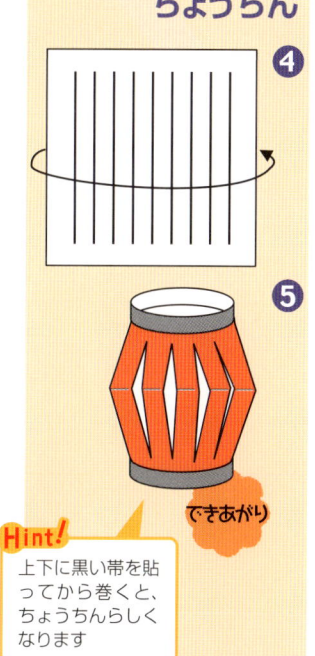

idea アレンジ遊び　キラキラ、ササ飾り

P.96の三角の入れ物や、P.31の流れ星、P.39のスイカも飾り付けてみましょう。

おばけだぞ〜！

ちょうちんや貝、網に目や口を付けて、たこ糸でつるします。「おばけがたくさん出てくるぞ〜！！」

ちょうちんに目や舌をつけておばけごっこをしてみよう

折り方と記号　谷折り線 -------- 前へ折る　山折り線 ―――　後ろへ折る　折り筋をつける

2 季節の折り紙 8月

idea 壁面 Let's go！虫捕り！

夏の森は楽しいことがいっぱい！ 見たことのない虫を探してLet's go！ クマさんたちがそ〜っと木に近付くと…。虫たちがとてもカラフルでびっくり！

使用アイテム ●折り紙＊セミ…P.35 ＊クワガタムシ…P.35 ＊スイカ…P.39 ●白色模造紙●色画用紙●絵の具(緑・黄緑・黄色・白)●カラーフェルトペン●色鉛筆★型紙…P.110

製作のPoint
● 模造紙に、みんなで楽しく手形スタンプをした後、木の形に切り取ります。余った部分を利用して、スイカの皮にするとおもしろいでしょう。
● 折り紙の虫たちは、はでな色にするのがポイントです。

idea せいさく帳 夏の虫Getだぜ！
虫が逃げないように、虫かごに入れてね！

● 折り紙を二つ折りにし、さらに四つ折りにします。ハサミでH型に切って広げ色画用紙に貼ります。

idea アレンジ遊び ワクワク夏の森
金色の虫やキング級の虫などプレミアムを用意して、ワクワク感を盛り上げよう！

● 保育室の壁や柱に色画用紙で葉っぱなどを貼り付けて森の中に見たて、折り紙のセミやクワガタムシを子どもたちといっしょに貼りましょう。
● 図鑑でどんな所に虫がいるのかを調べたり話し合ってもいいですね。

折り筋線 ——— 裏返す 向きを変える 指を入れて広げる 引き出す・引っぱる 差し込む ふくらます

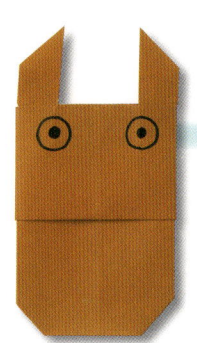

クワガタムシ

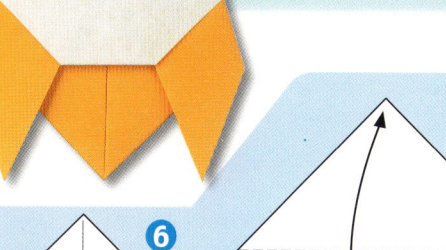

貼り付け方

胴体につのを挟んでのり付けする

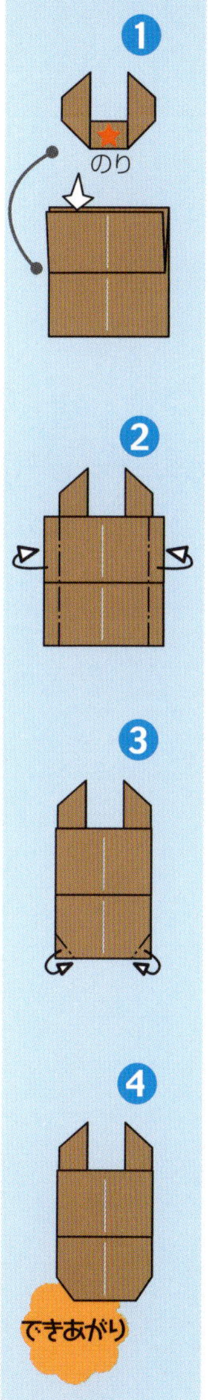

のり
できあがり

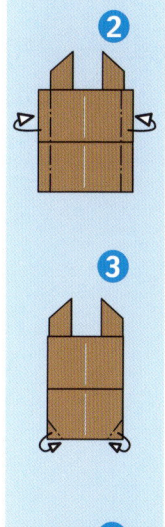

つの

1/4サイズで
真ん中を指2本で押さえて折るといいよ！

胴

セミ

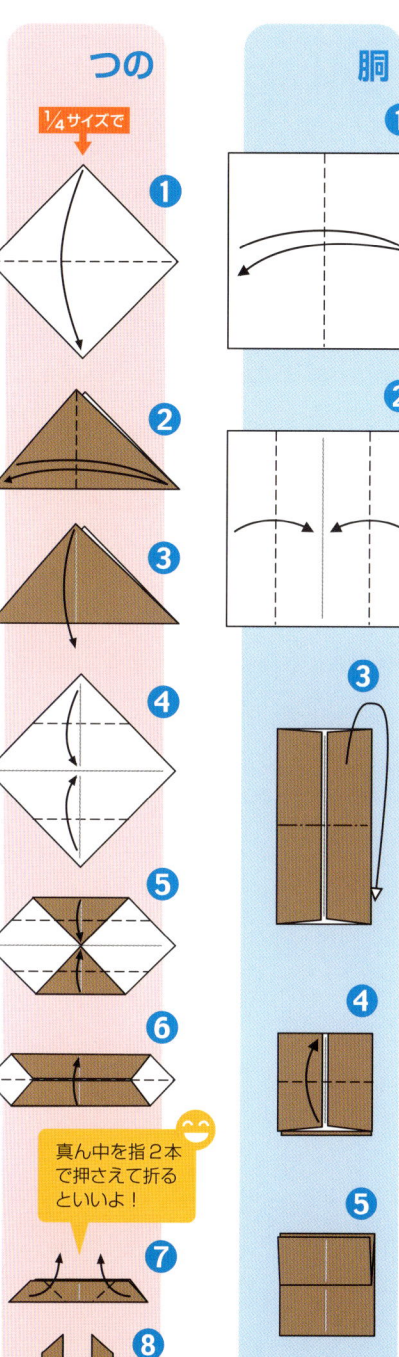

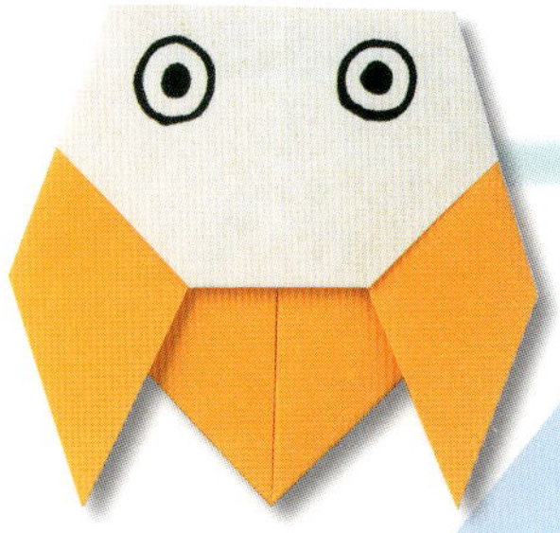

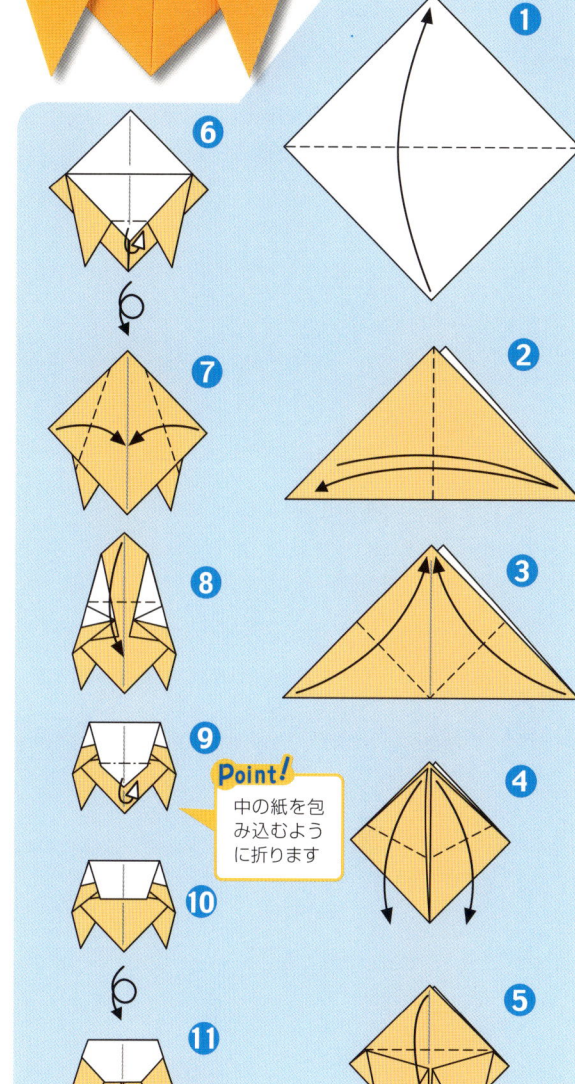

Point!
中の紙を包み込むように折ります
できあがり

idea アレンジ遊び こっちの蜜は甘いぞ〜！

何匹釣れるかな？

- クワガタムシの頭にゼムクリップを付けます。
- リボンを付けたマグネット板を甘い蜜に見たて、誘って釣る遊びです。

リボン
マグネット板
おいで おいで〜

折り方と記号　谷折り線　前へ折る　山折り線　後ろへ折る　折り筋をつける

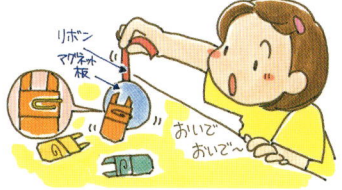

idea 壁面 ヒマワリ畑

②季節の折り紙 8月

いよいよ夏本番！ 室内にも元気なヒマワリをたくさん咲かせましょう！ ウサギさんもネズミさんも大喜びです。元気なヒマワリがみんなを毎日迎えてくれますよ。

使用アイテム
●折り紙＊ヒマワリ…P.37(1/4サイズも使用) ●色画用紙 ●モール ★型紙…P.110

製作のPoint
● ヒマワリの中央の種は、折り紙を細長く切ったものを交差させて貼ります。クレヨンで描いてもいいですね。
● 葉は、色画用紙を二つ折りにして切ると簡単です。

idea せいさく帳 元気に咲いたね！

太陽に向かって笑ってるみたい！

● 折り紙のヒマワリを色画用紙に貼って、自由に絵を描きましょう。
● 大きなヒマワリはどんなふうに咲いているかな？ 本物のヒマワリも見に行くといいですね。

idea アレンジ遊び ニコニコヒマワリ

元気印のヒマワリパワーを、みんなにあげたいな！

折り紙のヒマワリは、ペンダントにちょうどいい大きさです。笑顔の写真を貼って、お誕生日の"おめでとう"や"がんばったね"のペンダントにしてプレゼントしてもいいですね。

トマト

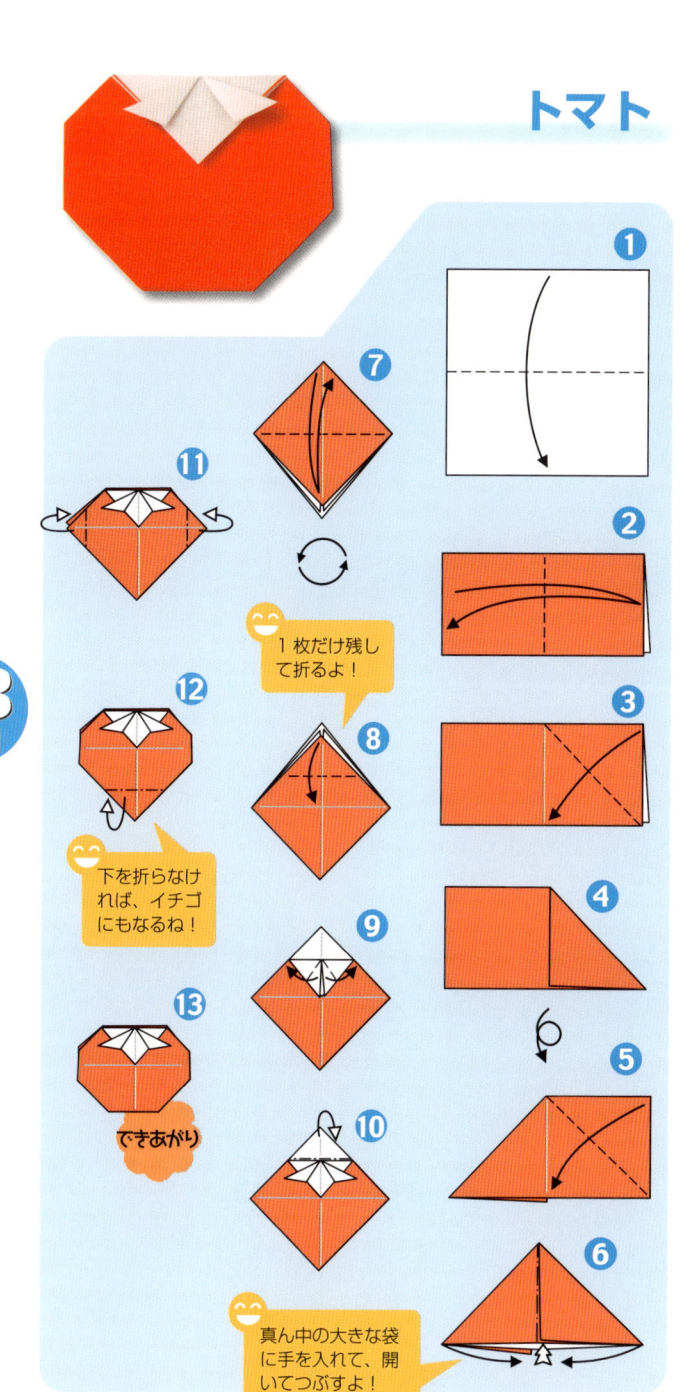

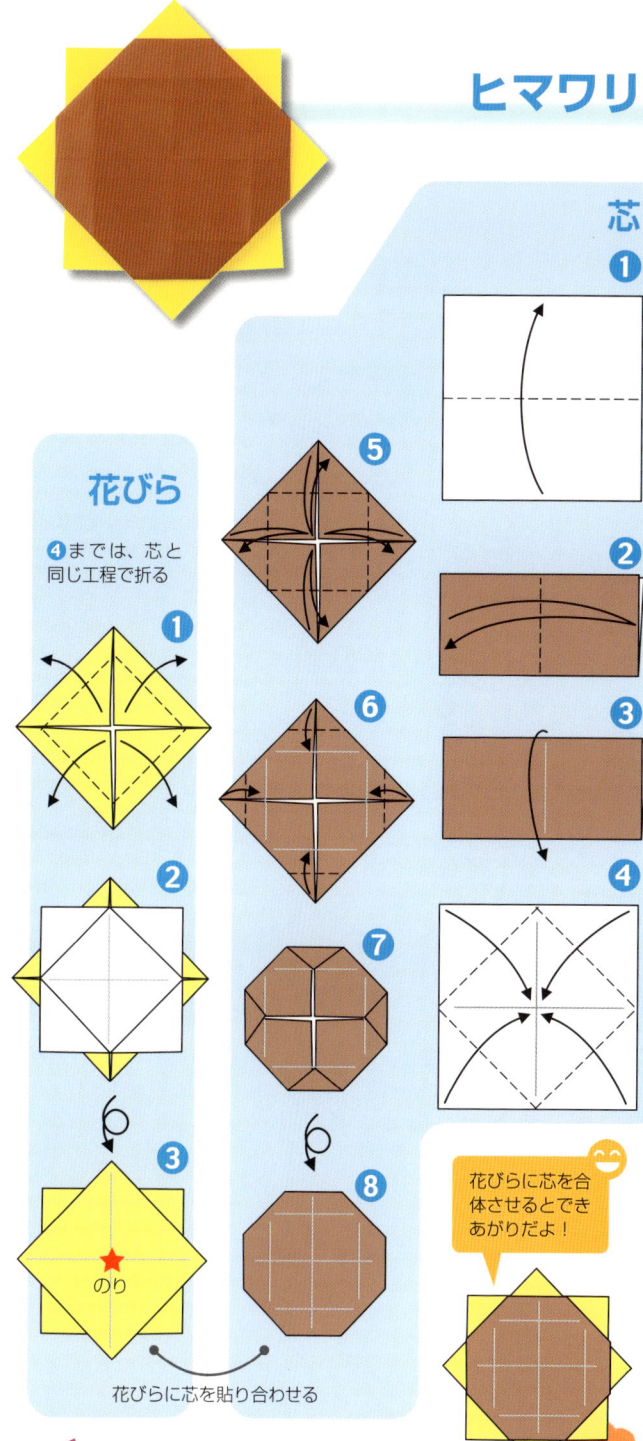

8月

1枚だけ残して折るよ！

下を折らなければ、イチゴにもなるね！

できあがり

真ん中の大きな袋に手を入れて、開いてつぶすよ！

idea せいさく帳
たくさん実ったよ！
おいしそうなトマトだね。
色画用紙を切って植木鉢と支柱を作り、トマトを貼ります。おいしそうなトマトの周りにも楽しく絵を描きましょう。

ヒマワリ

芯

花びら
4までは、芯と同じ工程で折る

のり

花びらに芯を貼り合わせる

花びらに芯を合体させるとできあがりだよ！

できあがり

idea アレンジ遊び
カッパに変身！
子どもは変身の名人！
花びらを緑の折り紙で折ったら、カッパのお皿になります。ゴムを付けたり、帽子のてっぺんに貼って、カッパに変身してみよう！

カッパ？ カッパ！ カッパ！

折り方と記号 | 谷折り線 ------- | 前へ折る | 山折り線 — — — | 後ろへ折る | 折り筋をつける

❷季節の折り紙 8月

キンギョ
伝承

風船
伝承

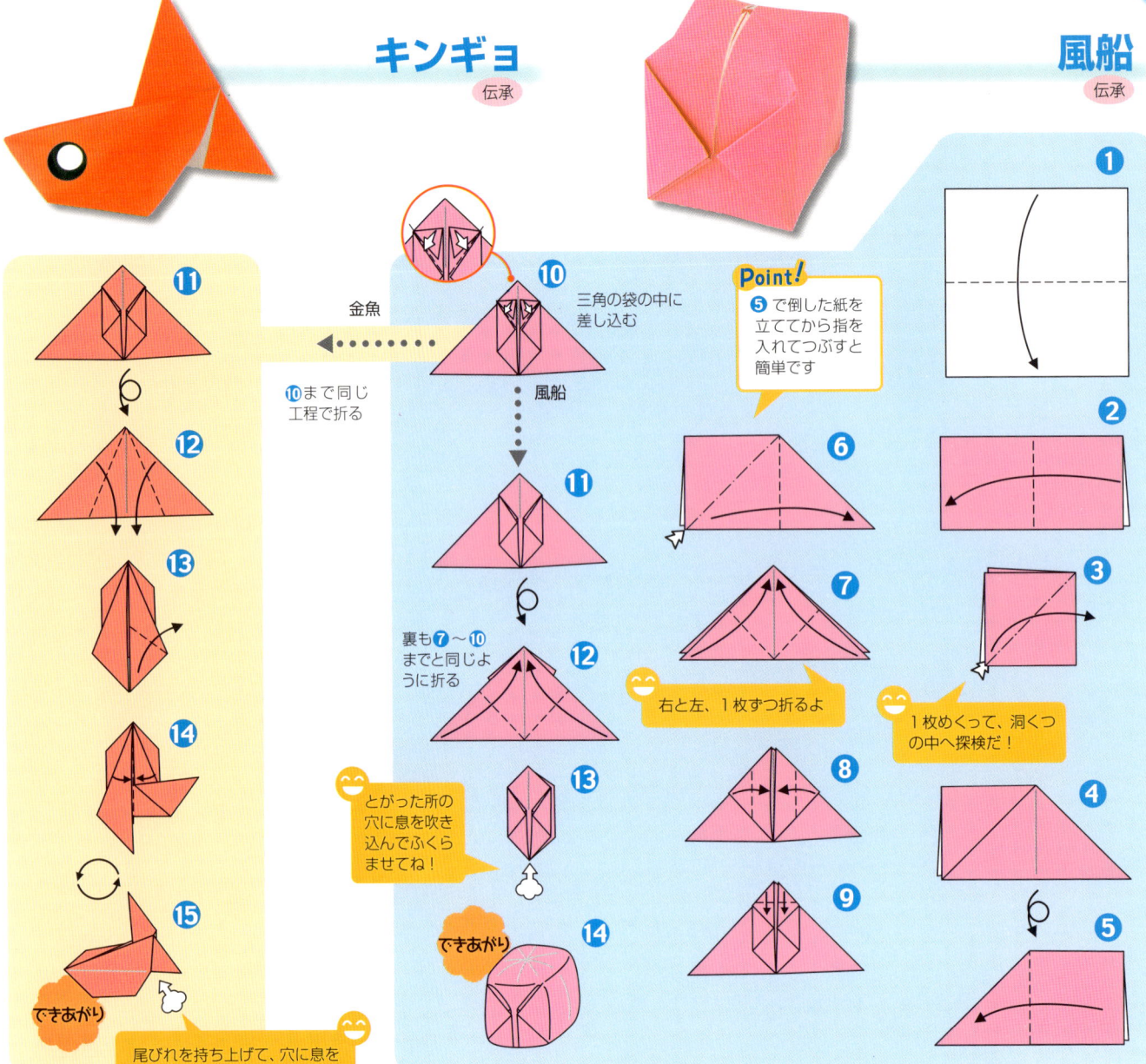

風船の折り方

①

②

③ 1枚めくって、洞くつの中へ探検だ！

④

⑤

⑥

⑦ 右と左、1枚ずつ折るよ

Point! ❺で倒した紙を立ててから指を入れてつぶすと簡単です

⑧

⑨

⑩ 三角の袋の中に差し込む

⑪ 裏も❼〜⓾までと同じように折る

⑫

⑬ とがった所の穴に息を吹き込んでふくらませてね！

⑭ できあがり

キンギョの折り方

金魚 ⓾まで同じ工程で折る

⑪

⑫

⑬

⑭

⑮ できあがり

尾びれを持ち上げて、穴に息を吹き込んでふくらませてね！

idea アレンジ遊び キンギョ、ヨーヨー
袋の中でユラユラ、お昼寝かな？

- キンギョにたこ糸を貼り付け、油性フェルトペンで絵を描いたビニール袋に入れて膨らませます。口を縛り、ゴムを付けたらヨーヨーのできあがりです。
- 夜店ごっこにも使えます。

キンギョにひもを付けて
ゴムを付けたらヨーヨーに！
夏祭りの夜店ごっこにもどうぞ

idea アレンジ遊び やさしい積み木
フワッと、そーっと積んでね！

- 風船をたくさん作ると、カラフルでかわいい積み木になります。積むときはつぶれないようにやさしく扱ってくださいね。
- 辺の折りをしっかり付けておくことがコツです。

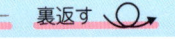

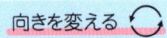

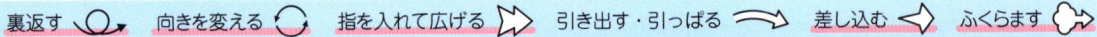

積み重ねも競争の時もやさしくやさしく
そーっとそーっとね

折り筋線 ──── 裏返す ↻ 向きを変える ↻ 指を入れて広げる ▷ 引き出す・引っぱる ⟶ 差し込む ◁ ふくらます

スイカ

スイカの皮

① ② ③ ④ ⑤

向かい合った角を、真ん中でこっつんこして折るよ！

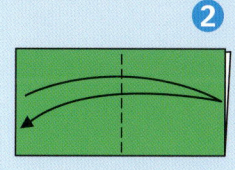

スイカの実

⑤まで同じ工程で折る

⑤ ⑥

Point!
スイカの実と皮は、それぞれ違う色の折り紙で⑤の工程まで、同じ折り方で折っておきます

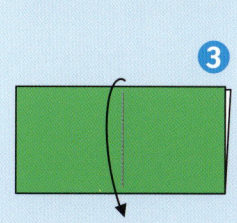

緑の紙が赤い紙を抱っこするよ！

⑦ ⑧ ⑨ ⑩ ⑪ できあがり

皮の折り紙に実の折り紙を差し込んで重ね合わせる

8月

idea アレンジ遊び　メロンもパクリ！

メロンも作れるよ！ いろいろ作って、お店屋さんごっこをしよう！

スイカの実の部分を黄緑色で折るとメロンに。赤とクリーム色の折り紙で折るとリンゴになります。

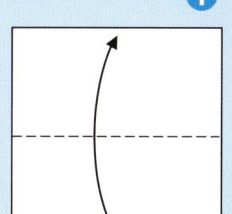

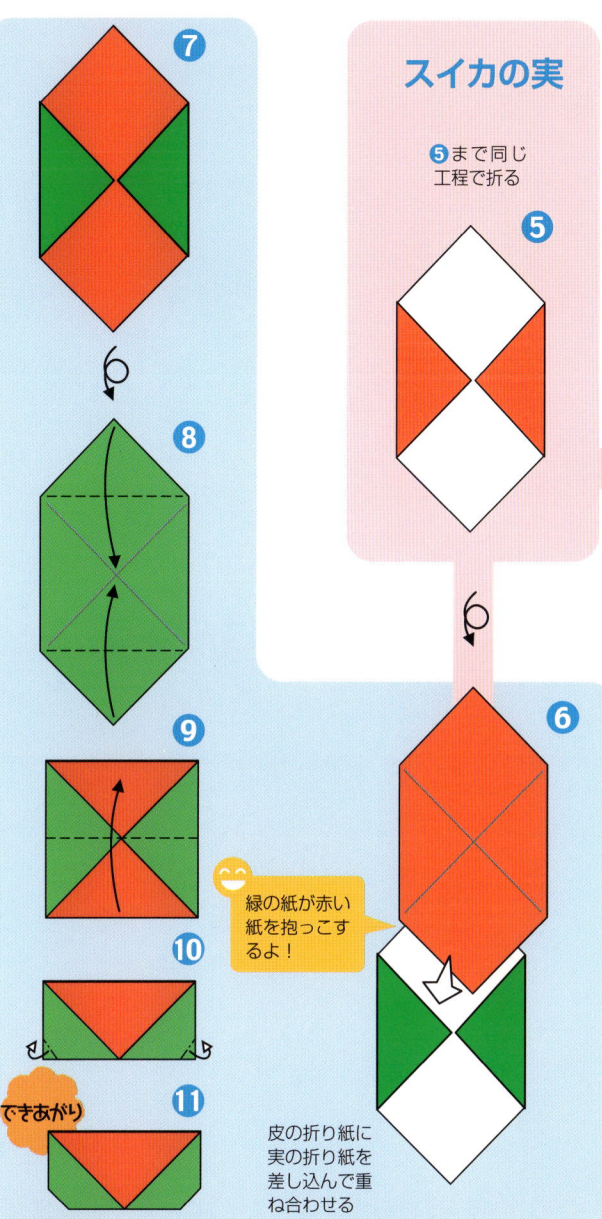

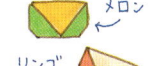

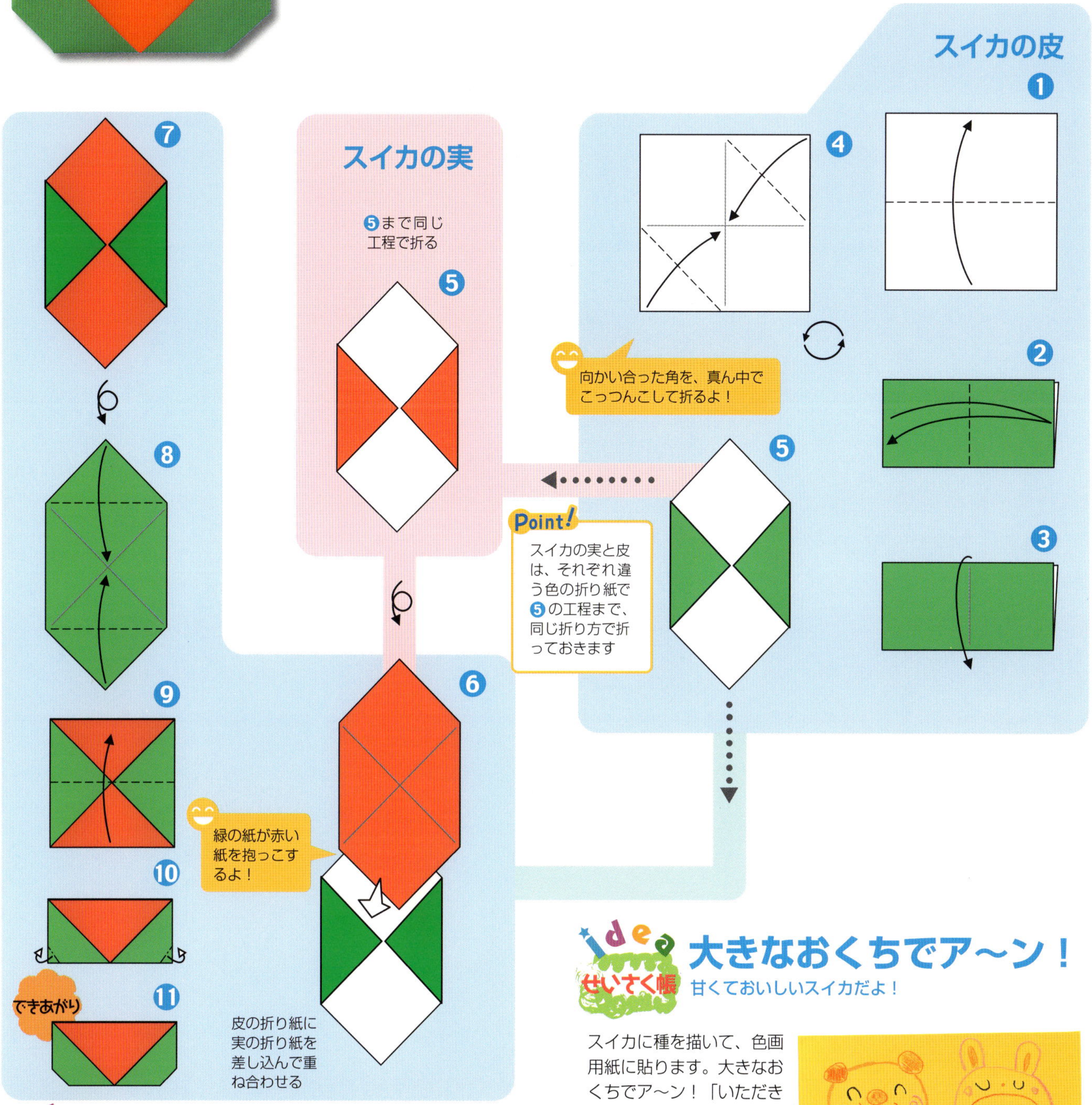

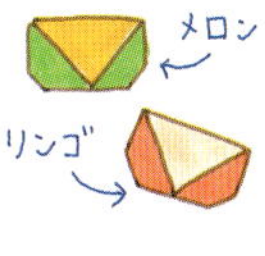

メロン / リンゴ

idea せいさく帳　大きなおくちでア〜ン！

甘くておいしいスイカだよ！

スイカに種を描いて、色画用紙に貼ります。大きなおくちでア〜ン！「いただきま〜す！」「だれがいちばん大きなおくちかな？」お話をしながら、自由に楽しく描きましょう。

39　折り方と記号　　谷折り線 --------　前へ折る　　山折り線 — — —　後ろへ折る　　折り筋をつける

2 季節の折り紙 9月

idea 壁面 秋が来た！

夕焼けの中、おしゃれグラスをかけたトンボたちが競って登場！ だれの眼鏡がすてきかな？ おしゃれで賞・びっくりで賞など、いろいろな賞をつけると楽しいですね。

使用アイテム
- 折り紙＊トンボ…P.41 ＊ススキ…P.44 ●色画用紙 ●紙ひも
- クレヨン ★型紙…P.111

製作のPoint
- 長方形に切った厚紙を丸めてトンボの裏に貼ると、立体的に見えます。
- 年長さんには眼鏡の形も描いてもらうとさらにおもしろくなります。

idea せいさく帳 秋空トンボ

トンボのめがねに映った空は何色かな？

- 画用紙いっぱいにクレヨンで空の色を塗ります。空を観察して、使う色を話し合ってもいいですね。2〜3色使うときれいにしあがります。
- 割りばしで引っかいて雲を描き、トンボを貼るとできあがりです。

idea アレンジ遊び 秋色みーつけた！

イチョウ、カエデ、落ち葉の色もいろいろだね。秋の色をいっぱい探してね！

- 散歩中に見つけた秋の色を折り紙の中から探してトンボを作ります。
- 何の色かを発表したり当てっこをしましょう。季節を感じ、戸外と室内の遊びに流れができます。
- 折り紙の色を選ぶのも、子どもたちは楽しみです。

トンボ

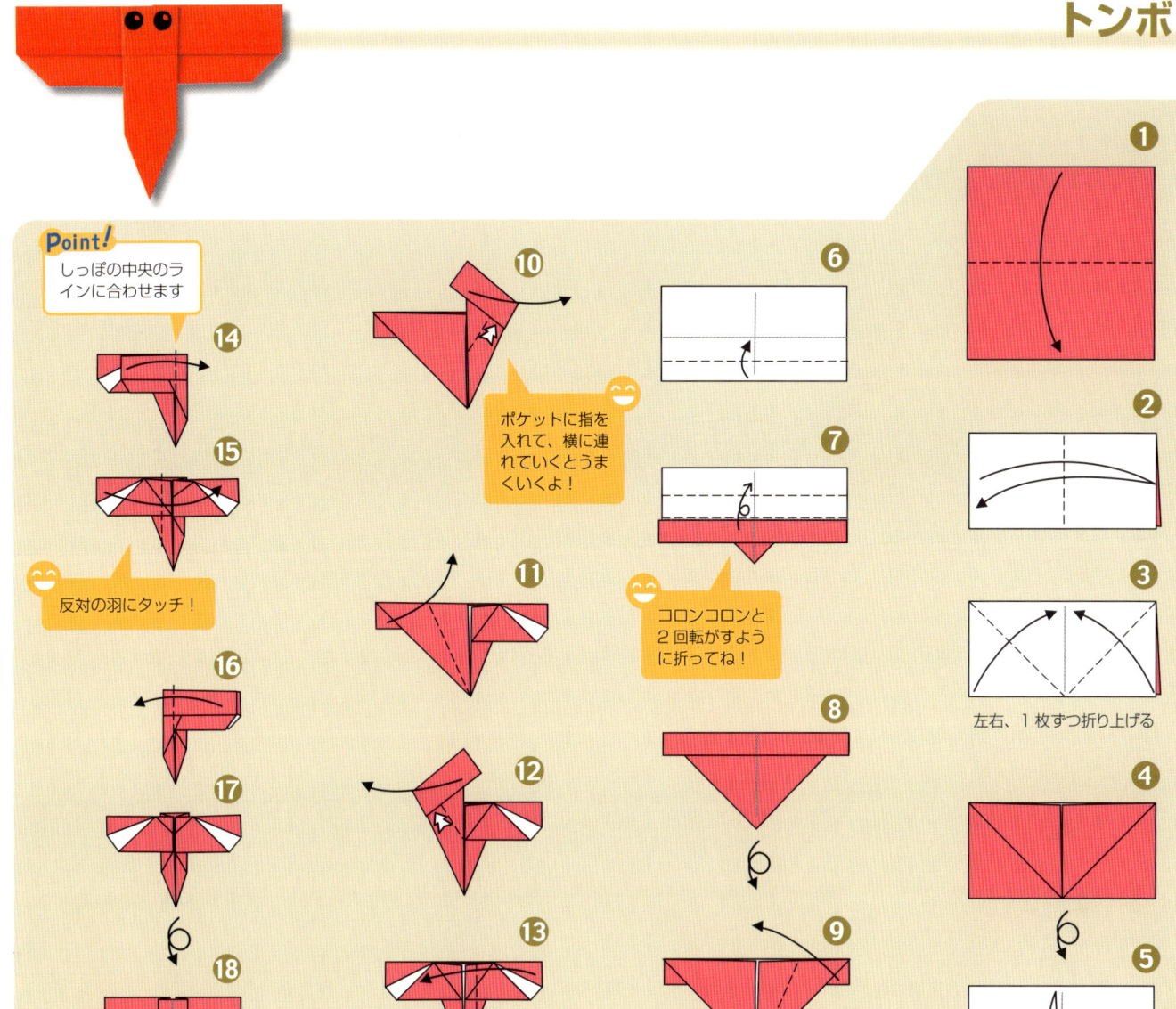

Point!
しっぽの中央のラインに合わせます

ポケットに指を入れて、横に連れていくとうまくいくよ！

コロンコロンと2回転がすように折ってね！

反対の羽にタッチ！

9月

③ 左右、1枚ずつ折り上げる

⑱ できあがり

idea アレンジ遊び　トン・トン・トンボ飛んだ！
トンボがたくさん、楽しそうだね！

みんなで作った折り紙のトンボをたこ糸でたくさんつなげて、保育室に飾ります。部屋のコーナーにつるすと、本当に飛んでいるようないきいきとした雰囲気の装飾になります。

idea アレンジ遊び　The！トンボのめがね
トンボのめがねを掛けると、何が見えたかな？

- モールを輪にしたり、色画用紙を丸く切り抜いたりしてメガネを作ります。
- 折り紙のトンボに貼り付けてできあがりです。
- トンボ目線で見るおもしろさが味わえ、新しい発見があるかもしれません。

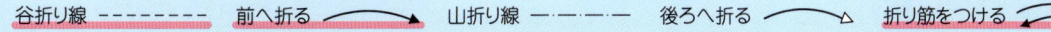

折り方と記号　谷折り線 -------　前へ折る　山折り線 — - —　後ろへ折る　折り筋をつける

idea 壁面 コスモス畑でかくれんぼ

少しずつ涼しくなり、秋の気配を感じるようになってきました。きれいなコスモス畑でかわいい動物たちがかくれんぼをしています。ウサギさん見つけた！

使用アイテム ●折り紙＊コスモス…P.43 ●色画用紙 ●モール ●丸シール ●色鉛筆 ★型紙…P.111

製作のPoint
- コスモスの折り方は少し難しいので、時間をかけてゆっくり折りましょう。中央の芯は丸シールを貼ると簡単です。
- 茎や葉は、長めのモールに、短く切ったモールをひねって付けています。
- スペースがあれば、トンボ（P.41）も空に飛ばすといいですね。

2 季節の折り紙 9月

idea せいさく帳 コスモスきれいだね～！
トンボもうれしそうに飛んでいるよ。

- 秋らしい色画用紙にコスモスを貼ります。壁面で貼っていたものを使ってもいいですね。
- 茎は細いモールを曲げて貼り付けましょう。
- 花の芯は、P.37のヒマワリの芯を1/4サイズで折って貼ります。

idea アレンジ遊び コスモスプログラム
秋の花をワンポイントに！

運動会や発表会のプログラムの表紙にコスモスのワンポイントがきれいですよ。はがれないようにしっかりと貼り付けましょう。

折り筋線　　裏返す　　向きを変える　　指を入れて広げる　　引き出す・引っぱる　　差し込む　　ふくらます

42

コスモス

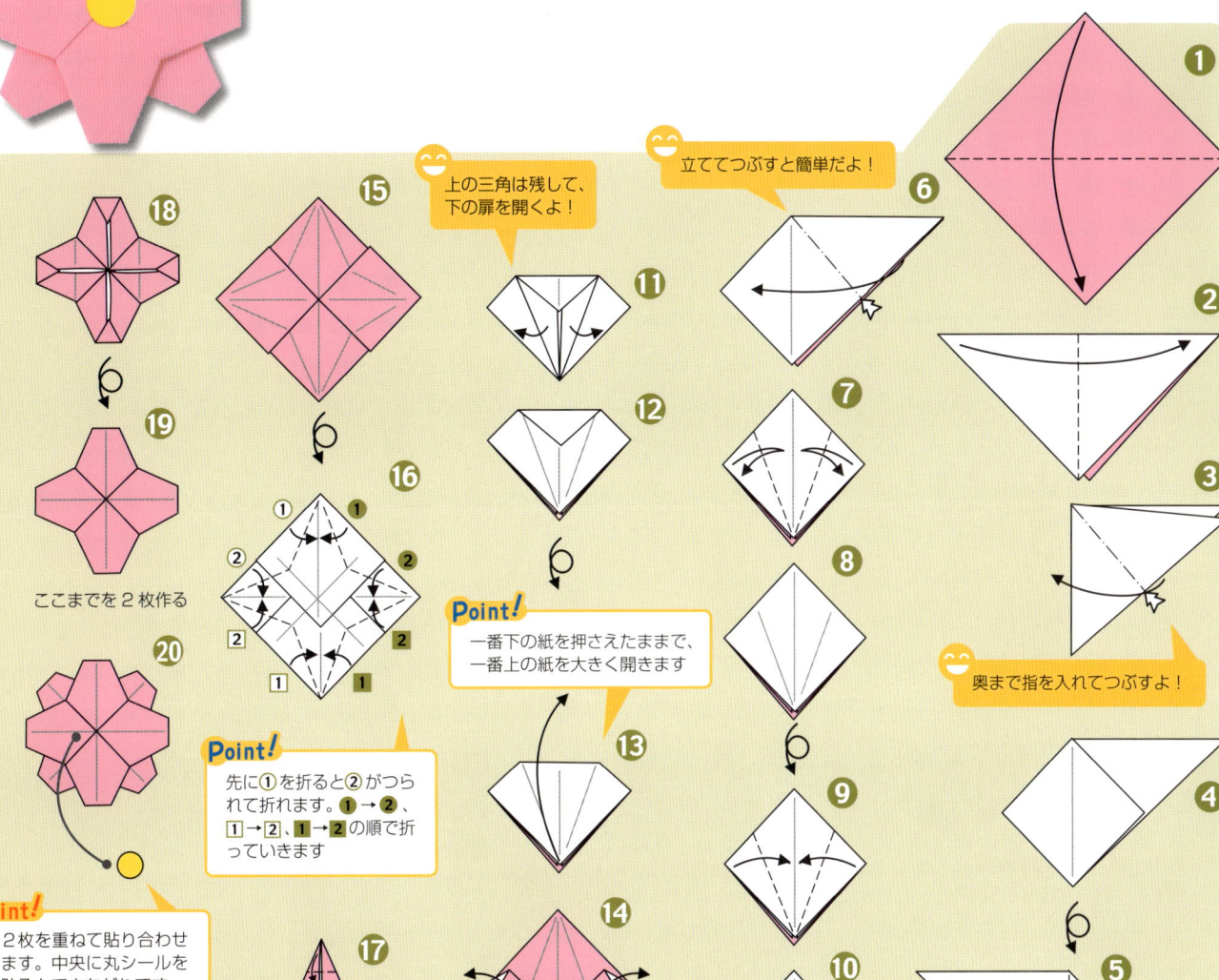

① ~ ⑳ 折り図

- 立ててつぶすと簡単だよ！
- 奥まで指を入れてつぶすよ！
- 上の三角は残して、下の扉を開くよ！

Point!
一番下の紙を押さえたままで、一番上の紙を大きく開きます

Point!
先に①を折ると②がつられて折れます。①→②、①→②、①→②の順で折っていきます

⑲ ここまでを2枚作る

Hint!
2枚を重ねて貼り合わせます。中央に丸シールを貼るとできあがりです

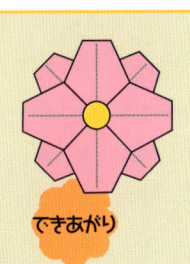

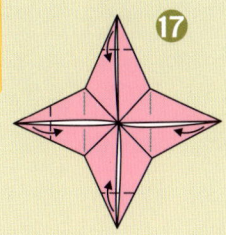

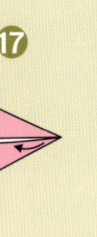

できあがり

9月

idea アレンジ遊び がんばったね！ペンダント
きれいなコスモスにリボンを付けて、運動会や誕生日会のメダルにしてもかわいいです。がんばったごほうびにぴったりですね。

idea アレンジ遊び コスモスで部屋飾り
保育室をかわいらしく！
- ティッシュペーパーの空き箱に貼って、おかたづけBOXをかわいらしく。
- 色画用紙を二つ折りにしてリボンを付けるとコスモスバッグになります。
- たこ糸でつり下げるとモビールになります。

折り方と記号　　谷折り線 ------　前へ折る ⟶　山折り線 —・—・—　後ろへ折る ⟶　折り筋をつける ⟶

②季節の折り紙 9月

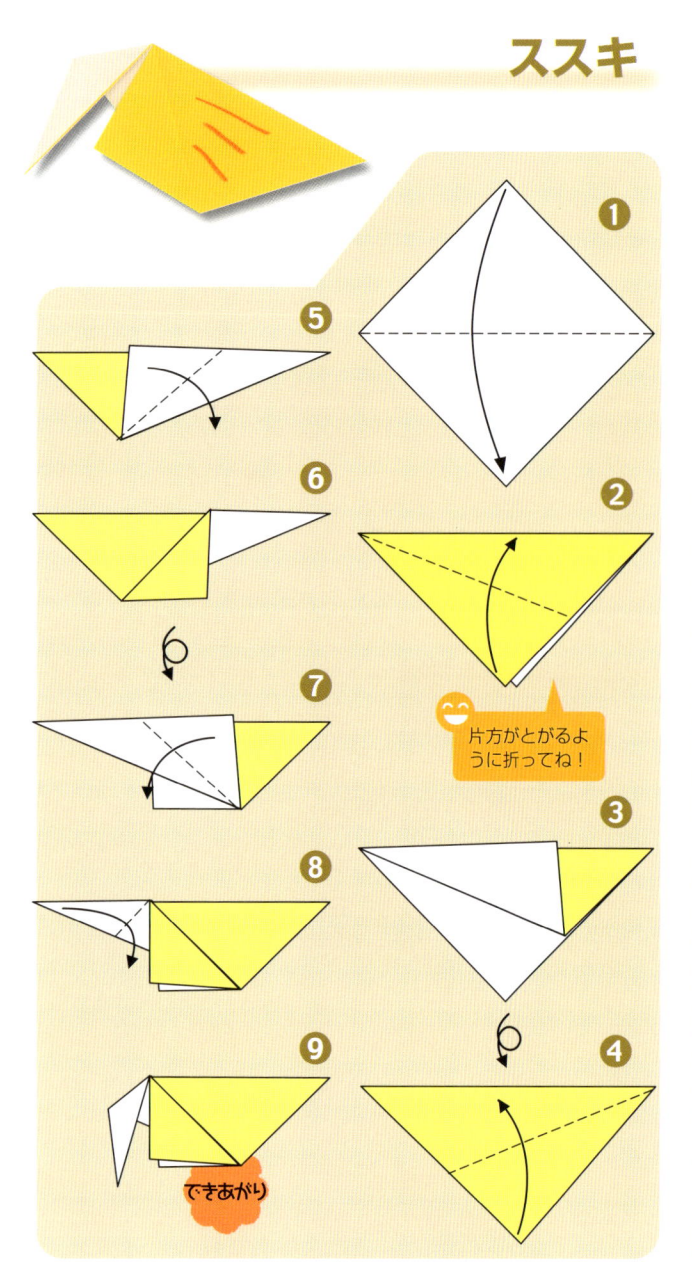

ススキ

片方がとがるように折ってね！

idea せいさく帳 月夜のかくれんぼ
ススキの野原にかくれているのは、だぁ〜れ？

- 画用紙に動物を描いて切り取り、色画用紙に貼ります。ススキは、動物を半分隠すように上から貼ります。だれが隠れているか、できあがってから楽しく当てっこしましょう。
- お月様と雲は折り紙をちぎって貼りましょう。

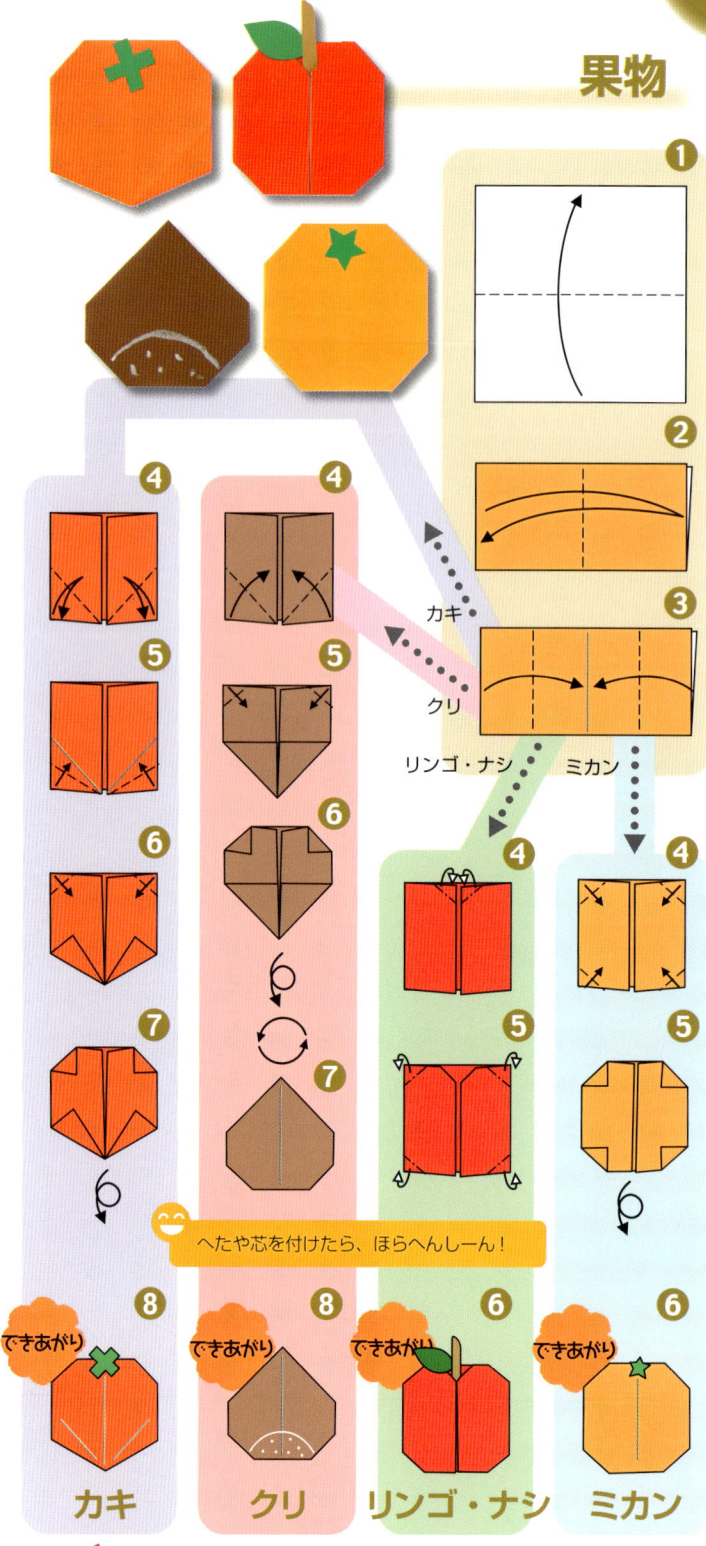

果物

カキ / クリ / リンゴ・ナシ / ミカン

へたや芯を付けたら、ほらへんしーん！

カキ　クリ　リンゴ・ナシ　ミカン

idea アレンジ遊び 果物屋さんごっこ
果物をたくさん折って、お店屋さんごっこをしましょう。P.92〜97の帽子やさいふ、箱も使えます。P.117のチケットもコピーして使ってください。

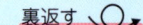

折り筋線　　裏返す　　向きを変える　　指を入れて広げる　　引き出す・引っぱる　　差し込む　　ふくらます

キク

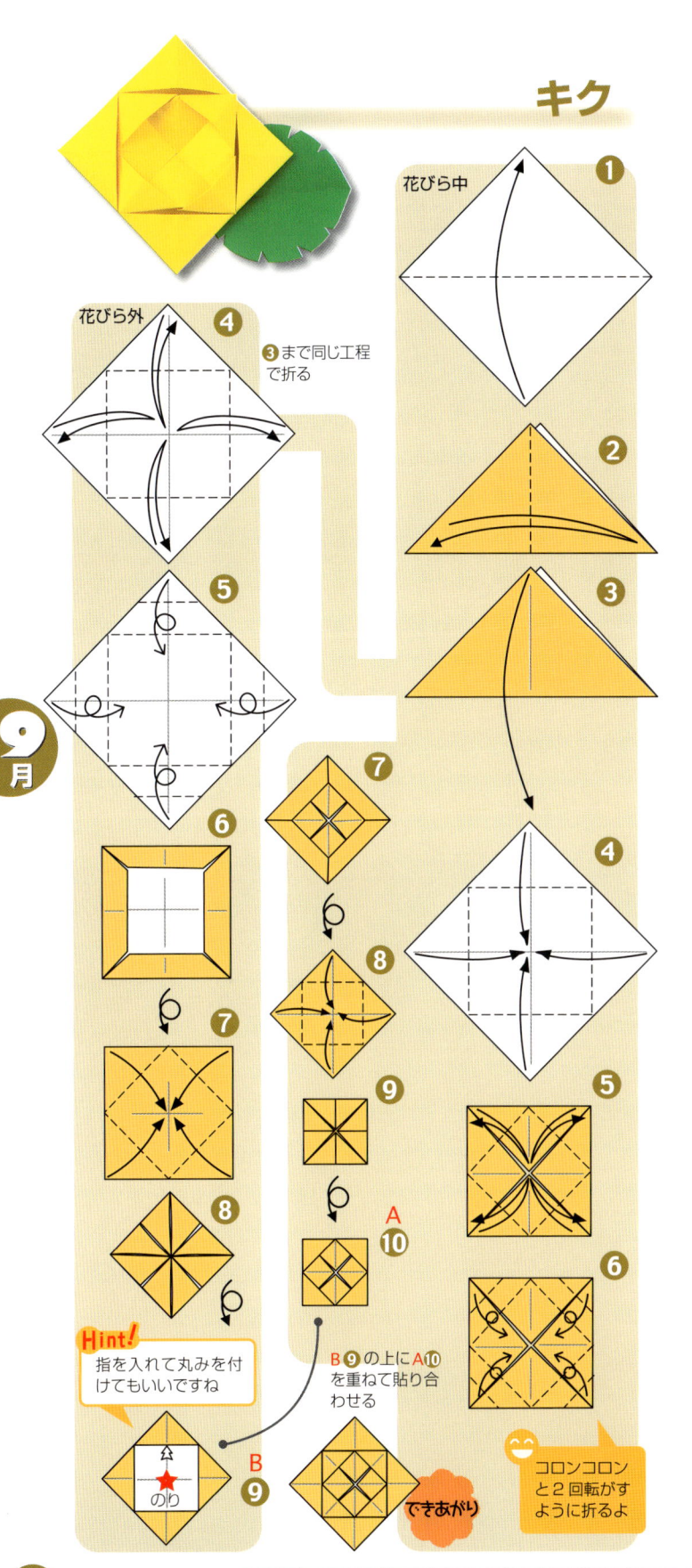

花びら中 ①

② ③ ④ ⑤ ⑥

花びら外 ④

③まで同じ工程で折る

⑤ ⑥ ⑦ ⑧

Hint!
指を入れて丸みを付けてもいいですね

⑨ のり ★ ☆
B

A ⑩

B⑨の上にA⑩を重ねて貼り合わせる

できあがり

コロンコロンと2回転がすように折るよ

バッタ

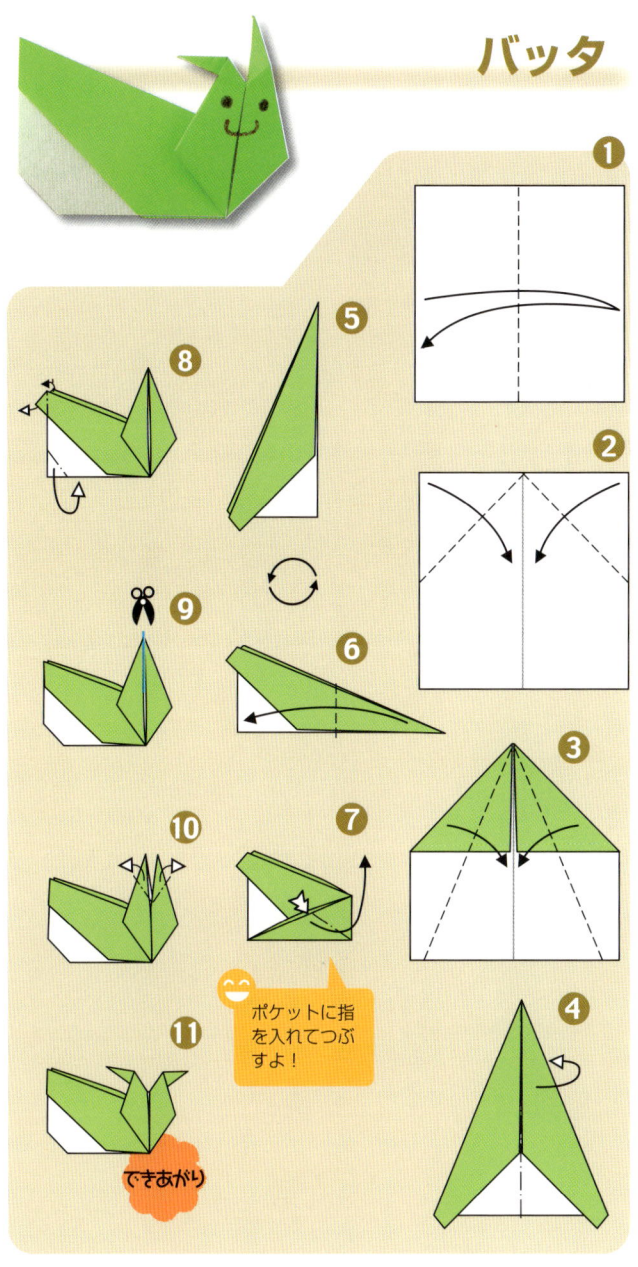

① ② ③ ④ ⑤ ⑥ ⑦ ⑧ ⑨ ⑩ ⑪

できあがり

ポケットに指を入れてつぶすよ！

idea せいさく帳 大きくジャンプ！

ピョンピョン、ピョ〜ン！どこまで行けるかな？

- 秋の野原で、バッタが大きくジャンプしますよ。クレヨンで、ジャンプのようすを元気よく描いてみましょう。
- 草は、バランを使っても、おもしろい効果が出ていいですね。

9月

45 折り方と記号　谷折り線 ------　前へ折る　山折り線 — — —　後ろへ折る　折り筋をつける

2 季節の折り紙 10月

idea 壁面 ドングリがいっぱい！

たくさんのドングリが実って、リスさんたちも大喜び。
ほっぺがふっくらふくらんで、とってもかわいいですね。

製作のPoint
- ドングリをリスに持たせるときは、リスの手の裏に段ボールなど厚みのあるものを重ねると立体感が出ます。
- リスの各パーツは、2匹とも同じ形・大きさなので重ね切りをし、動きを変えると簡単。
- ドングリに顔を描いたり、帽子に模様を付けたり、名前を入れたりしてもいいですね。

使用アイテム：●折り紙＊クリ…P.47 ●色画用紙 ●クレヨン ●カラーフェルトペン ★型紙…P.112

idea せいさく帳 ダンスパーティー

リズムに乗って、楽しそうだね！

- 「ドングリの木から歌声が聞こえてきたよ！」『どんぐりころころ』などを歌いながら導入し、ダンスをしているドングリたちをイメージしましょう。
- ドングリにいろいろな模様を描き、色画用紙に貼りましょう。

idea アレンジ遊び ドングリカバン

お散歩に持って行くと便利！

- ビニール袋の縁をビニールテープで補強し、リボンを付けます。ドングリを貼るとカバンのできあがりです。
- ドングリ拾いや散歩に行くときに掛けていきましょう。両手が使えて便利です。

折り筋線 ——— 　裏返す 　向きを変える 　指を入れて広げる 　引き出す・引っぱる 　差し込む 　ふくらます

クリ

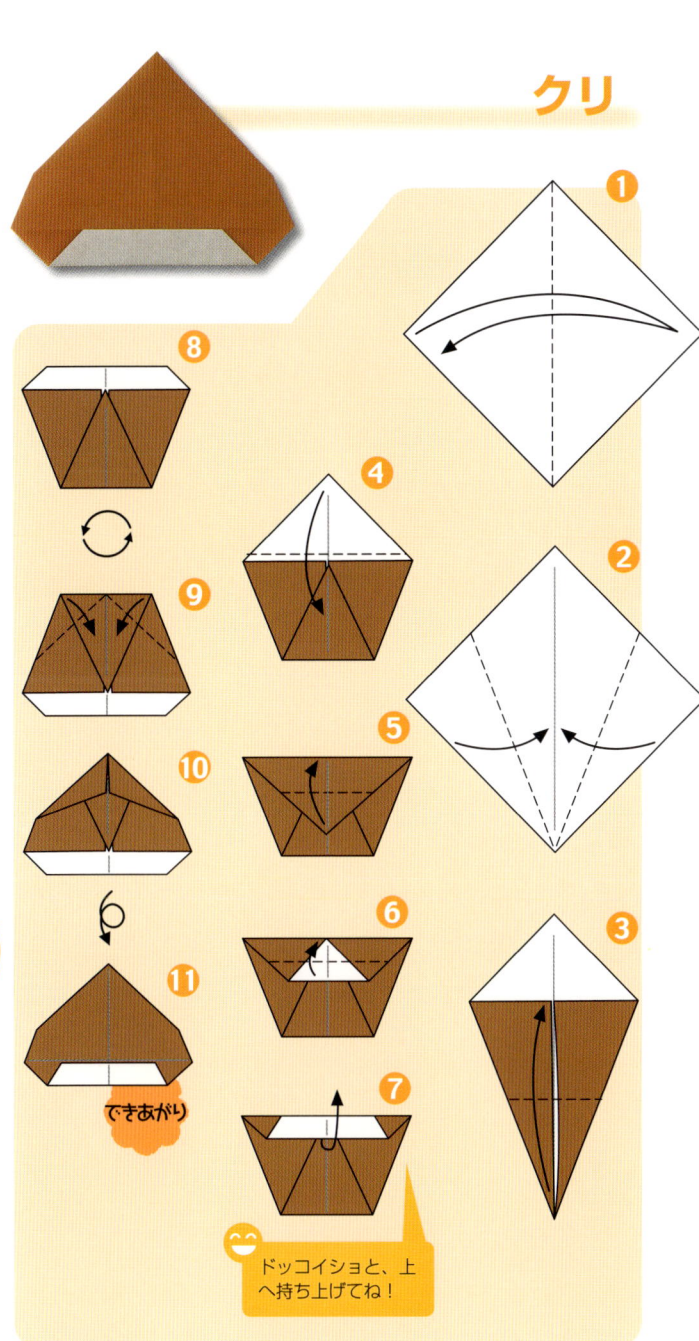

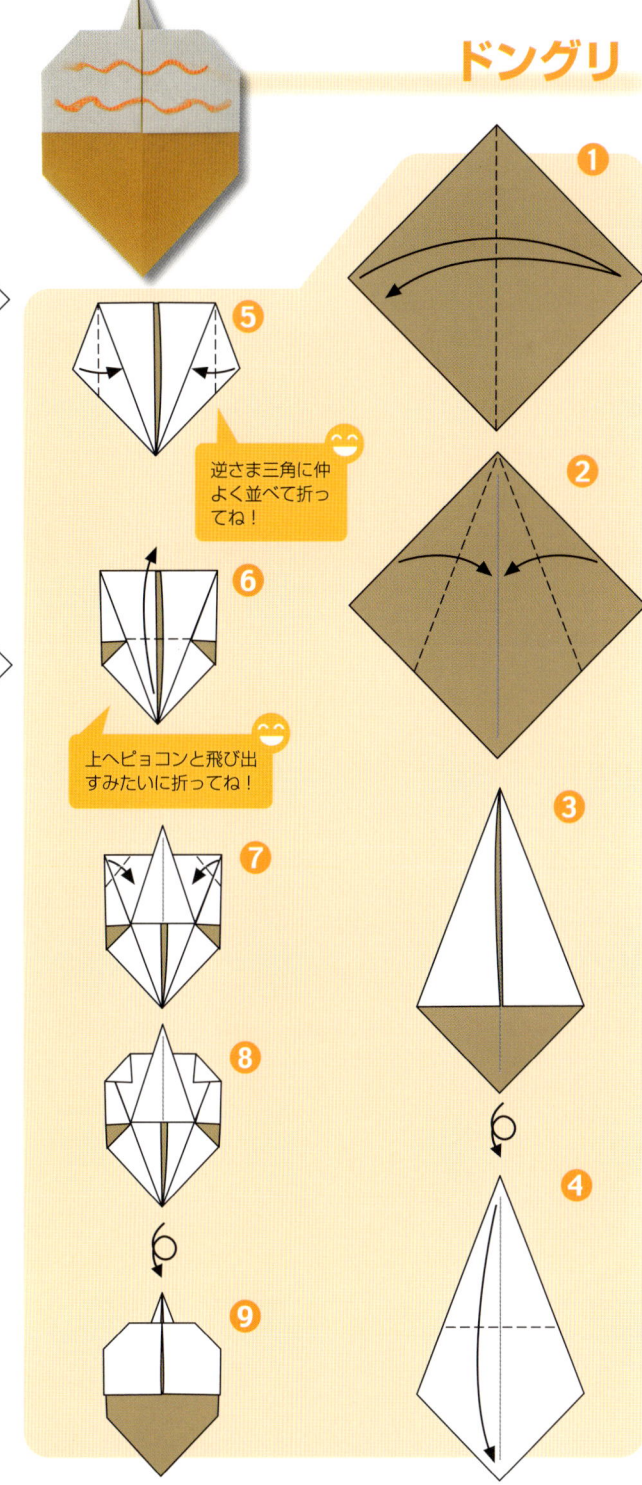

① ② ③ ④ ⑤ ⑥ ⑦ ⑧ ⑨ ⑩ ⑪ できあがり

😊 ドッコイショと、上へ持ち上げてね！

idea アレンジ遊び　くっつけクリクリ〜

どんどんくっつけ！ドングリ仲間。

- クリに、少し長めのモールを貼り付けて手足を作ります。
- モールを自在に曲げて、手や足を引っ掛けるようにつなげてみましょう。どんなふうにぶら下がっていくかな？

モール

ドングリ

① ② ③ ④ ⑤ ⑥ ⑦ ⑧ ⑨

😊 逆さま三角に仲よく並べて折ってね！

😊 上へピョコンと飛び出すみたいに折ってね！

idea アレンジ遊び　コロコロシアター

ドングリにマグネットを貼り付けて、厚紙を挟み裏から強力磁石で引っ付けます。ドングリシアターを楽しみましょう。

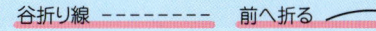

コロコロ〜

10月

47　折り方と記号　谷折り線 -------　前へ折る　⌒　山折り線 — — —　後ろへ折る　⌒　折り筋をつける　⌒

②季節の折り紙 10月

idea 壁面 ワクワクハロウィン

「お菓子をくれないといたずらしちゃうぞ!」魔法使いに変身して夜のパレードに出発! 体ほどもあるキャンディをもらってみんな満足顔です。

使用アイテム
- 折り紙＊魔法使い…P.49 ＊キャンディー…P.49(包装紙) ＊ほうき…P.44(ススキの❽まで) ＊カボチャ…P.51(1/4サイズ) ●色画用紙●たこ糸●クラフトパンチ：星●カラーフェルトペン●写真＊型紙…P.112

製作のPoint
- 子どもの顔写真の首に、リボンを付けてあげると折り紙とも違和感がなくなじみます。
- 濃い色の背景はシックですが、暗い感じならないように、パステルカラーの折り紙を組み合わせると、色のバランスがよく、とても映えて見えますよ。

---

idea せいさく帳 魔法使いのスープ

グツグツ、トロトロ魔法のスープ、じっくり煮込んで、さぁだれに…？

- 大鍋に魔法使いのスープを作りましょう。
- クレヨンの色を混ぜたり、ちぎった折り紙を貼ったり工夫をします。
- スープの中身が自由に考えられることばがけをすると、子どもたちの想像も広がりますよ。

idea アレンジ遊び 魔法の書を作ろう！

魔法使いになりきって、お話作り。さて、魔法の書、第1ページの始まりは？

- 折り紙に背景を描いて、折った魔法使いを置きながらお話をします。
- 二つ折りにした折り紙を、扉に貼り付け、魔法使いを収納するポケットを付けます。
- ホチキスで束ねたら、オリジナル魔法の書のできあがり！ お話は無理につなげなくてもOK！自由に想像遊びを広げましょう。

折り筋線　　裏返す　　向きを変える　　指を入れて広げる　　引き出す・引っぱる　　差し込む　　ふくらます

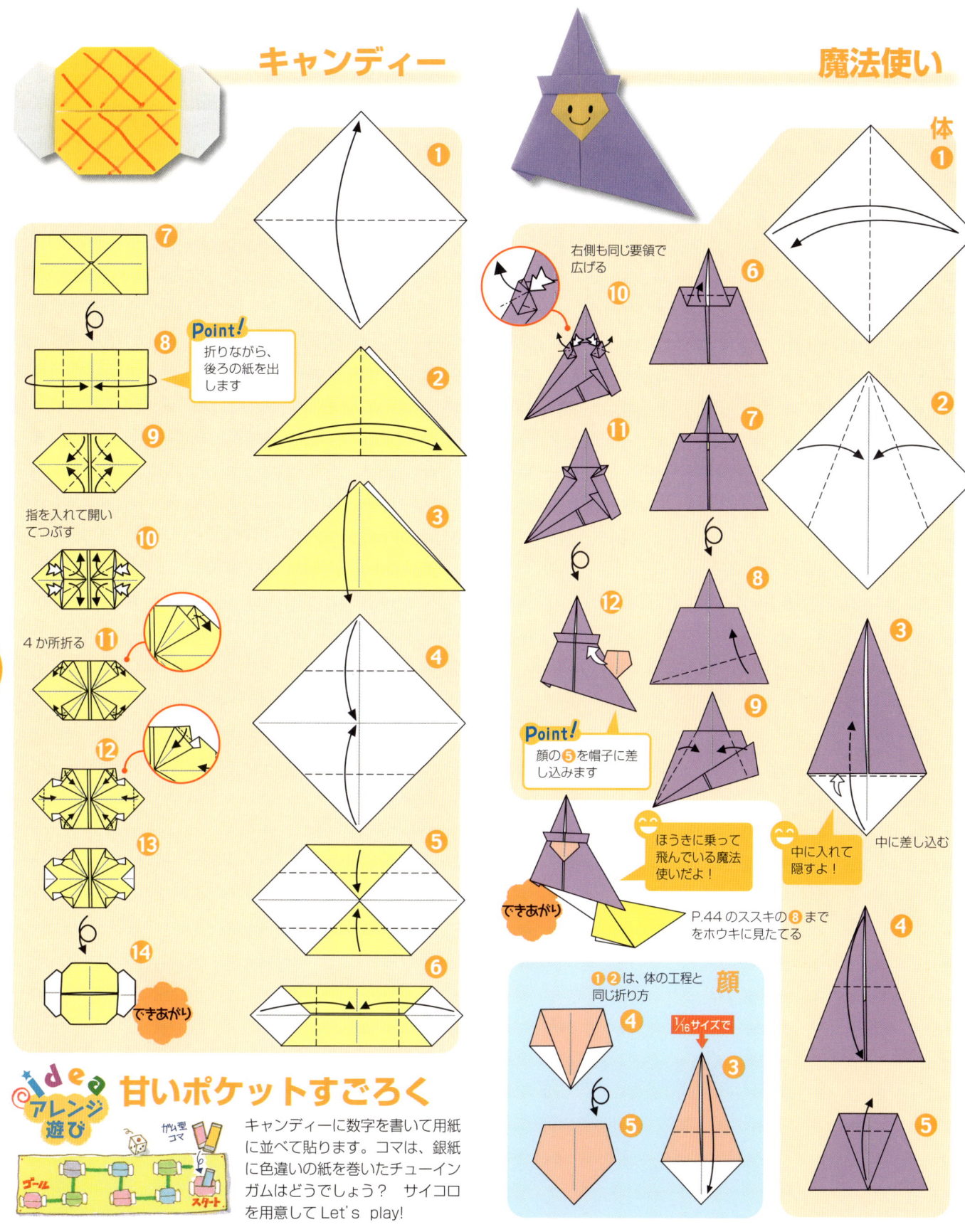

キャンディー

Point!
折りながら、後ろの紙を出します

⑦ ⑧ ⑨
指を入れて開いてつぶす ⑩
4か所折る ⑪
⑫ ⑬ ⑭
できあがり

① ② ③ ④ ⑤ ⑥

魔法使い

体
① ② ③ ④ ⑤ ⑥ ⑦ ⑧ ⑨ ⑩ ⑪ ⑫

右側も同じ要領で広げる

Point!
顔の❺を帽子に差し込みます

ほうきに乗って飛んでいる魔法使いだよ！

できあがり

P.44のススキの❽までをホウキに見立てる

顔
❶❷は、体の工程と同じ折り方
④ ⑤ ③
1/16サイズで

中に入れて隠すよ！
中に差し込む

idea アレンジ遊び 甘いポケットすごろく

キャンディーに数字を書いて用紙に並べて貼ります。コマは、銀紙に色違いの紙を巻いたチューインガムはどうでしょう？ サイコロを用意してLet's play!

10月

49 | 折り方と記号 | 谷折り線 ------- | 前へ折る | 山折り線 ----- | 後ろへ折る | 折り筋をつける

②季節の折り紙 10月 リス

胴

顔 ¼サイズで

Hint!
きっちり三等分でなくてもだいじょうぶですよ

Hint!
折る幅によって顔の形が変わります

Point!
★印の所を持ち、もう片方の手で、シッポを引き出すように広げます

折ってから、中に入れてね

横の紙に並べて折ってね！

Point!
折りながら後ろの紙を出します

できあがり
胴体に顔を重ねて貼り合わせる

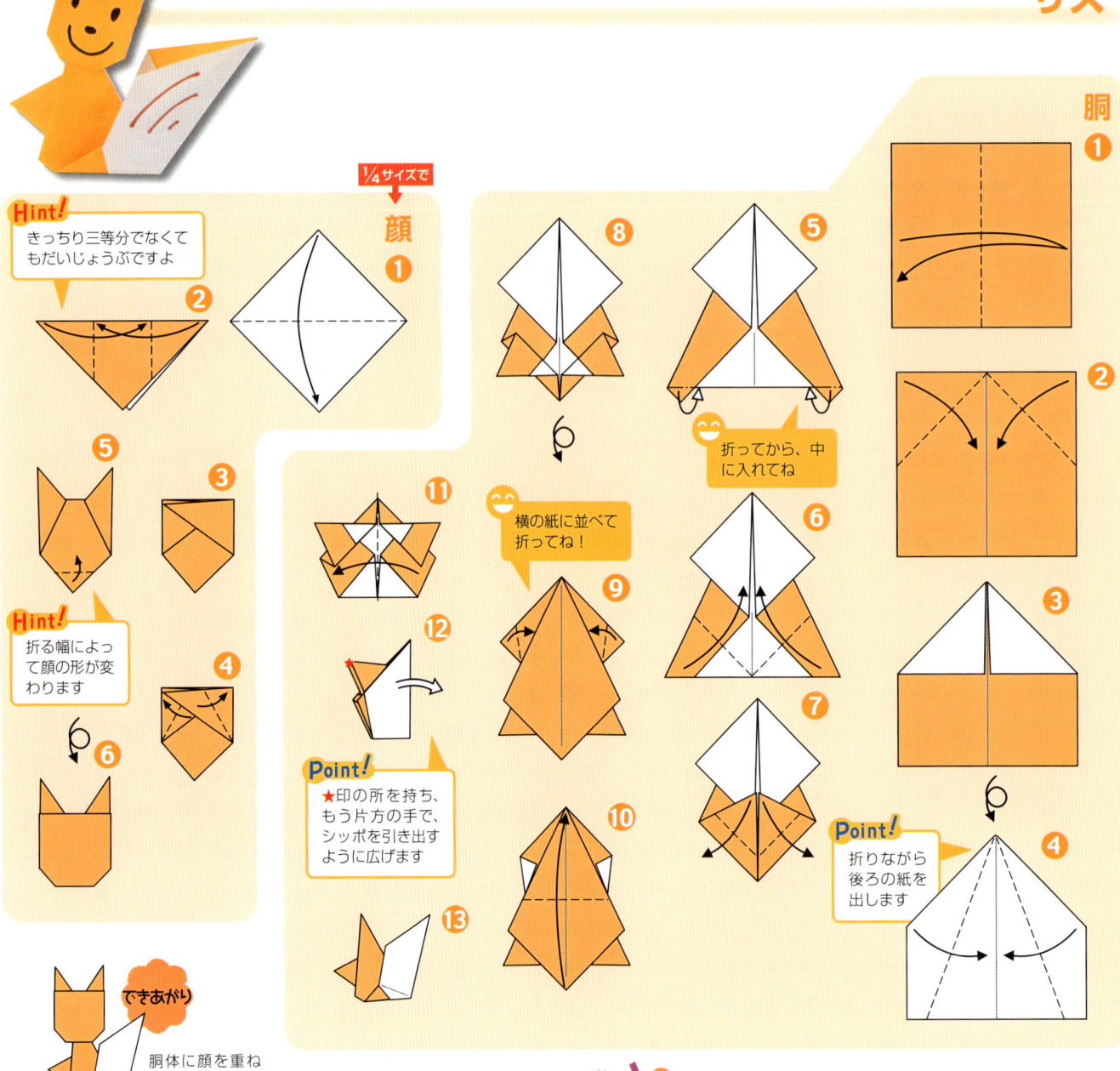

idea アレンジ遊び　リスさんのおうち拝見！
友達も遊びに来るよ！

- 空き箱に、マーカーなどでキッチンやベッドなどを描いて、リスさんのおうちを作ります。
- 折り紙や包装紙を貼り付けたり、P.83のピアノや、P.87のイスなどを並べたりしてもいいですね。

idea せいさく帳　テクテク働き者リスさん
指で足跡を付けよう！

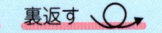

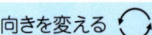

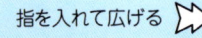

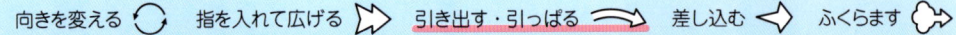

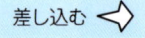

- 冬じたくをする働き者のリスさんたちを想像したら、2本の指に絵の具を付けて色画用紙の上をテクテク歩きましょう。
- 乾いたら、リスを貼り付けます。足跡の色をカラフルに変えてみましょう。

折り筋線　　裏返す　向きを変える　指を入れて広げる　引き出す・引っぱる　差し込む　ふくらます

50

カボチャ・キノコ・貝

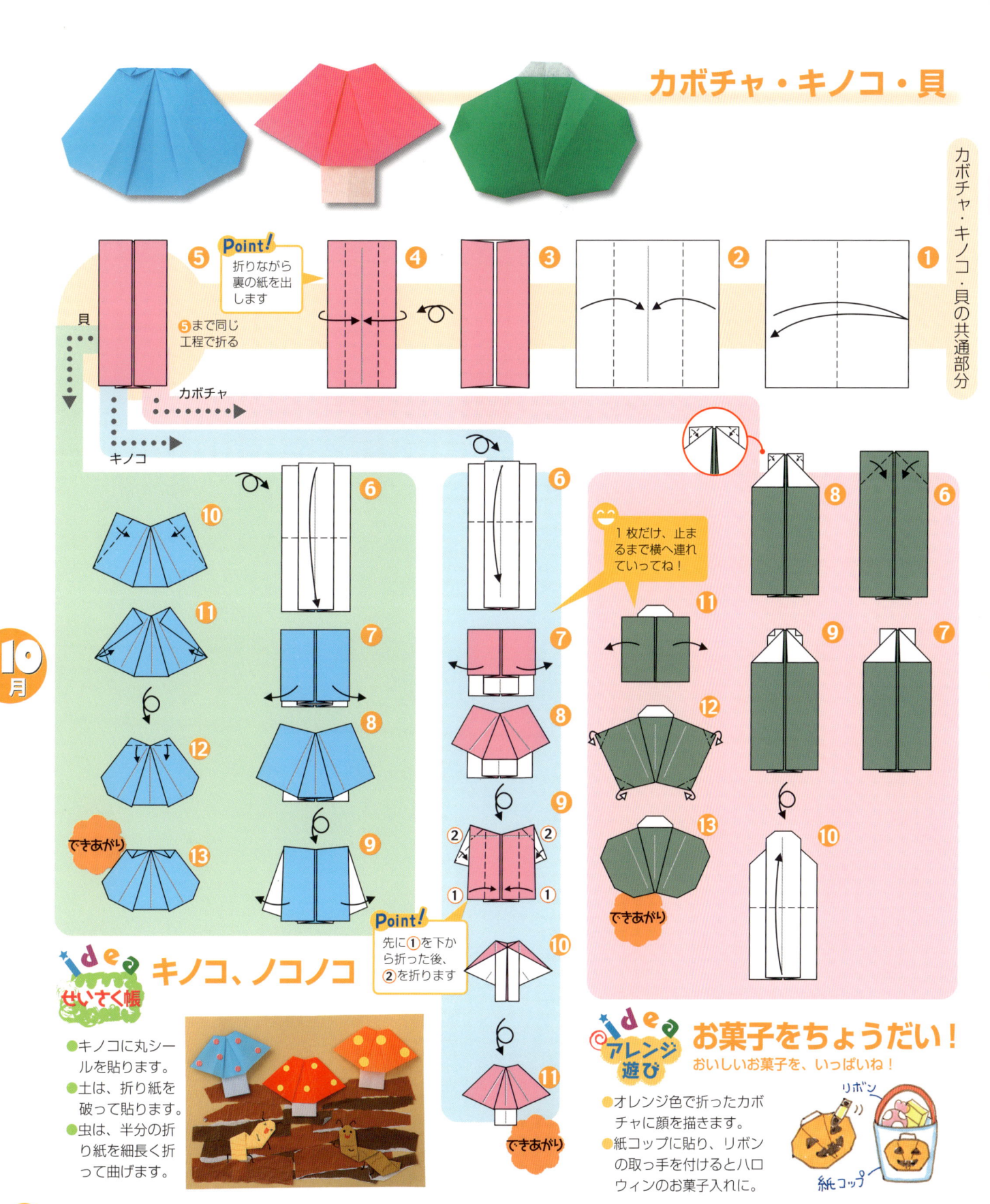

カボチャ・キノコ・貝の共通部分

① ② ③ ④ ⑤

Point! 折りながら裏の紙を出します

貝：⑤まで同じ工程で折る

カボチャ
⑥ ⑦ ⑧ ⑨ ⑩ ⑪ ⑫ ⑬ できあがり

1枚だけ、止まるまで横へ連れていってね！

キノコ
⑥ ⑦ ⑧ ⑨ ⑩ ⑪ できあがり

Point! 先に①を下から折った後、②を折ります

貝（10月）
⑥ ⑦ ⑧ ⑨ ⑩ ⑪ ⑫ ⑬ できあがり

idea せいさく帳　キノコ、ノコノコ
- キノコに丸シールを貼ります。
- 土は、折り紙を破って貼ります。
- 虫は、半分の折り紙を細長く折って曲げます。

idea アレンジ遊び　お菓子をちょうだい！
おいしいお菓子を、いっぱいね！
- オレンジ色で折ったカボチャに顔を描きます。
- 紙コップに貼り、リボンの取っ手を付けるとハロウィンのお菓子入れに。

リボン　紙コップ

51　折り方と記号　谷折り線 ------　前へ折る　⌒　山折り線 — — —　後ろへ折る　⌒　折り筋をつける　⌒

② 季節の折り紙 11月

idea 壁面　ホクホク焼きイモ

落ち葉を集めて、葉っぱでおめかし。そして、ホクホクの焼きイモ。秋のお楽しみを満喫してキツネ君たちはご満悦。みんなもキツネ君たちのように秋を楽しんでね。

使用アイテム
- 折り紙 ＊とがった葉…P.53(1/4サイズも使用) ＊イチョウ…P.53(1/4サイズも使用)
- 色画用紙
- 新聞紙
- クラフトパンチ・花
- 丸シール
- カラーフェルトペン
- ★型紙…P.113

製作のPoint
- 新聞紙をたくさんもんで立体的にします。おイモも折り紙をもんで形を整えるだけでできあがり。
- おイモを刺している棒は、新聞紙をクルクル巻いて作ります。
- ベルト等の色は、葉っぱと反対色にすると明るく元気な感じになります。

idea せいさく帳　葉っぱくんのお散歩日記
どんなお散歩をしたの？ 保育室の壁にも飾ってね。

- 本物の葉っぱの上に紙を置いて、色鉛筆やクレヨンでこすり出しをします。
- 切り取ったら、折り紙の葉っぱくんたちといっしょに紙の上で散歩します。
- 散歩の報告として、保育室を飾ってもいいですね。

idea アレンジ遊び　落ち葉のファッションショー

- 広告紙や包装紙、新聞紙など、身近にあるものを使って落ち葉をたくさん折ったら、好きなように貼り付けて、落ち葉のファッションショーを始めましょう。
- ベルトや冠に飾るだけでも華やかになりますよ。

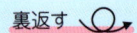

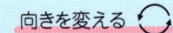

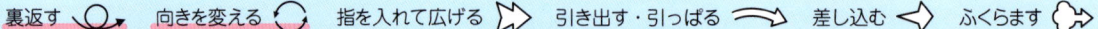

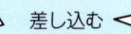

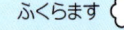

折り筋線　　裏返す　　向きを変える　　指を入れて広げる　　引き出す・引っぱる　　差し込む　　ふくらます

52

落ち葉

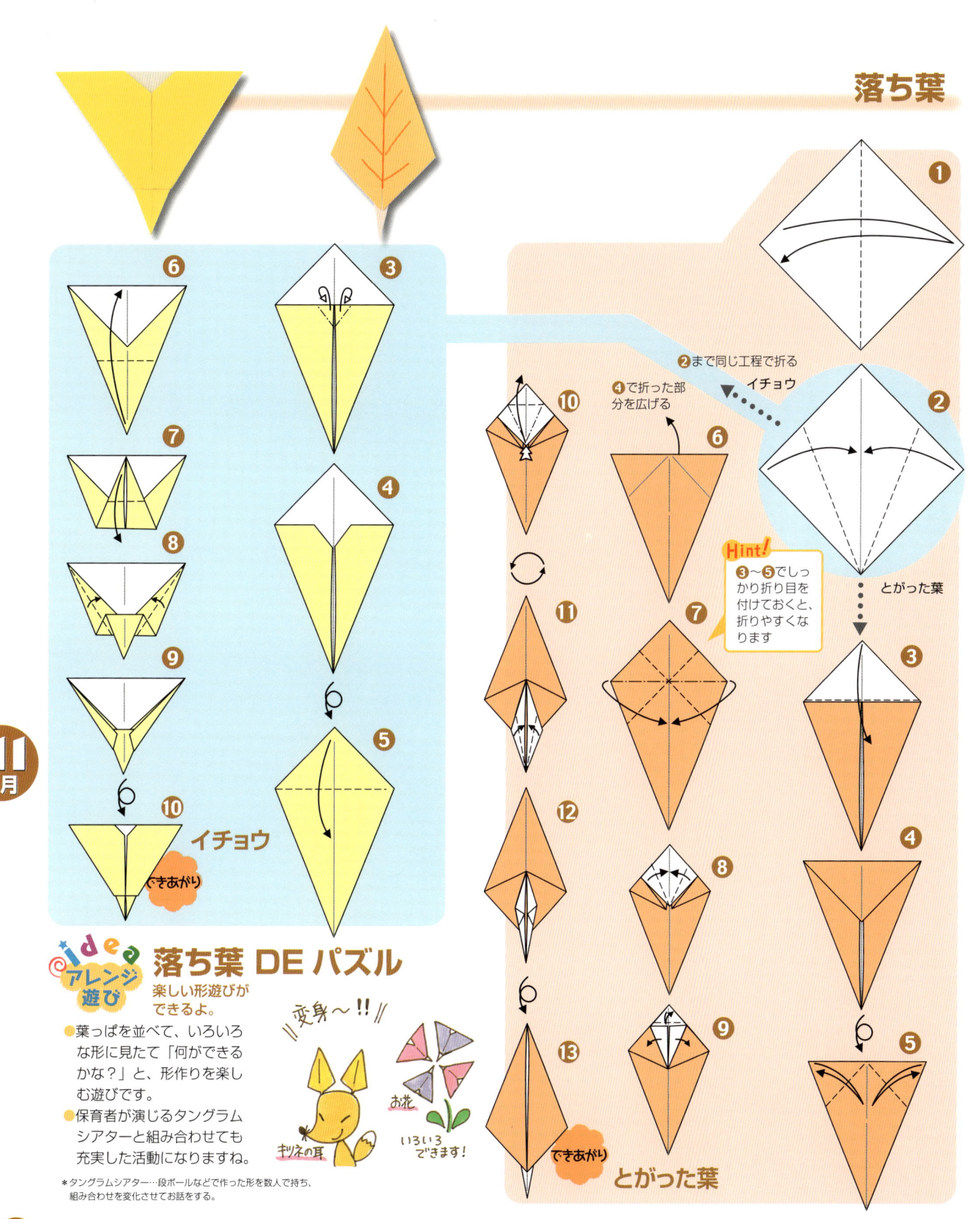

イチョウ

とがった葉

①②③④⑤⑥⑦⑧⑨⑩ できあがり イチョウ

②まで同じ工程で折る

④で折った部分を広げる

Hint! ③〜⑤でしっかり折り目を付けておくと、折りやすくなります

①②③④⑤⑥⑦⑧⑨⑩⑪⑫⑬ できあがり とがった葉

idea アレンジ遊び

落ち葉 DE パズル

楽しい形遊びができるよ。

- 葉っぱを並べて、いろいろな形に見立て「何ができるかな？」と、形作りを楽しむ遊びです。
- 保育者が演じるタングラムシアターと組み合わせても充実した活動になりますね。

＊タングラムシアター…段ボールなどで作った形を数人で持ち、組み合わせを変化させてお話をする。

変身〜!!　キツネの耳　お花　いろいろできます！

11月

53　折り方と記号　谷折り線 ------- 前へ折る　山折り線 —·—·—　後ろへ折る　折り筋をつける

②季節の折り紙 11月

丸い葉

Hint!
⑦をつぶしたとき、★印の折り筋線と白の縁がつながるとすてきです

ミノムシ

ミノムシさんの服のえりを折るよ

できあがり

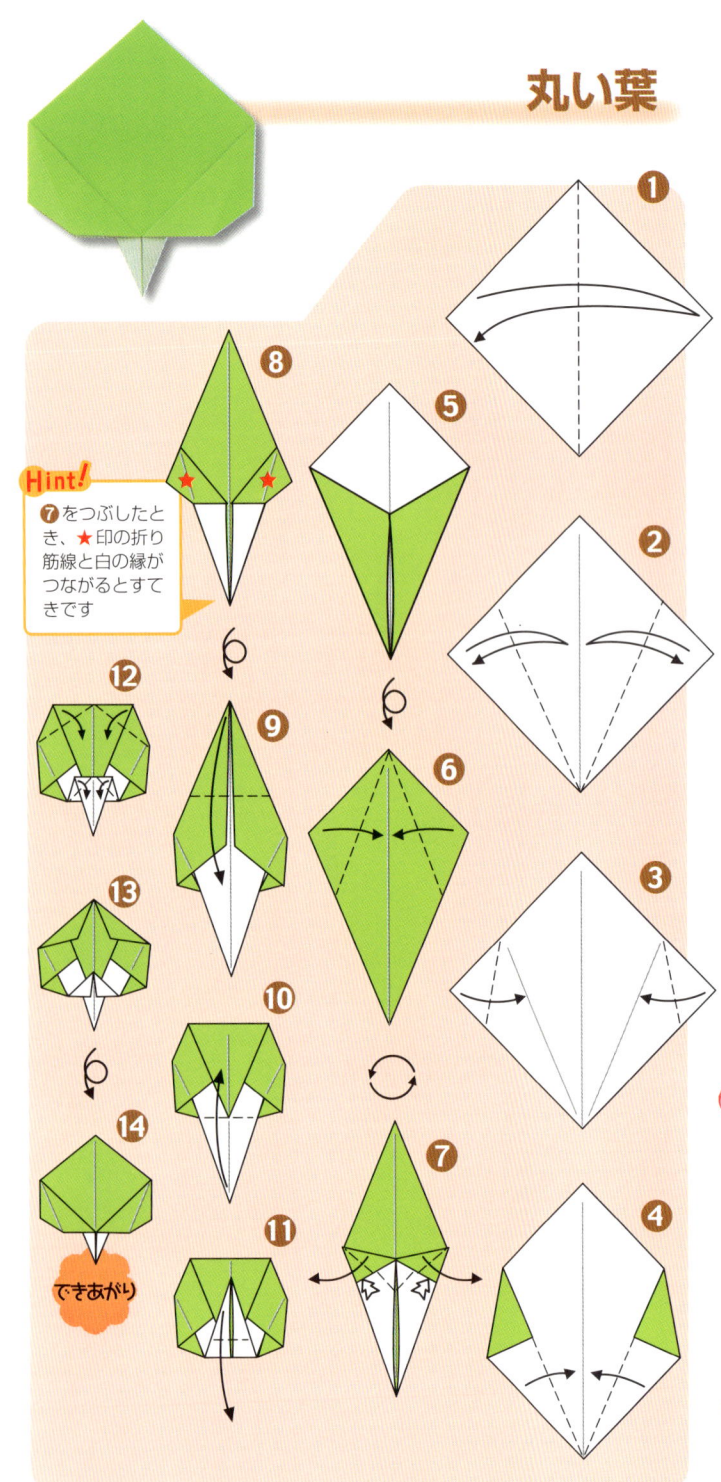

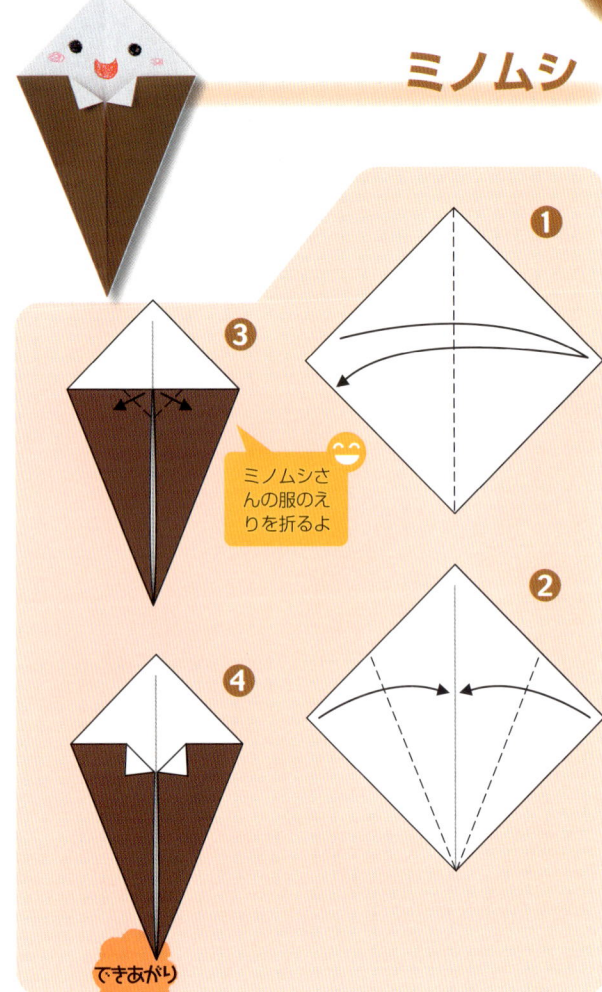

idea アレンジ遊び　ユラユラミノムシ
保育室も秋色模様！

散歩で探してきた枝に毛糸をくくりミノムシを貼り付けます。自然の枝からミノムシがユラユラ揺れて、秋の雰囲気が楽しめますね。

idea せいさく帳　寒くてもへっちゃら！
ミノムシくんが温かくなるようにしてね！

- ミノムシの体に、のりを少しずつ付けながら、短く切った毛糸を重ねるようにのり付けします。
- いっぱい毛糸を付けたら、後はしっかり乾かしましょう。

idea アレンジ遊び　葉っぱで変身！！
葉っぱを落とさずできるかな？

お話の中のタヌキやキツネのようにじょうずに変身しましょう。

折り筋線　　裏返す　　向きを変える　　指を入れて広げる　　引き出す・引っぱる　　差し込む　　ふくらます

54

クレヨン

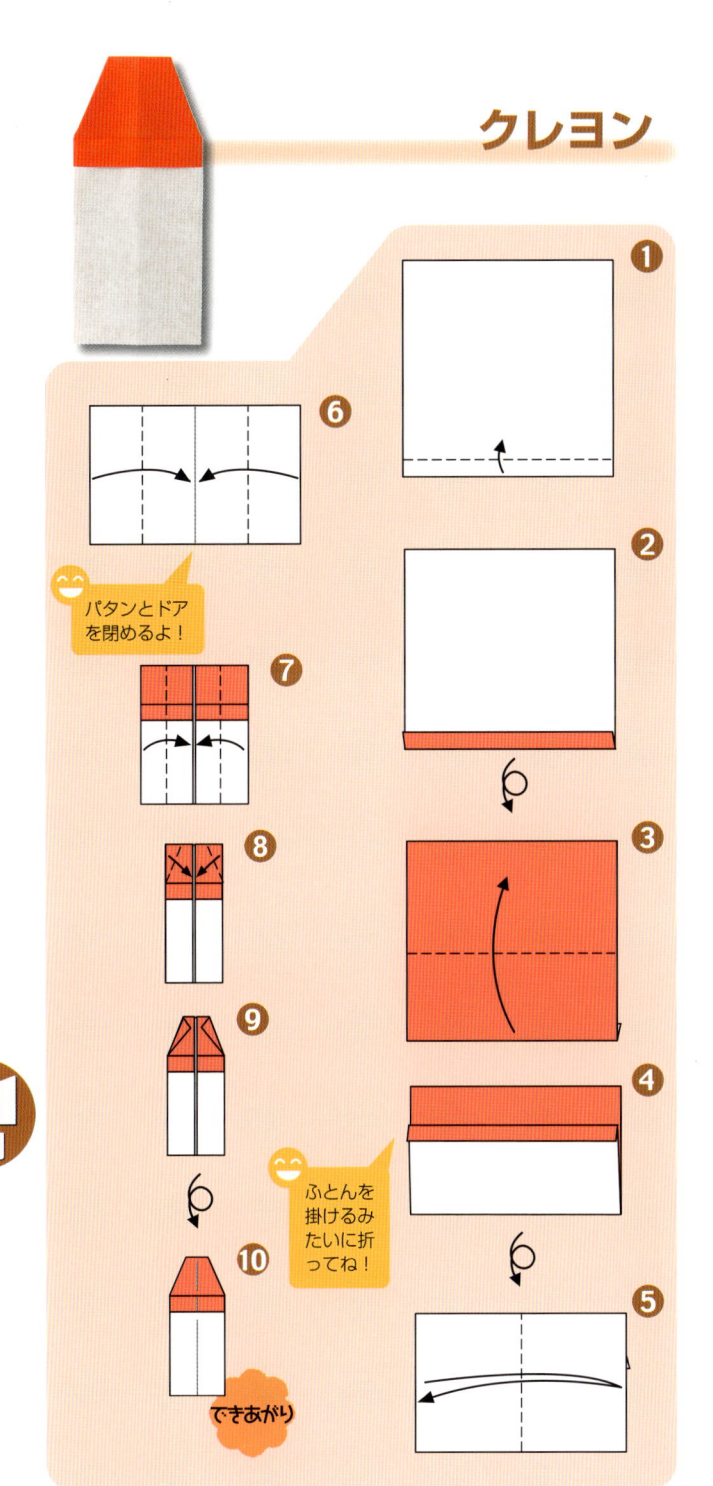

本
伝承

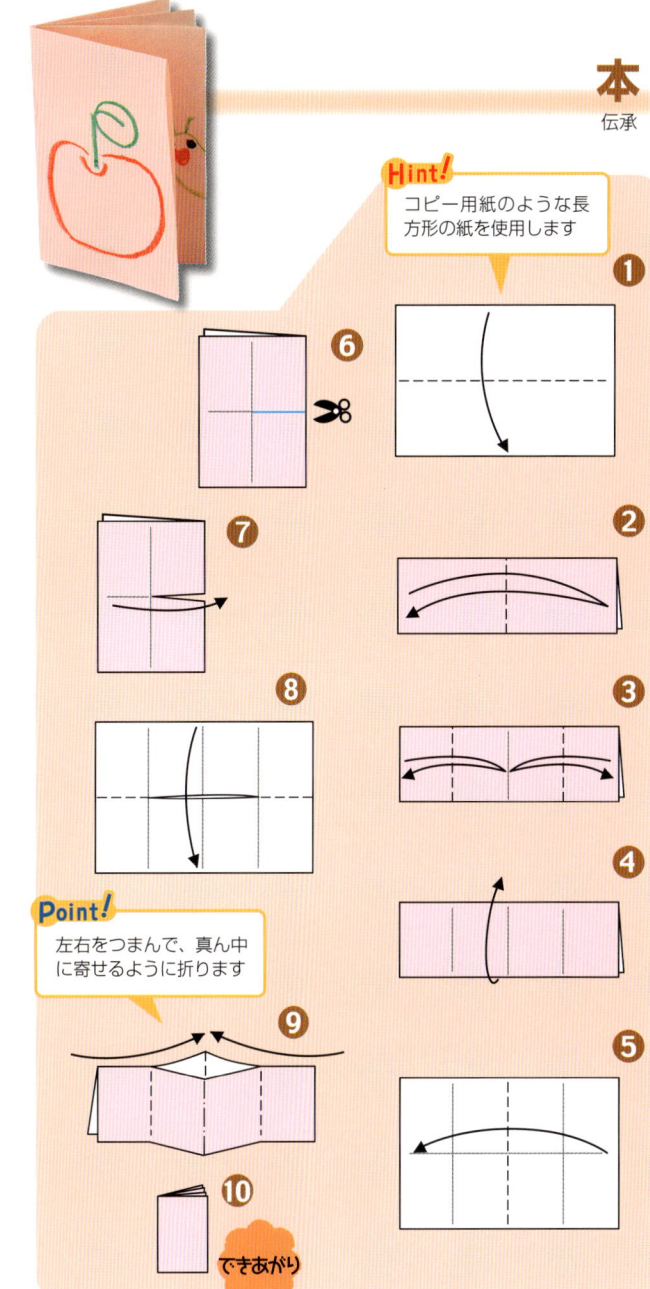

Hint! コピー用紙のような長方形の紙を使用します

Point! 左右をつまんで、真ん中に寄せるように折ります

パタンとドアを閉めるよ！

ふとんを掛けるみたいに折ってね！

できあがり

11月

idea アレンジ遊び クレヨンのしおり

クレヨンの頭に、穴をあけてリボンを通したら、しおりになります。

パンチであける → 輪に通す → リボン

idea アレンジ遊び はじまりはじまり…！
「だれが出てくるのかな？」「どこへ行くのかな？」

- いろいろな大きさで折った本に、好きな絵を描いて、絵本を作ってみましょう。
- たくさんのことばがけをしながら、お話のイメージをふくらませて、楽しく作っていきましょう。

紙の大きさを変えて作る

55　折り方と記号　谷折り線 -------　前へ折る　　　山折り線 -------　後ろへ折る　　　折り筋をつける

2 季節の折り紙 12月

idea 壁面　サンタクロースがやって来た！

クリスマスの楽しい季節がやって来ました。壁面もツリーに大変身。サンタとトナカイの数を増やすと、どんどん大きなツリーになって、色も鮮やかになります。

使用アイテム　●折り紙＊サンタ…P.57 ＊トナカイ…P.57 ＊リース…P.60 ●色画用紙 ●カラー片段ボール ●リボン ●クラフトパンチ：星 ●丸シール ●クレヨン ●カラーフェルトペン ★型紙…P.114

製作のPoint
- 正方形（10cm×10cm）に切ったカラー片段ボールに、サンタやトナカイを貼り、タイルのように組み合わせます。
- サンタの色をカラフルにしたり、顔の部分に子どもたちの写真を貼ったりしてもいいですね。

idea せいさく帳　空を走るサンタさん
どんなプレゼントを運んでいるのかな？

- 青色の色画用紙に、サンタやトナカイを貼って、夜空をそりに乗って走るサンタクロースの姿をイメージしましょう。
- 「プレゼントは何かな？」「どこへ行くのかな？」など、ことばがけをたくさんしましょう。

idea アレンジ遊び　ミニツリー＆オーナメント
クリスマスが楽しくなるね。

- ツリーは、色画用紙を2枚重ねてツリーの形に切り、紙コップの両側から貼り合わせて作ります。
- 上の壁面で作ったものにモールを付けてオーナメントに。
- サンタとトナカイを背中合わせに貼って、ひもでつるします。

色画用紙／2本のモールをひねって輪にする／紙コップ／リボンやひもでつるす／リンリン♪ スズ

折り筋線　裏返す　向きを変える　指を入れて広げる　引き出す・引っぱる　差し込む　ふくらます

サンタ・トナカイ

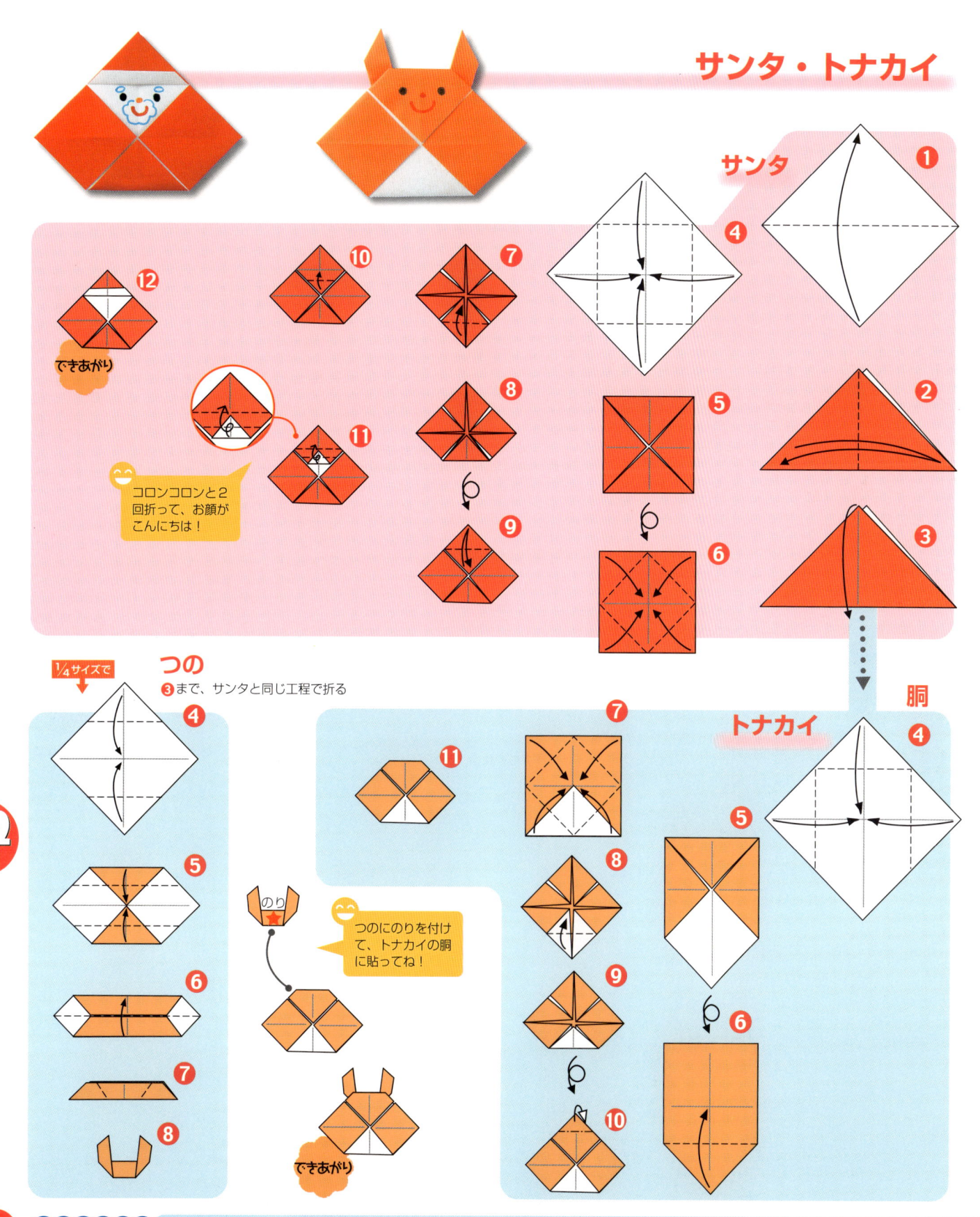

サンタ

① ② ③ ④ ⑤ ⑥ ⑦ ⑧ ⑨ ⑩ ⑪ ⑫ できあがり

コロンコロンと2回折って、お顔がこんにちは！

トナカイ

胴 ④ ⑤ ⑥ ⑦ ⑧ ⑨ ⑩ ⑪

つの　1/4サイズで
❸まで、サンタと同じ工程で折る

④ ⑤ ⑥ ⑦ ⑧

のり★

つのにのりを付けて、トナカイの胴に貼ってね！

できあがり

12月

折り方と記号　谷折り線 -------- 前へ折る　山折り線 —·—·— 後ろへ折る　折り筋をつける

②季節の折り紙 12月

idea 壁面　プレゼントがいっぱい

子どもたちの欲しい物がたくさん詰まったプレゼントの袋。サンタさんもトナカイさんもとっても重そうですが、頑張ってくれています。いい子にして待っててね！

製作のPoint
- プレゼントの袋は、リボンで大きく囲みます。所々ねじって付けるとじょうずにカーブが作れて立体的になります。
- ホイルカラーは折り線がつきやすいので、練習してから折るといいでしょう。

使用アイテム
- 折り紙＊リボン…P.59（ホイルカラー・包装紙）● 色画用紙
- リボン太・細 ● 丸シール ● 色鉛筆 ★型紙…P.114

idea せいさく帳　ぼくもわたしもサンタさん

みんなもだれかのサンタになろう！

- 大好きな人へのプレゼントを考えて描きましょう。
- リボンを折る、折り紙の色も考えましょう。
- 子どもたちがどんな気持ちで描いたのか、おうちの人にもぜひ伝えてあげてくださいね。

idea アレンジ遊び　カウントダウン！

クリスマス当日には、かわいいリボンツリーのできあがり！

- リボンでクリスマスまでの日を数えるアドベント・カレンダーを作りましょう。
- 数字の上に毎日ひとつずつリボンを貼っていきます。
- 当番活動に取り入れると、子どもたちも喜びますね。

折り筋線　　裏返す　　向きを変える　　指を入れて広げる　　引き出す・引っぱる　　差し込む　　ふくらます

リボン

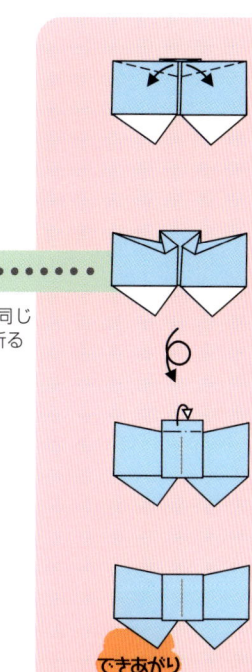

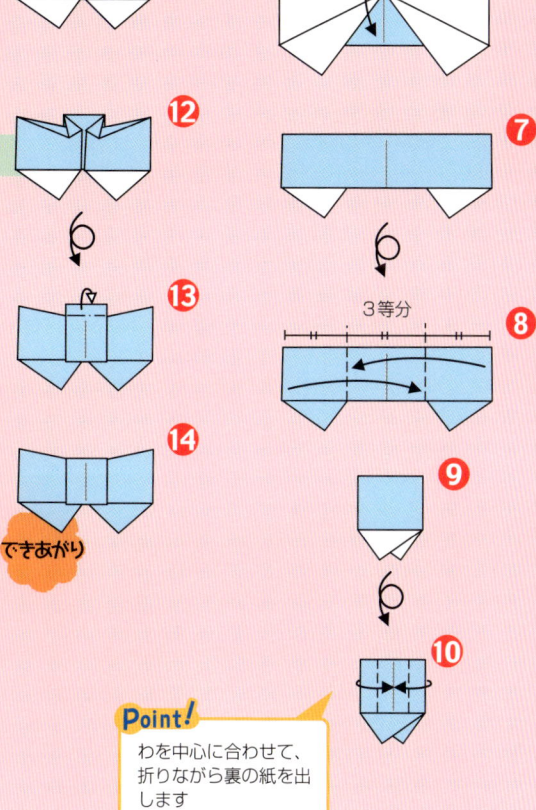

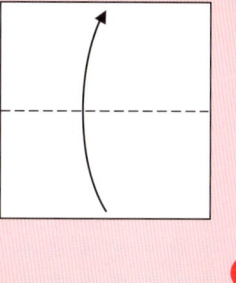

ちょこっとアレンジdeへんしーん！

チョウチョウ

Point!
⑫のまま、触覚を挟んでのり付けします

⑫まで同じ工程で折る

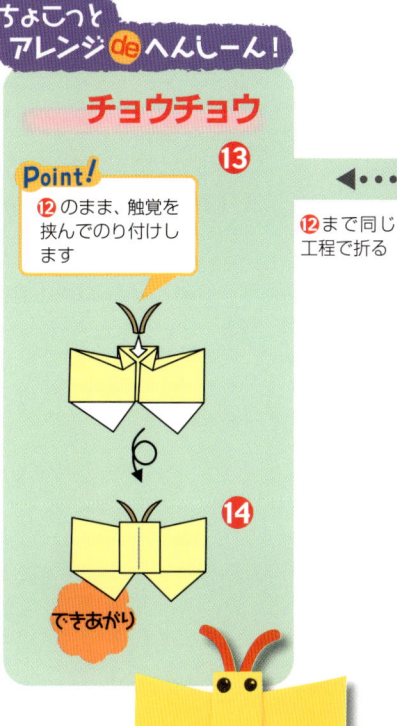

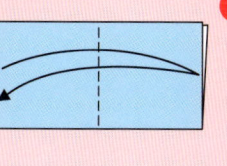

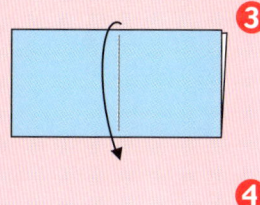

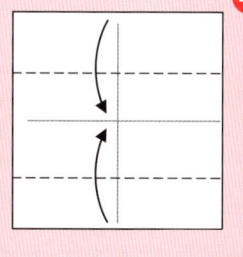

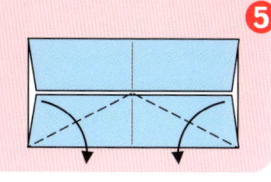

⑬
⑭
できあがり

① ② ③ ④ ⑤

⑥ ⑦ ⑧ 3等分 ⑨ ⑩

Point!
わを中心に合わせて、折りながら裏の紙を出します

⑪ ⑫ ⑬ ⑭
できあがり

12月

idea アレンジ遊び　チョウチョウの花集め
お花の蜜はおいしいな！

- ストローにチョウチョウを貼り付けます。
- チョウチョウが花の蜜を吸うように、パンチで抜いた花を吸い付けて、別の皿に移します。
- 2人以上で遊び、集めた枚数を競争しても楽しいですね。

idea アレンジ遊び　活用！デコレーション
もちろん！　クリスマスにも大活躍！！

- キラキラの折り紙や包装紙などでリボンを折って、お誕生日会のプレゼントのパッケージやデコレーションに活用しましょう。
- みんなで折って、飾り付けをすることで会への期待も高まります。

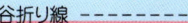

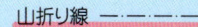

59　折り方と記号　　谷折り線 ------　前へ折る　　山折り線 -----　後ろへ折る　　折り筋をつける

②季節の折り紙 12月

ケーキ

① ② ③ ④ ⑤ ⑥ ⑦ ⑧ ⑨ ⑩

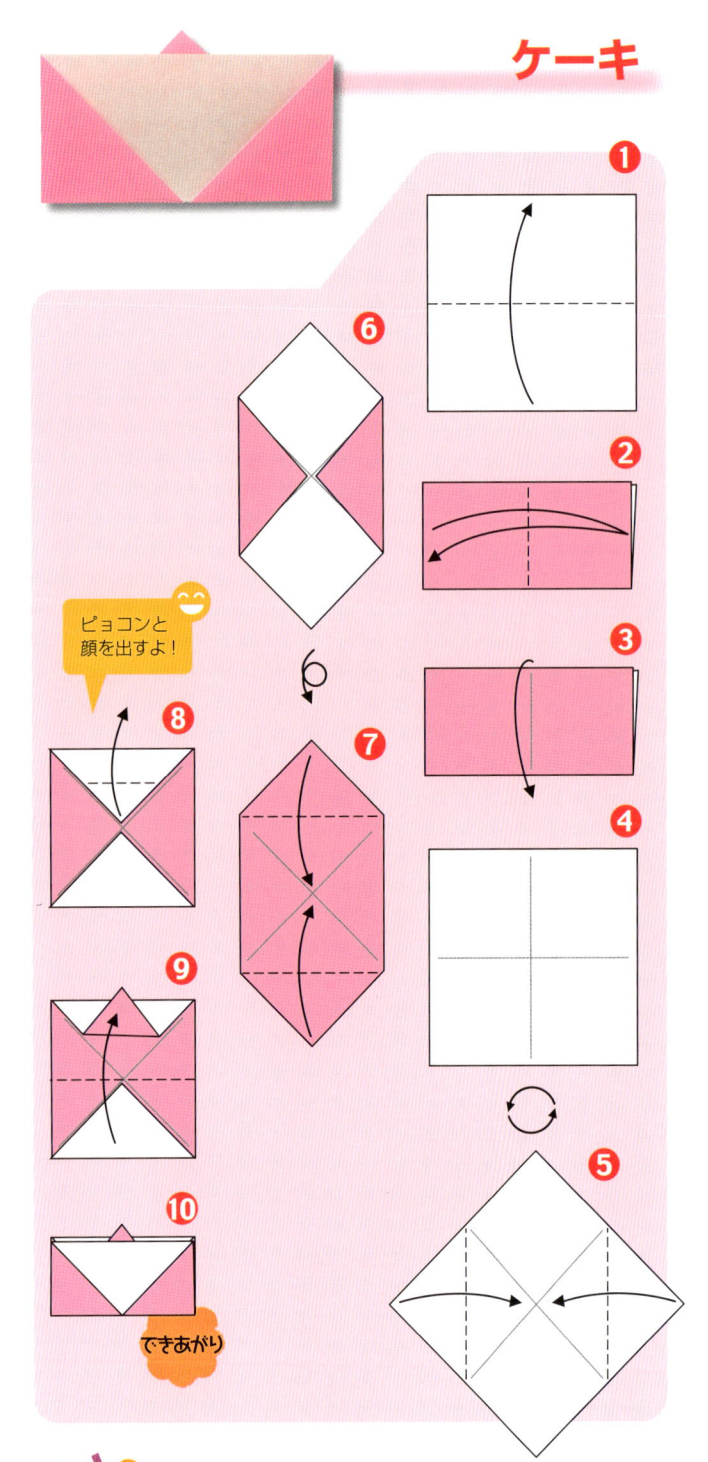

ピョコンと顔を出すよ！

できあがり

リース

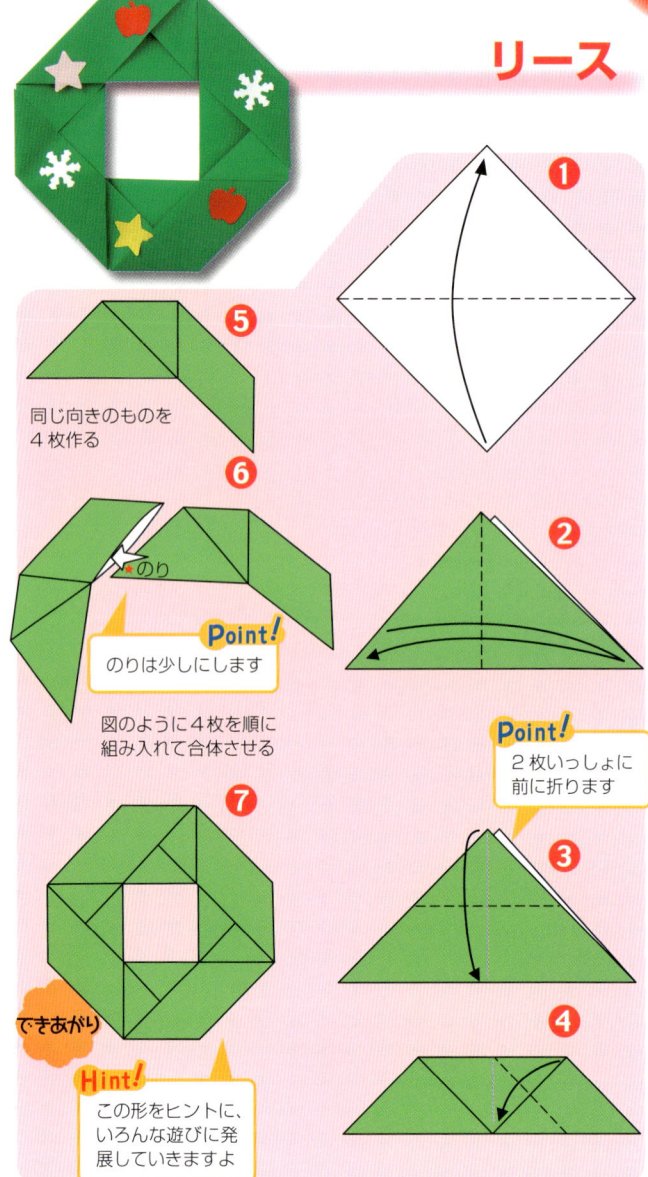

① ② ③ ④

⑤ 同じ向きのものを4枚作る

⑥ のり

Point! のりは少しにします

図のように4枚を順に組み入れて合体させる

⑦ できあがり

Point! 2枚いっしょに前に折ります

Hint! この形をヒントに、いろんな遊びに発展していきますよ

idea せいさく帳 キラキラリース
天使からのプレゼント！

- リースに、丸シールを貼ったり、長靴や星などを貼り付けたり、描いたりしてみましょう。
- リースのパーツを2色にしたり、4つとも色を変えたりして工夫するときれいです。

idea アレンジ遊び ケーキ屋さんごっこ

折り紙の箱

クレヨンで描いたり、シールなどを貼って、ケーキをおいしくデコレーション。P.93〜97の箱や入れ物も使って、ケーキ屋さんごっこをしましょう。

折り筋線　　裏返す　　向きを変える　　指を入れて広げる　　引き出す・引っぱる　　差し込む　　ふくらます

クルクル

※違う色の折り紙を1枚ずつ用意します。
ここでは、黄色と水色で説明しています。

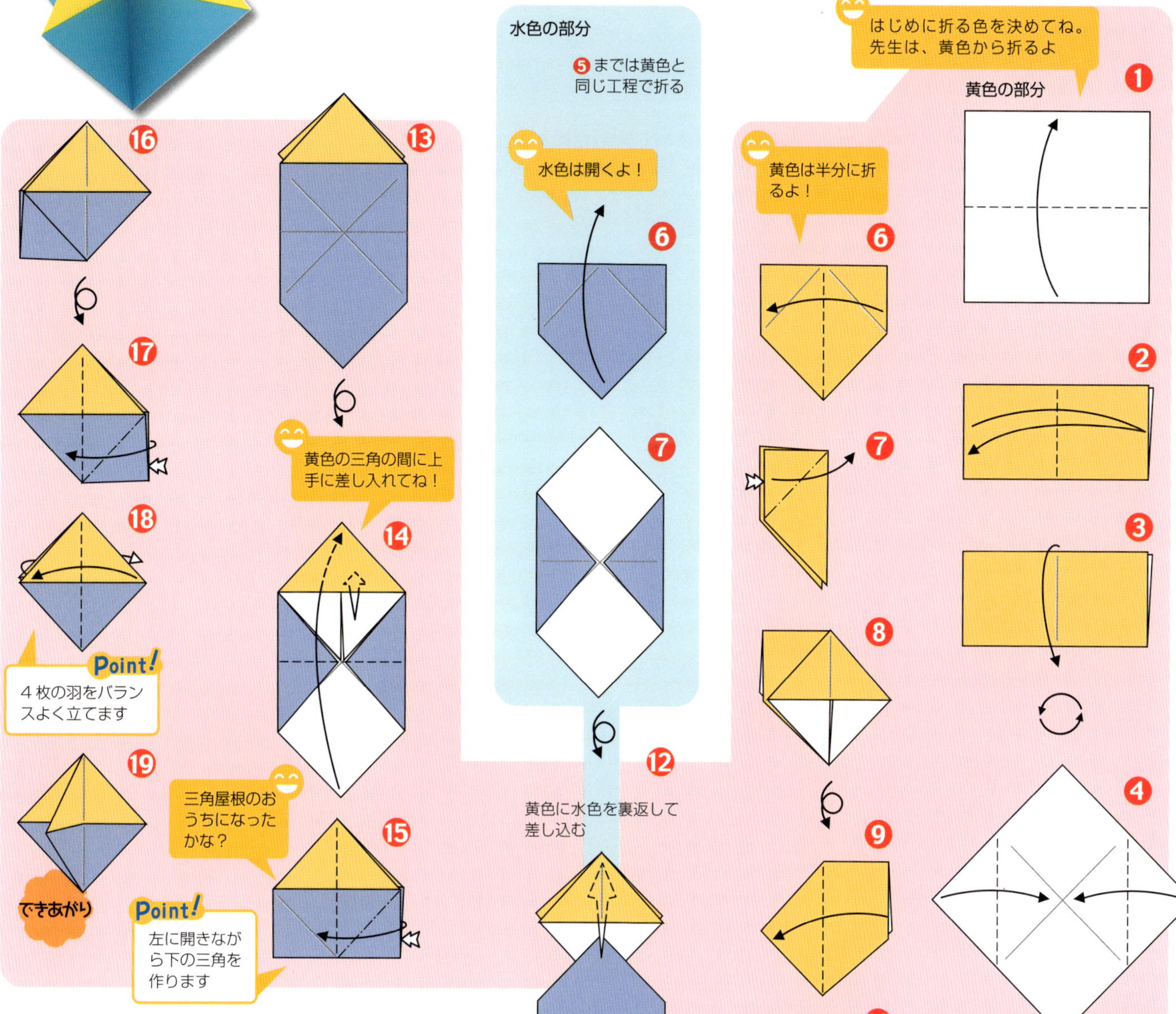

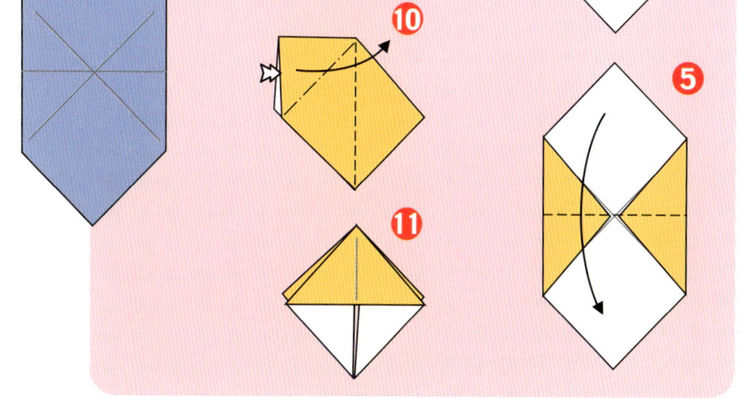

はじめに折る色を決めてね。
先生は、黄色から折るよ

黄色の部分

① ② ③ ④ ⑤

黄色は半分に折るよ！

⑥ ⑦ ⑧ ⑨ ⑩ ⑪

水色の部分

⑤までは黄色と同じ工程で折る

水色は開くよ！

⑥ ⑦

⑫ 黄色に水色を裏返して差し込む

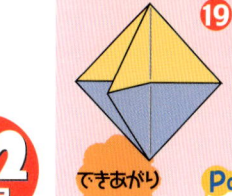

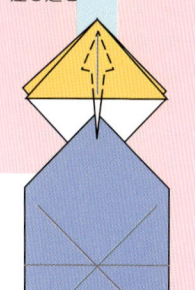

⑬ ⑭ 黄色の三角の間に上手に差し入れてね！

⑮ 左に開きながら下の三角を作ります

⑯ ⑰ ⑱

Point! 4枚の羽をバランスよく立てます

⑲ 三角屋根のおうちになったかな？

できあがり

12月

idea アレンジ遊び クルクル、ミニ絵本

- クルクルのそれぞれのページに、好きな絵を描きましょう。クルクル続くお話にすると楽しいです。
- カラフルな色で塗り分けると、クリスマスツリーのオーナメントにも使えます。

折り方と記号　谷折り線 ------　前へ折る　山折り線 — — —　後ろへ折る　折り筋をつける

2 季節の折り紙　1月

idea 壁面　あけましておめでとう

ししまいの獅子に負けじと、みんなのコマも晴れ着に着替えて回ります。「元気いっぱい、今年も良い年になりますように！」と盛り上がりましょう！

使用アイテム
- 折り紙＊かんたん・コマ…P.63
- 色画用紙
- クレヨン
- 絵の具
- カラーフェルトペン★型紙…P.114

製作のPoint
- できるだけはでな色を使ってコマの模様を描きましょう。お正月なので、おしゃれに着せてあげたいですね。
- 周りの枠は和風の色の折り紙を使って、お正月の雰囲気を高めます。文字は元気よく勢いを付けて書くのがコツです。

あけましておめでとうございます

うめ

idea せいさく帳　おっとっとサーカス

片足バランスはむずかしいよ～！
おっとっと、どんなかっこうになるかな？

- コマの上に人形を描いて貼り付けると、巨大ゴマのサーカスです。バランスのスタイルを子どもたちと話し合いましょう。
- カラフルな包装紙などをピンキングバサミで切って飾り付けると、にぎやかになります。

idea アレンジ遊び　クルクルモビール

つるしてクルクル、風に揺れてフワフワ～！

- 円形に切った色画用紙を、外側から渦巻き状に切ります。先端に、コマを貼り付けると、コマがクルクル回っているようなモビールになります。
- ＊円を切るときは、渦巻き線を下書きし、線の間隔は太めにしておきましょう。

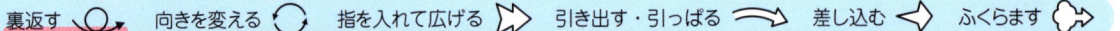

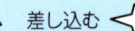

つる

コマの先を少し折って貼ります

折り筋線　　　裏返す　　　向きを変える　　　指を入れて広げる　　　引き出す・引っぱる　　　差し込む　　　ふくらます

チャレンジ コマ

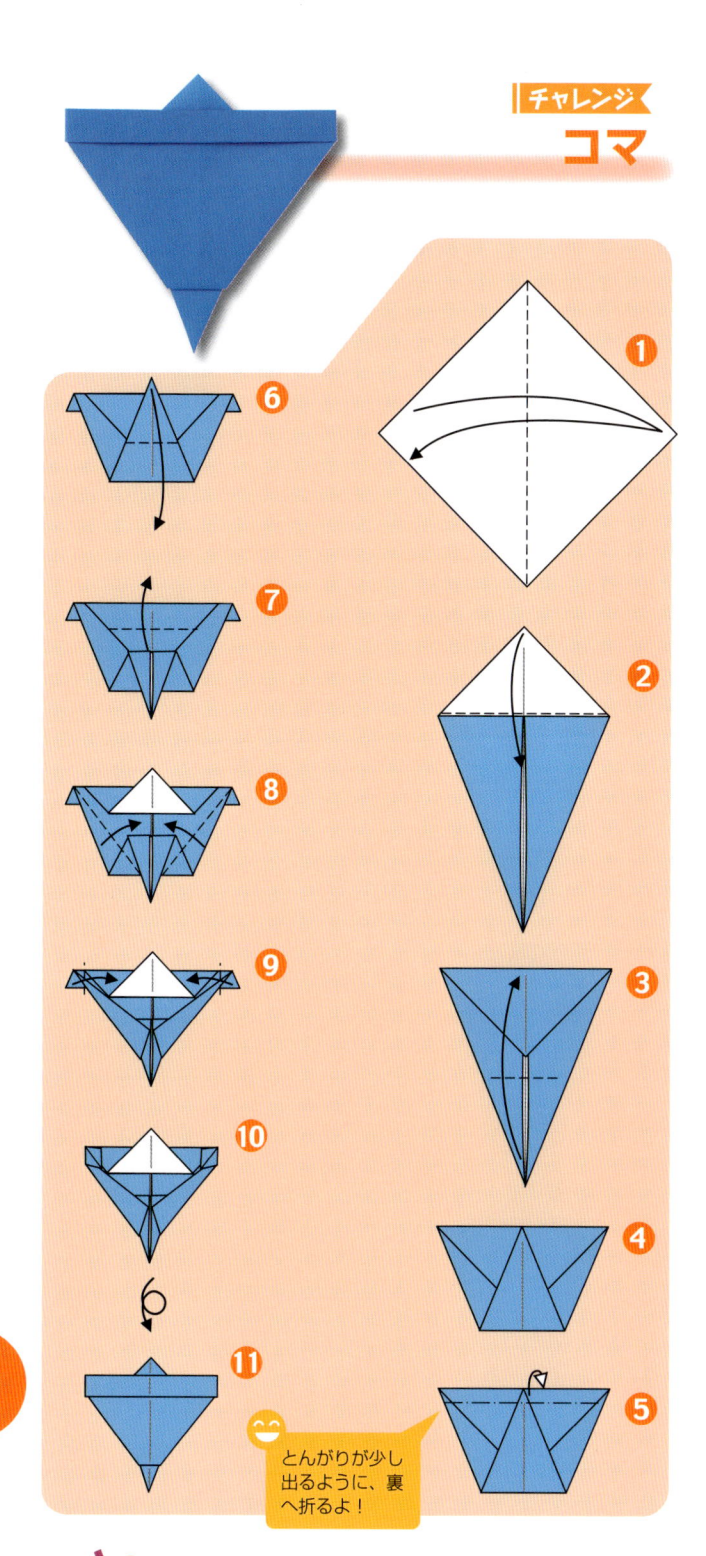

かんたん コマ

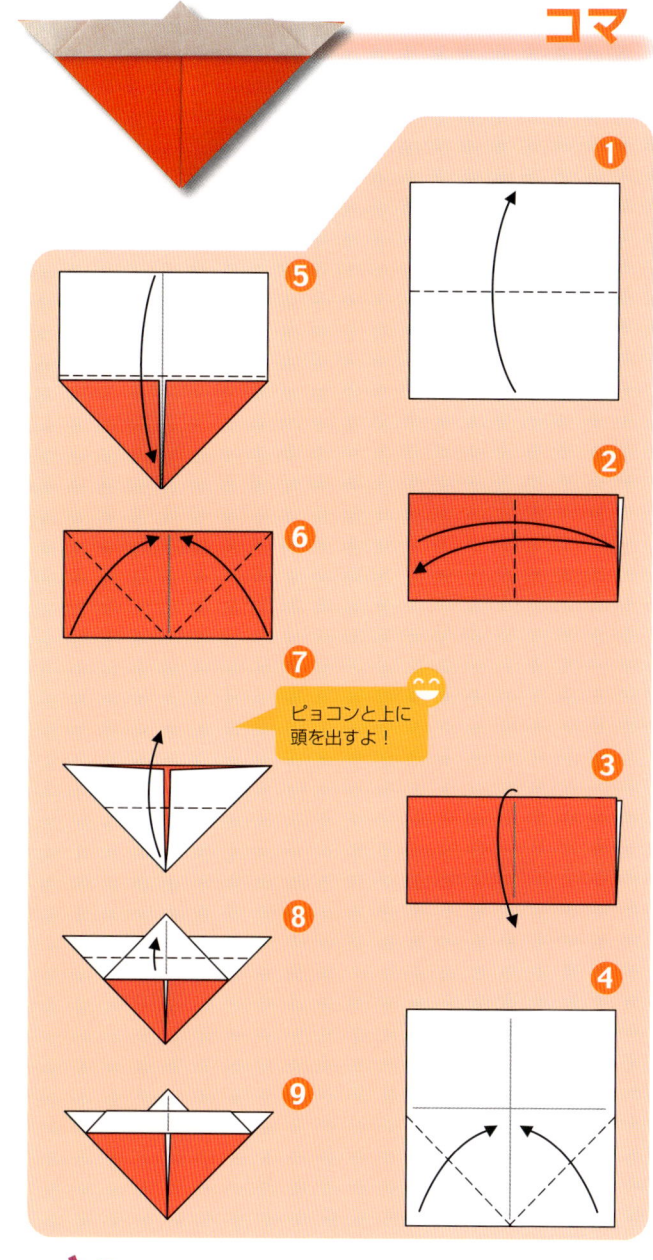

idea アレンジ遊び ぶらさがりやじろべえ

目はグルグル
体はフラフラ

両端を輪にしたモールをコマに貼り付けます。顔を貼り、たこ糸でつるすと、やじろべえのように揺れるモビールになります。表情が楽しいですよ。

たこ糸→　モール→
裏にもう一枚コマを貼ります

idea せいさく帳 おめかしゴマ

お正月お正月は、和風に着飾って！

- 紙テープをじゃばら折りにして、輪になっている部分をハサミで切り、切り紙遊びをします。
- 色画用紙に広げて貼り、千代紙で折ったコマを貼ると、ぐっとお正月らしい雰囲気になります。

とんがりが少し出るように、裏へ折るよ！

ピョコンと上に頭を出すよ！

1月

折り方と記号　谷折り線 ------　前へ折る　　山折り線 — - —　後ろへ折る　　折り筋をつける

63

②季節の折り紙　1月

idea 壁面　今年の目標は？

新しい年を迎えて気持ちも新たに！　今年の子どもたちの目標を書いてみましょう。保護者のかたも興味を持って見てくれる壁面です。

使用アイテム　●折り紙＊羽子板…P.65　●色画用紙　●丸シール　●カラーフェルトペン　★型紙…P.115

製作のPoint
- 子どもの好きな色の羽子板に目標を書きます。文字は、保育者が書いてあげましょう。
- 子どもの人数に合わせて、羽子板を周りに散らして置きましょう。
- 12支は、顔と手の基本のパーツは同じ形・大きさです。その年の動物だけを作ってもいいですね。

あけまして　おめでとう

idea せいさく帳　お正月が来た！

お正月のアイテムが揃ったら、「早く来い、来い！」

- 羽子板に、好きな絵を描いて色画用紙に貼ります。周囲には、お正月ならではのものを描いてみましょう。
- 折り紙のおししを添えても楽しいですね。

idea アレンジ遊び　はねつきをしよう！

昔ながらの遊びもすてき！今年も楽しく遊び初め！

- 折り紙の羽子板に模様を描きます。段ボールに貼り付けて補強し、オリジナル羽子板を作って遊びましょう。
- はねは、黒色の折り紙をを丸めてスズランテープを付けてもいいですね。

折り筋線　　裏返す　　向きを変える　　指を入れて広げる　　引き出す・引っぱる　　差し込む　　ふくらます

おしし

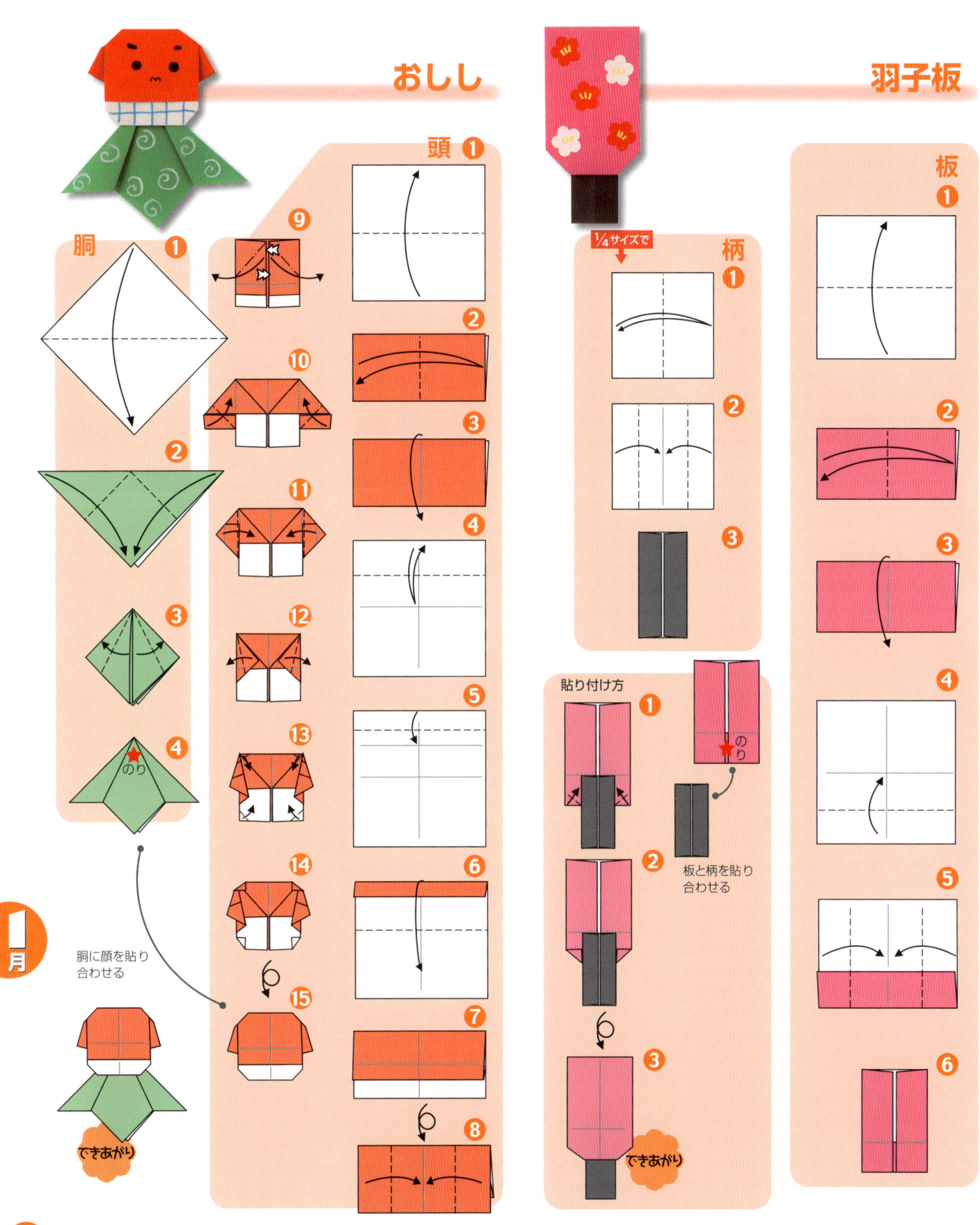

胴

① ② ③ ④

胴に顔を貼り合わせる

できあがり

頭

① ② ③ ④ ⑤ ⑥ ⑦ ⑧ ⑨ ⑩ ⑪ ⑫ ⑬ ⑭ ⑮

羽子板

柄

1/4サイズで

① ② ③

貼り付け方

① ②

板と柄を貼り合わせる

③

できあがり

板

① ② ③ ④ ⑤ ⑥

1月

65 折り方と記号　谷折り線 --------　前へ折る　山折り線 —・—・—　後ろへ折る　折り筋をつける

❷季節の折り紙 1月

野菜

ゴボウの葉
1/4サイズで

① ② ③ ④

ゴボウと葉を貼り合わせる

できあがり

ゴボウ
① ② ③ ④ ⑤ ⑥ ⑦

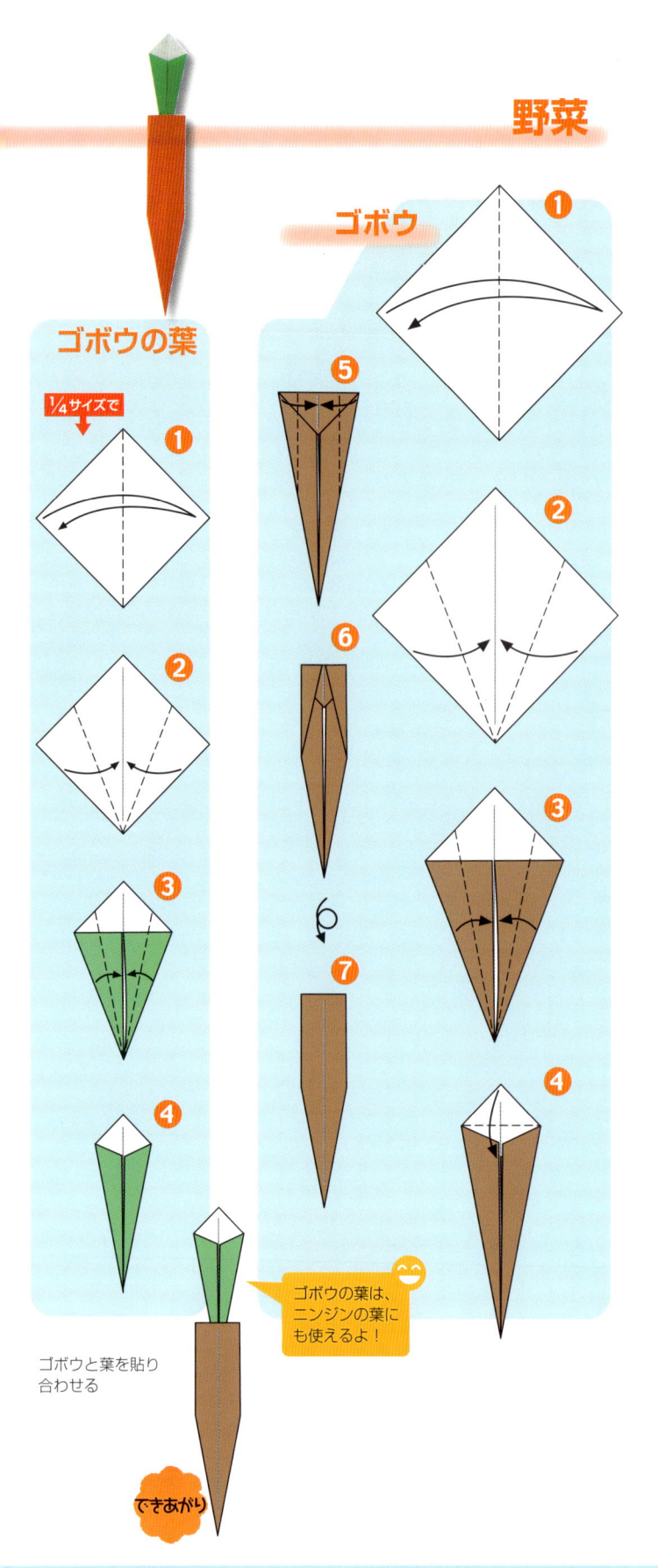

ゴボウの葉は、ニンジンの葉にも使えるよ！

福の神
① ② ③ ④ ⑤ ⑥ ⑦ ⑧ ⑨ ⑩ ⑪ ⑫ ⑬

折り筋線 ——— 　裏返す　向きを変える　指を入れて広げる　引き出す・引っぱる　差し込む　ふくらます

66

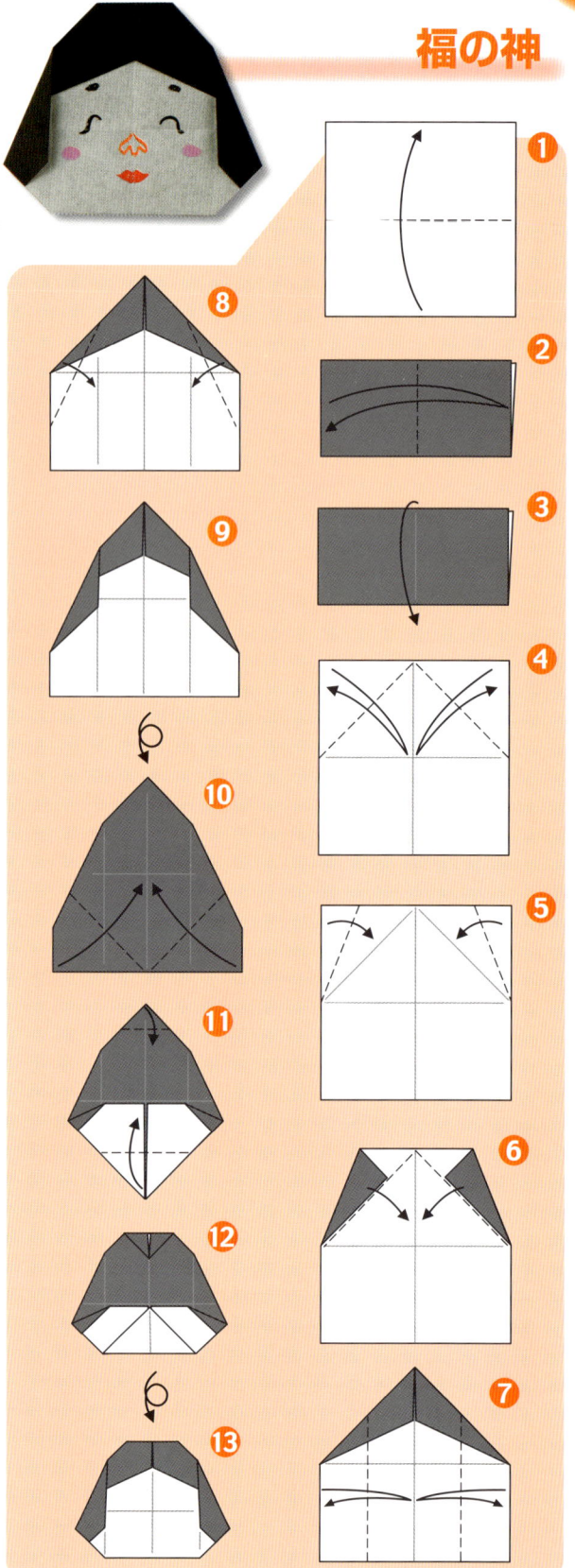

ダイコン

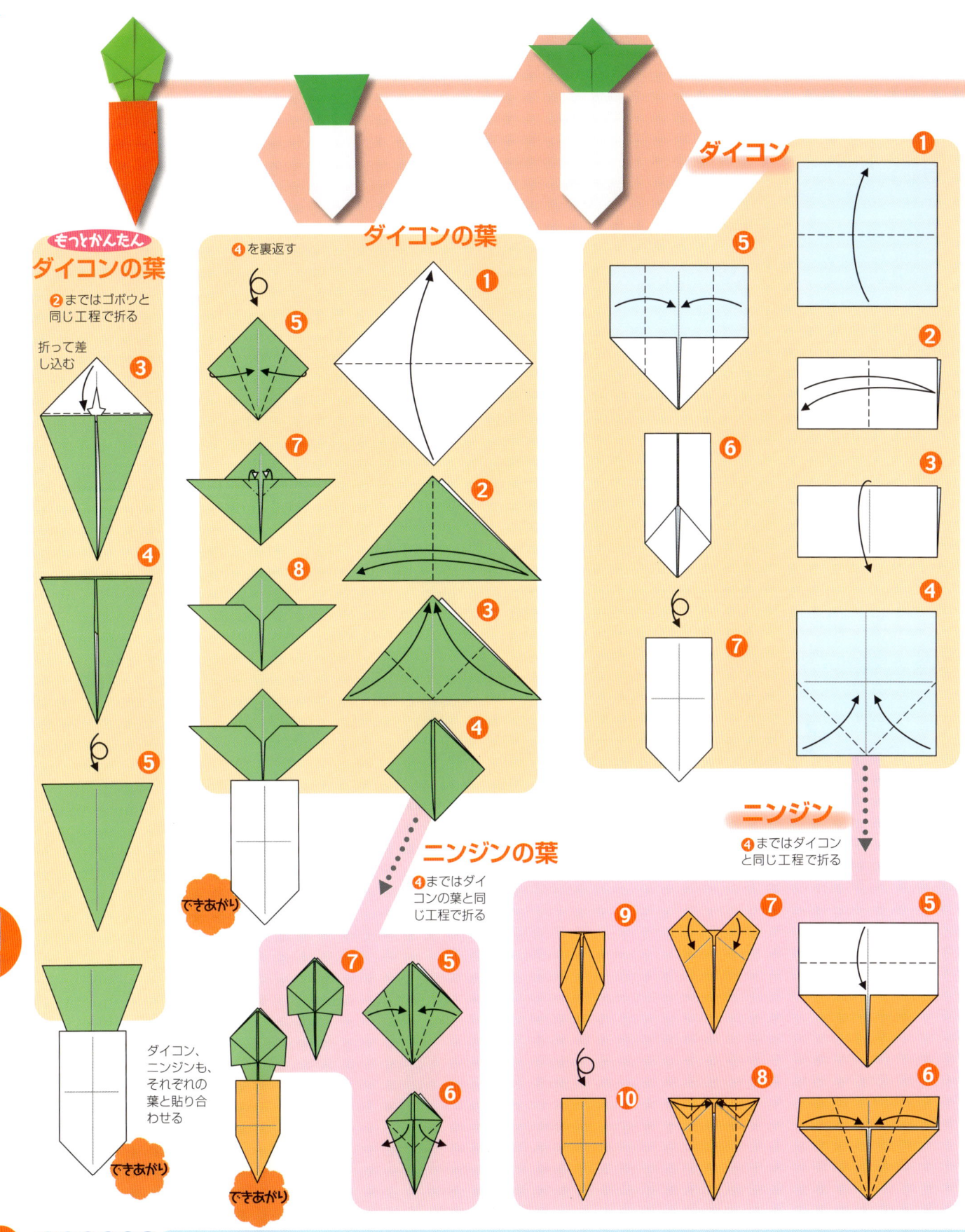

ダイコンの葉

1.
2.
3.
4. ❹を裏返す
5.
6.
7.
8.

できあがり

もっとかんたん ダイコンの葉

❷まではゴボウと同じ工程で折る

3. 折って差し込む
4.
5.

できあがり

ダイコン、ニンジンも、それぞれの葉と貼り合わせる

ダイコン

1.
2.
3.
4.
5.
6.
7.

ニンジンの葉

❹まではダイコンの葉と同じ工程で折る

5.
6.
7.

できあがり

ニンジン

❹まではダイコンと同じ工程で折る

5.
6.
7.
8.
9.
10.

1月

67　折り方と記号　谷折り線 --------　前へ折る　　山折り線 - - - -　後ろへ折る　　折り筋をつける

idea 壁面 鬼っ子ダンシング！

首をフリフリ、体をフリフリ！ 音楽に乗って、鬼っ子とこぶとりじいさんがダンシング！ 飾り付けのひとときにBGMをかけて楽しく演出するとさらに楽しくなります。

使用アイテム ●折り紙＊かんたん・鬼…P.69 ●色画用紙 ●千代紙 ●カラーフェルトペン ★型紙…P.116

製作のPoint
- 鬼は、パンツのほかに足輪・腕輪をつけるとおしゃれ度がup！
- 角の塗り方（縞・柄など）も紹介してあげると、いろいろ工夫して個性豊かにしあがるでしょう。

のりしろを多めにとっておくと表情がつけやすいですよ〜！

ぼくの手足や耳も同じく！

2 季節の折り紙 2月

---

idea せいさく帳 鬼っ子フィーバー！！
ちょっとポーズを変えれば、マンボもタンゴも仲よく踊る、鬼っ子コンビ！

- 壁面の型紙（P.116）を使います。体を色画用紙で作り、折り紙の鬼を貼り付けましょう。
- 鬼のパンツもダンス仕様で、はでに描きましょう。
- カラーホイルなど、園で余っている紙を利用して、楽しくフィーバー！！

idea アレンジ遊び 小鬼のいないいないばぁ！
ニコニコ、シクシク？ プンプン、ワッハッハ？ どんな鬼が出てくるかな？

- 鬼を2組折ります。泣き顔とニコニコ顔をそれぞれに描いて、棒を挟んで貼り付けます。ペープサートのようにクルクル回して遊ぶと、小さい子どもたちも顔の変化に大喜びしますよ。
- いろいろな顔の組み合わせを作って、表情の違いを楽しみましょう。

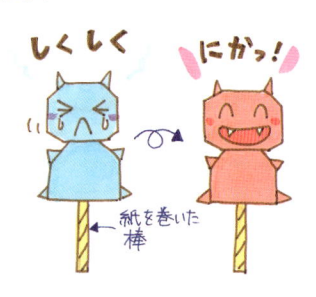

しくしく / にかっ！ / 紙を巻いた棒

折り筋線 ／ 裏返す ／ 向きを変える ／ 指を入れて広げる ／ 引き出す・引っぱる ／ 差し込む ／ ふくらます

チャレンジ 鬼

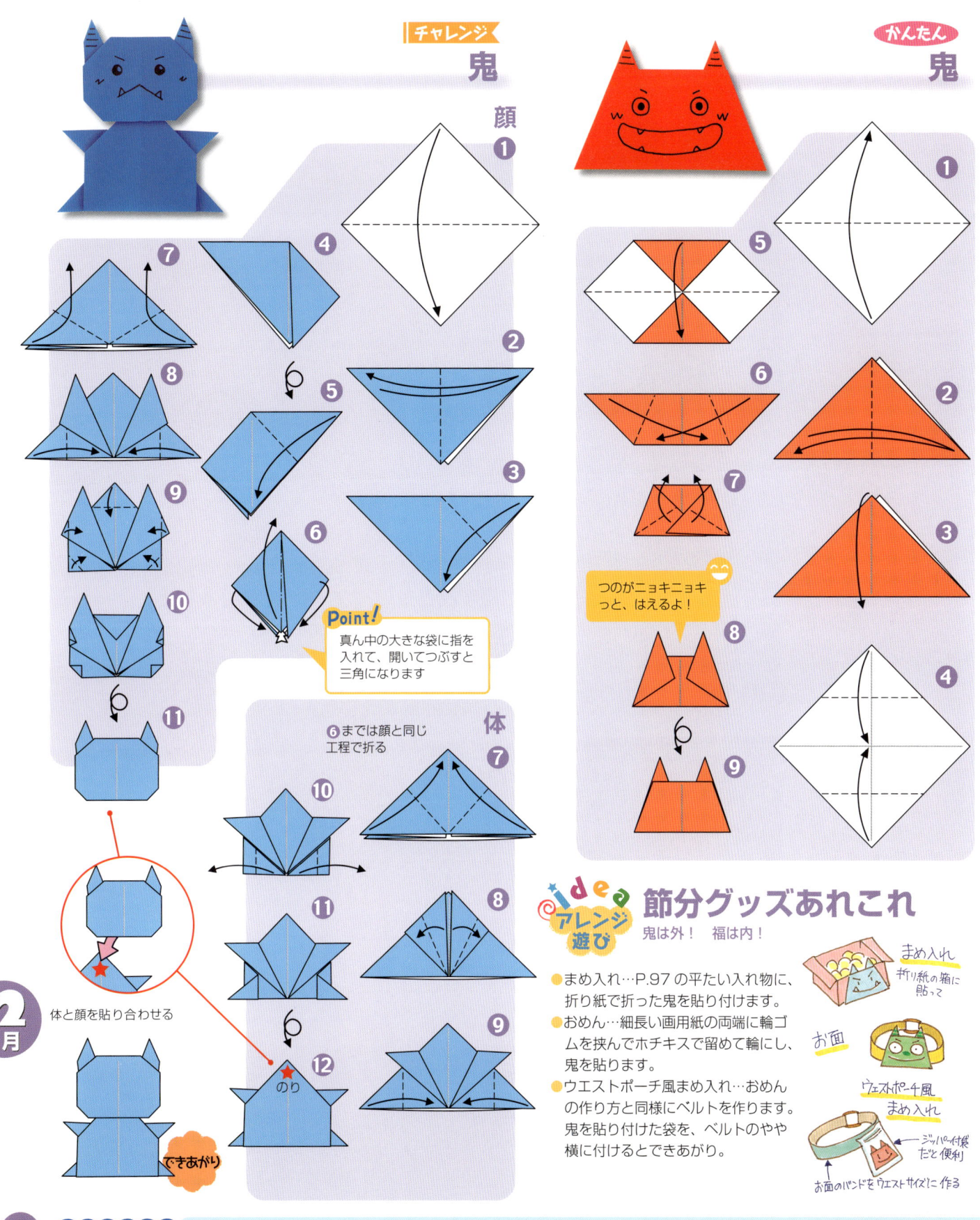

顔

かんたん 鬼

Point!
真ん中の大きな袋に指を入れて、開いてつぶすと三角になります

つのがニョキニョキっと、はえるよ！

体

⑥までは顔と同じ工程で折る

体と顔を貼り合わせる

のり

できあがり

2月

idea アレンジ遊び 節分グッズあれこれ
鬼は外！ 福は内！

● まめ入れ…P.97の平たい入れ物に、折り紙で折った鬼を貼り付けます。
● おめん…細長い画用紙の両端に輪ゴムを挟んでホチキスで留めて輪にし、鬼を貼ります。
● ウエストポーチ風まめ入れ…おめんの作り方と同様にベルトを作ります。鬼を貼り付けた袋を、ベルトのやや横に付けるとできあがり。

まめ入れ
折り紙の箱に貼って

お面

ウエストポーチ風まめ入れ
ジッパー付袋だと便利
お面のバンドをウエストサイズに作る

折り方と記号　谷折り線 --------　前へ折る　　　山折り線 -----　後ろへ折る　　　折り筋をつける

②季節の折り紙 2月

idea 壁面　仲よし雪だるま

いよいよ冬本番です。キラキラの雪が降る空の下、雪だるまさんたちが仲よく集まっています。子どもたちの笑顔がとてもすてきですね。

使用アイテム　●折り紙＊雪だるま…P.71 ●色画用紙 ●不織布 ●クラフトパンチ：雪の結晶 ●色鉛筆 ●写真 ★型紙…P.116

製作のPoint
- 子どもたちの笑顔の写真が、保育室を明るくします。大きい雪だるまにクラスの集合写真を貼ってもいいですね。
- 雪だるまの顔は、少し傾けると表情が出てさらにかわいらしくなります。
- 大きい雪だるまを中心に、周りにいっぱい雪だるまを飾ると、ダイナミックな存在感が出ます。

idea せいさく帳　雪大好き！
雪が、降れば降るほど元気いっぱい！

- 大きさの異なる折り紙で親子の雪だるまを作ります。黒い色画用紙に貼り、周囲は丸めた綿をのりで貼ります。たくさん雪を降らせましょう。
- 防寒アイテムの、長靴やマフラーも着せてあげましょう。

idea アレンジ遊び　雪だるまマン参上！
マントを付けると雪だるまマンに！でも、背中の雪だるまをとられるとパワーダウン！

- カラーポリ袋にポケットを付けて、折り紙の雪だるまを入れます。袋の両端にひもを付けて、肩に通せるようにするとできあがりです。
- しっぽ取りの要領で、雪だるまを取られないように逃げて遊ぶと楽しいですよ。

まてまて〜!!
ひも　カラーポリ袋　ポケット

折り筋線　　　裏返す　　向きを変える　　指を入れて広げる　　引き出す・引っぱる　　差し込む　　ふくらます

70

てぶくろ

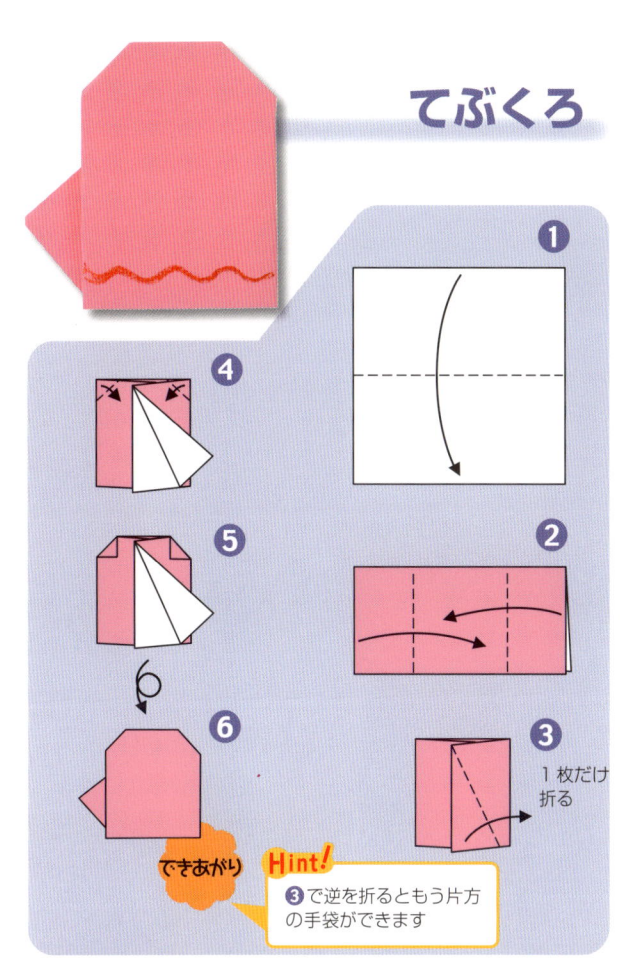

手順
1. （半分に折る）
2.
3. 1枚だけ折る
4.
5.
6. できあがり

Hint! ❸で逆を折るともう片方の手袋ができます

ちょこっとアレンジdeへんしーん！ ペンギン

6. ❺まではてぶくろと同じ工程で折る
7.
8.
9. できあがり

Hint! くちばしや目、おなかなどを、折り紙や色画用紙などで作って貼りましょう

くちばしや目を付けて、かわいいペンギンさんにしてね！

雪だるま

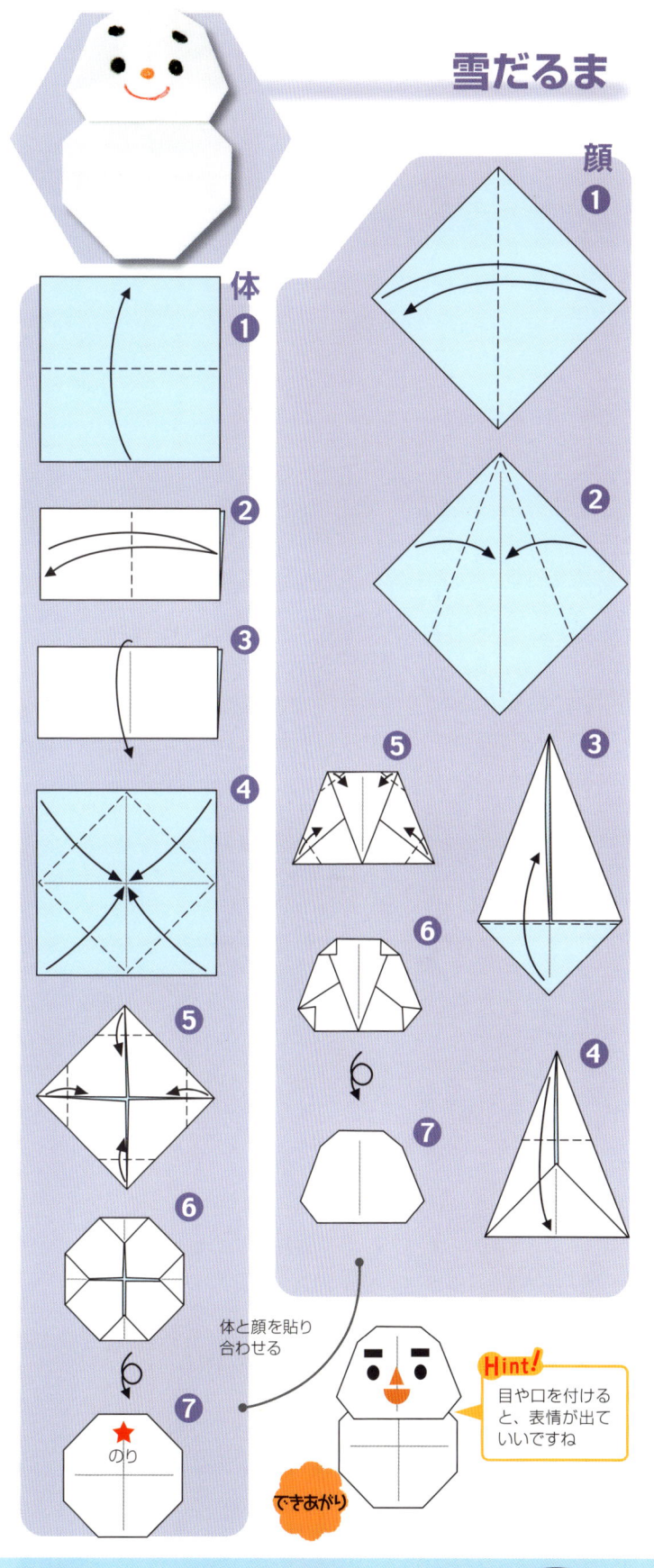

顔
1.
2.
3.
4.
5.
6.
7. できあがり

Hint! 目や口を付けると、表情が出ていいですね

体
1.
2.
3.
4.
5.
6.
7. のり

体と顔を貼り合わせる

2月

71　折り方と記号　谷折り線 --------　前へ折る　山折り線 —・—・—　後ろへ折る　折り筋をつける

②季節の折り紙 2月

ハクチョウ

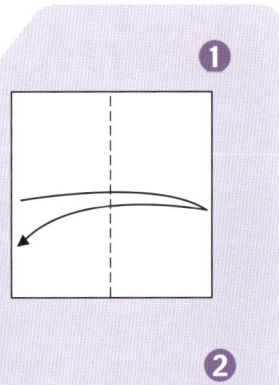

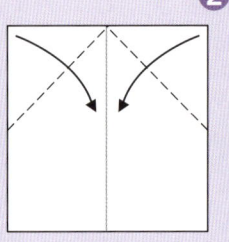

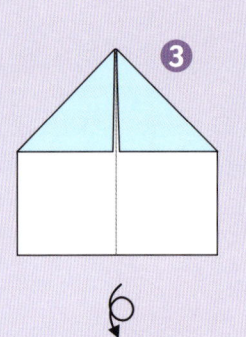

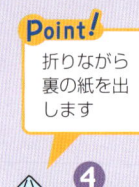

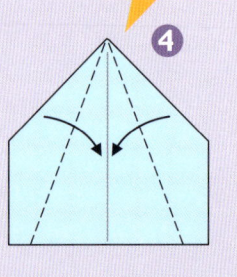

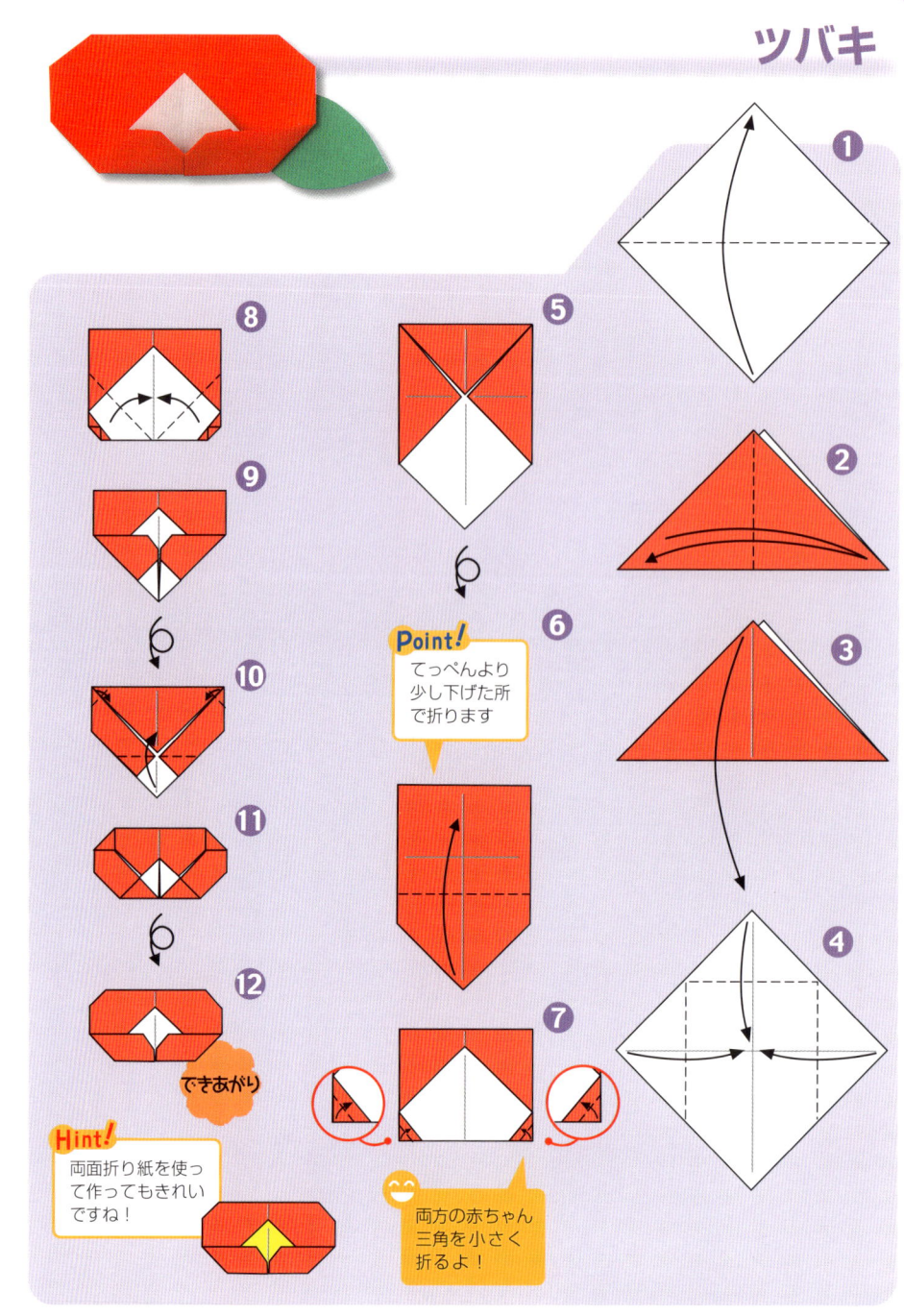

ツバキ

① ② ③
④
Point! 折りながら裏の紙を出します

⑤
Point! てっぺんより少し下げた所で折ります

⑥ ⑦
両方の赤ちゃん三角を小さく折るよ！

⑧ ⑨ ⑩ ⑪ ⑫
できあがり

Hint! 両面折り紙を使って作ってもきれいですね！

idea せいさく帳 パッと咲くツバキ
雪の季節でもきれいに咲くよ！

- 折り紙をちぎって枝や葉を貼り、ツバキを貼り付けます。
- 白の絵の具をたんぽに付け、ポンポンと周囲に雪を降らせましょう。

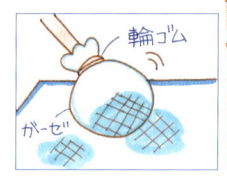

輪ゴム / がーぜ

折り筋線 ——— 　裏返す　 　向きを変える　 　指を入れて広げる　 　引き出す・引っぱる　 　差し込む　 　ふくらます

72

Point!
首の後ろを開いて先端を持ち、背中のほうへ引くように折ります

⑯ ⑬ 中割り折り ⑩ ⑧ ⑤

三角を中にしまってね！

小さい三角は中にかくすよ！

⑰ ⑭ ⑥

前を少し開いて「こんにちは！」って下げると、くちばしができるよ！

⑱ 中割り折り ⑮ ⑪ ⑨ ⑦

できあがり↑

Hint!
2枚の○印の内側をのり付けして留めてから、底を内側へ押して膨らませます。そうすると立体になって、白鳥を立たせることができます

⑫

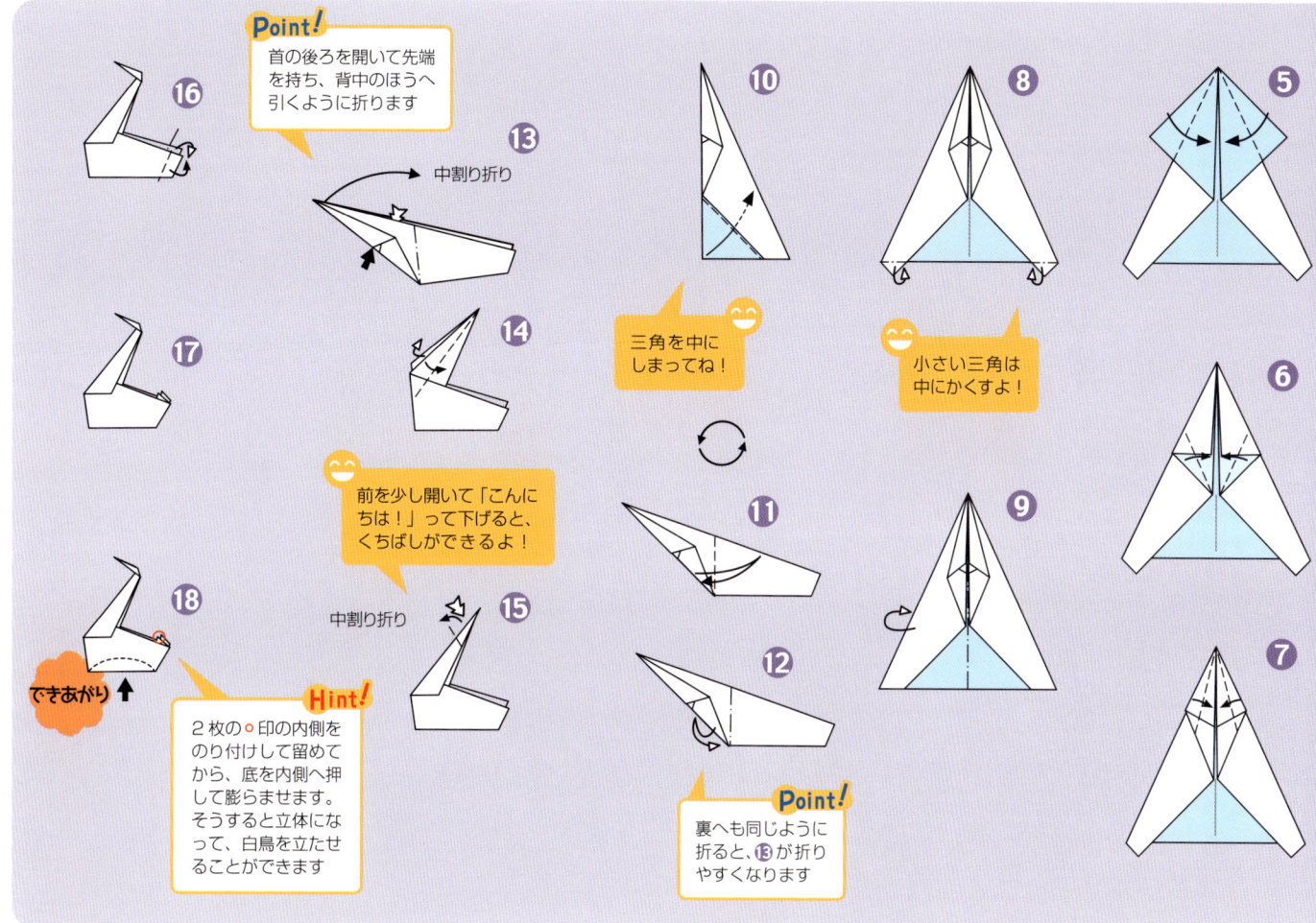

Point!
裏へも同じように折ると、⑬が折りやすくなります

idea せいさく帳 — 湖の探検だ！

王子様とお姫様が、仲よく湖を渡ります。湖の真ん中には何があるかな？

- 画用紙にクレヨンで静かな水の線を描き、水彩絵の具でさらにやさしく線を描き乾かします。
- 別の画用紙に王子様やお姫様を描いて、ハサミで切り取ります。ハクチョウの背中に乗っているように貼り付けましょう。

idea アレンジ遊び — 湖を泳ぐハクチョウ

涼しげな顔で、水面をすべるように泳ぐよ！

- ハクチョウを、水色のリース（P.60）の上に置くと、波紋の広がる湖に泳いでいるようです。リースにリボン付けて引っ張ると、湖を泳ぐハクチョウに見えます。
- 背中にクリップなどを入れると、おしゃれな小物入れにもなります。

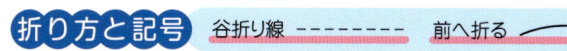

2月

73　折り方と記号　　谷折り線 ------- 前へ折る　　山折り線 — — — 後ろへ折る　　折り筋をつける

2 季節の折り紙 3月

idea 壁面 みんなでひなまつり

桃の節句、ひなまつりがやってきました。おだいりさまとおひなさまが寄り添ってとても仲よしです。みんな笑顔で春をお出迎えです。

使用アイテム
- 折り紙＊おびな…P.75(千代紙)＊豪華めびな…P.75(千代紙)
- 色画用紙 ●紙皿 ●モール ●クラフトパンチ：花 ●カラーフェルトペン ★型紙…P.117

製作のPoint
- 半分に切った紙皿にビリビリ破った折り紙を貼って、おだいりさまとおひなさまを仲よく並べます。
- 飾り終わったら楽しく持ち帰ることができるように、モールの取っ手を付けておくといいですね。

---

idea せいさく帳 ニコニコひなまつり

ニコニコ顔の、今日はうれしいひなまつり！

- 千代紙を扇状に切ってびょうぶを作り、色画用紙に貼ります。
- 折り紙のおびなとめびなに顔を描いて、びょうぶに重ねて貼ります。周囲もかわいらしく飾りましょう。

idea アレンジ遊び どこに並べよう？

にぎやかに、華やかになるように並べて、桃の節句をお祝いしよう！

- おびなやめびなを、乳酸飲料の小さな空き容器に貼ります。
- 大型ブロックや机を組み合わせて、赤い色画用紙や布で覆い、ひな壇を作って、おひなさまを並べましょう。
- 三人官女や五人ばやし、モモの花やひしもち、ぼんぼりなども作ると楽しくなりますね。

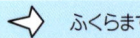

折り筋線　　裏返す　　向きを変える　　指を入れて広げる　　引き出す・引っぱる　　差し込む　　ふくらます

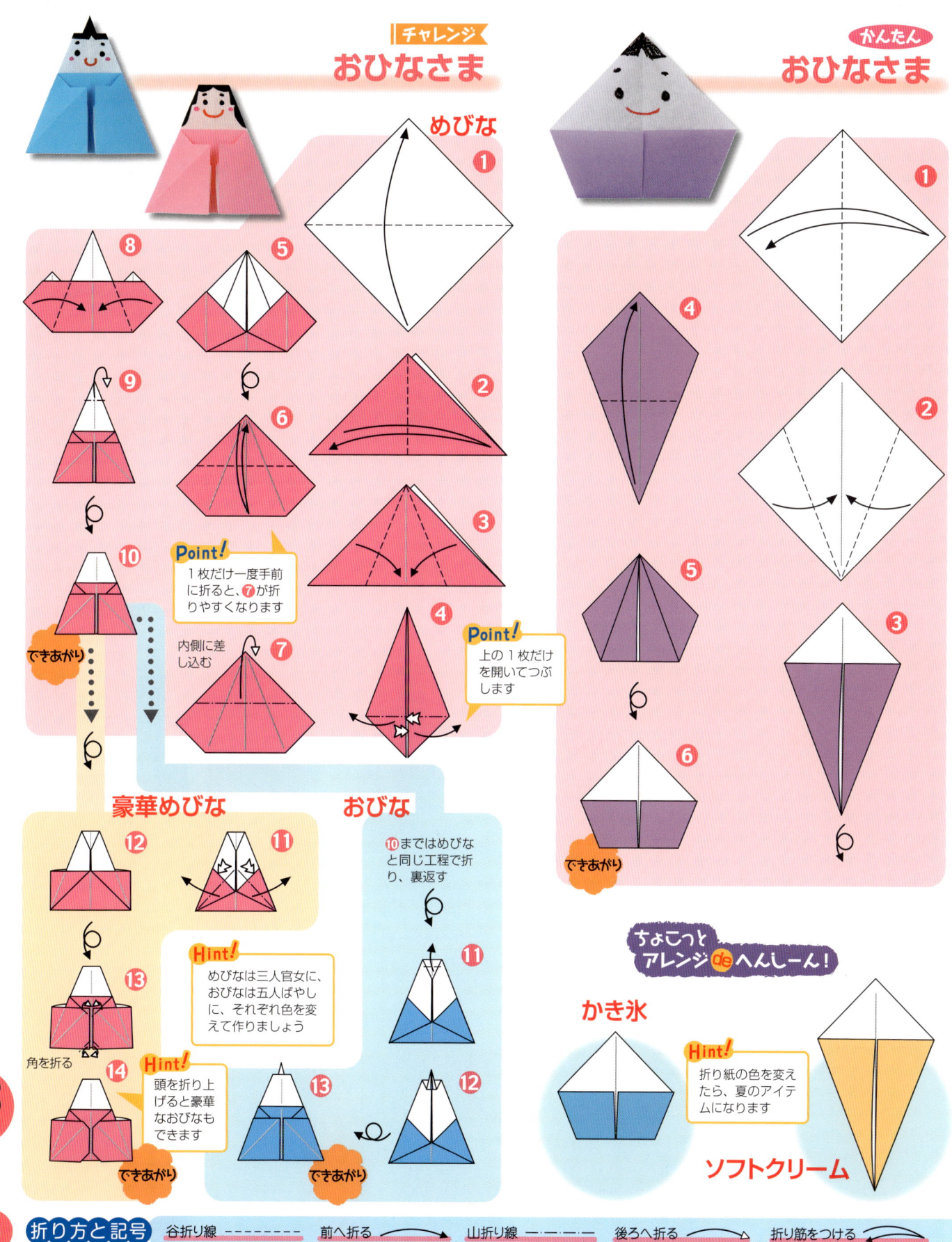

チャレンジ おひなさま

かんたん おひなさま

めびな

Point! 1枚だけ一度手前に折ると、❼が折りやすくなります

Point! 上の1枚だけを開いてつぶします

内側に差し込む

できあがり

豪華めびな

Hint! めびなは三人官女に、おびなは五人ばやしに、それぞれ色を変えて作りましょう

角を折る

Hint! 頭を折り上げると豪華なおびなもできます

できあがり

おびな

❿まではめびなと同じ工程で折り、裏返す

できあがり

できあがり

ちょこっとアレンジdeへんしーん！

かき氷

Hint! 折り紙の色を変えたら、夏のアイテムになります

ソフトクリーム

3月

折り方と記号　谷折り線 ------　前へ折る　山折り線 —·—·—　後ろへ折る　折り筋をつける

②季節の折り紙 3月

idea 壁面　卒園おめでとう！

みんなの個性が輝く、園生活最後を飾る共同作業です。

使用アイテム
- ●折り紙　*富士山…P.77　*チャレンジ・チューリップ…P.11　*ことり…P.13　*チャレンジ・チョウチョウ…P.14　*テントウムシ…P.15　*おにぎり…P.19　*チャレンジ・オタマジャクシ A…P.21　*カエル…P.26　*クジラ…P.31　*セミ…P.35　*クワガタムシ…P.35　*ドングリ…P.47　*リス…P.50　*ハクチョウ…P.73（富士山以外は 1/4、1/16 サイズなどを使用）●色画用紙　●丸シール　●クレヨン　●カラーフェルトペン　★型紙…P.117

製作のPoint
- ●ここでは富士山以外はさらに小さい折り紙で折っていますが、折りやすい大きさで十分です。さまざまな作品を飾ることで、バラエティーに富んだすてきな壁面になりますよ。
- ●富士山は裏が白色の包装紙や特大サイズの折り紙（20cm×20cm、25cm×25cmなど）を使うといいですね。

idea せいさく帳　夢はBigに！

富士山よりも大きくなるぞ！
- ●「宇宙に行くぞ！」「日本一の○○になるんだ！」と未来に向けて、富士山より大きな夢を描きましょう
- ＊子どもの夢をたくさん引き出せることばがけをしましょう。

＊大きく描けるように、画用紙は縦に使うといいですね。

idea アレンジ遊び　NO.1で賞！

ナンバーワンで、オンリーワンならもっとサイコー！　だよね！

- ●富士山の高さ日本一にちなんで、園内のNO.1を探しましょう。
- ●折り紙の富士山にリボンを付けて、NO.1バッジにします。
- ●「みんなにいちばん人気の遊具は？」「いちばん元気な友達は？」など、いろいろ探してNO.1バッジをプレゼントしましょう！

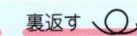

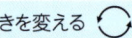

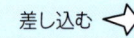

折り筋線　　裏返す　　向きを変える　　指を入れて広げる　　引き出す・引っぱる　　差し込む　　ふくらます

ツクシ

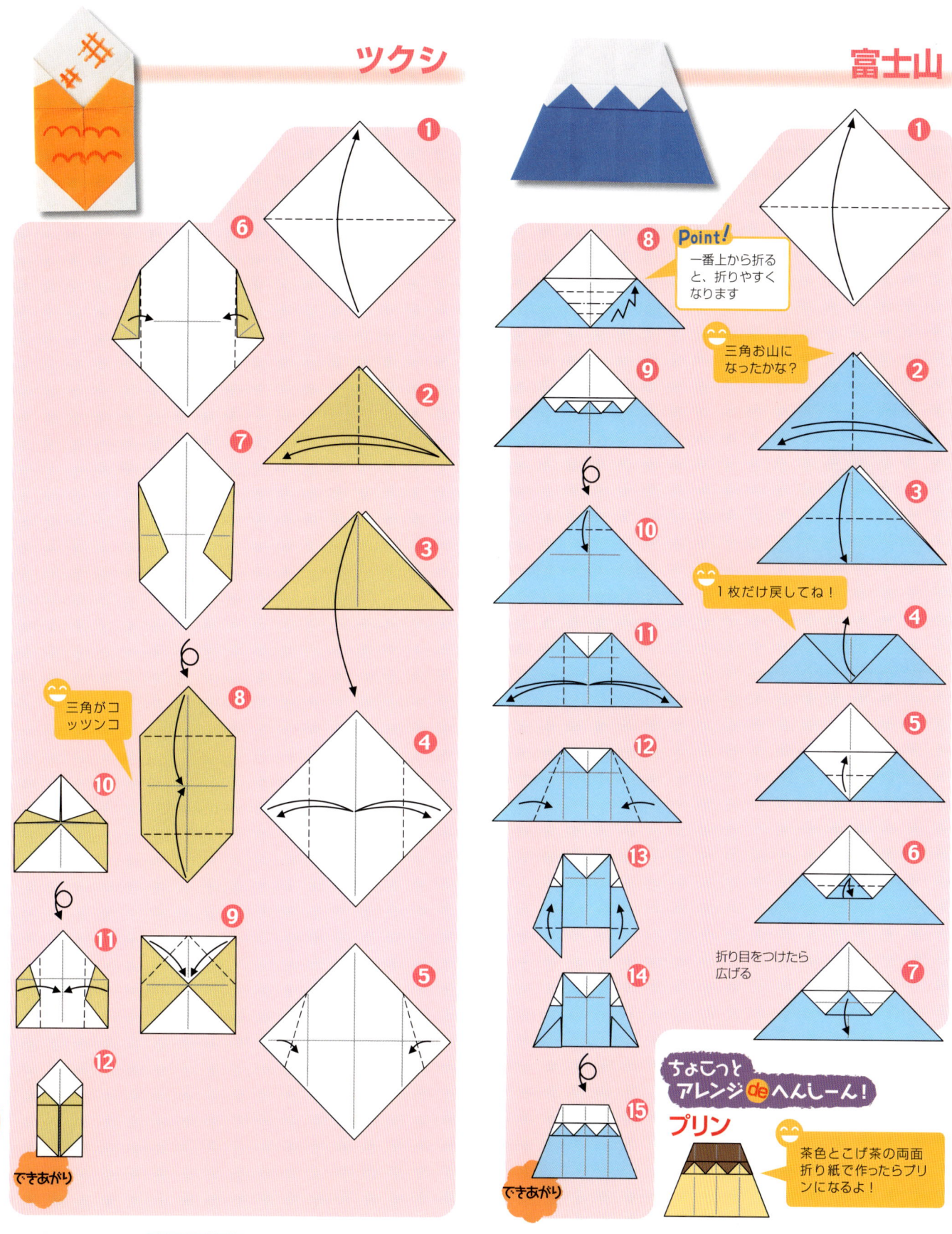

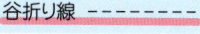

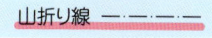

富士山

Point!
一番上から折ると、折りやすくなります

三角お山になったかな？

1枚だけ戻してね！

折り目をつけたら広げる

三角がコツツンコ

できあがり

ちょこっとアレンジdeへんしーん！

プリン

茶色とこげ茶の両面折り紙で作ったらプリンになるよ！

できあがり

3月

77 　折り方と記号　　谷折り線 ---------　前へ折る　　山折り線 —-—-—　後ろへ折る　　折り筋をつける

ツル・羽ばたくツル

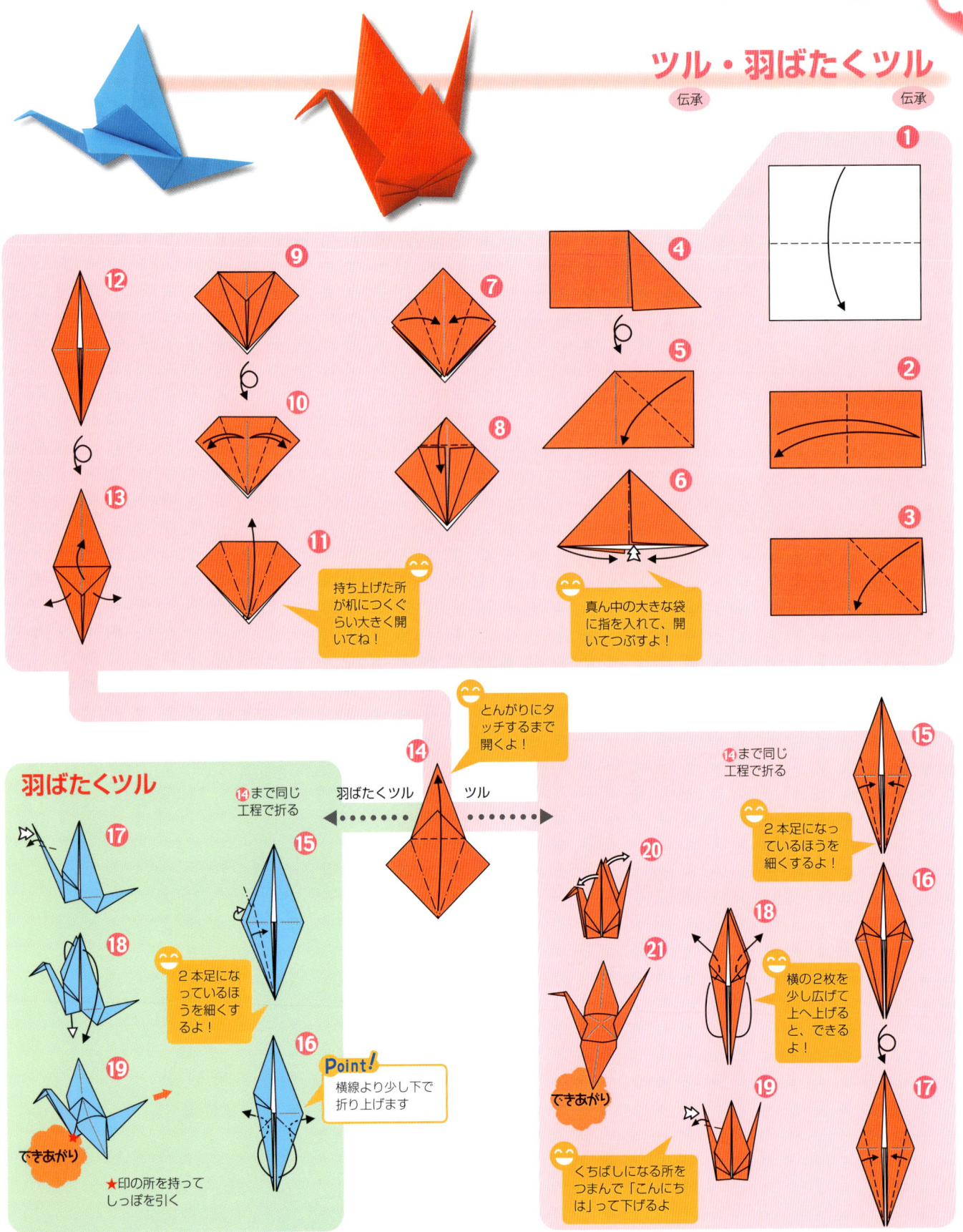

伝承　伝承

②季節の折り紙 3月

ツル

1〜14の工程

11 持ち上げた所が机につくぐらい大きく開いてね!

6 真ん中の大きな袋に指を入れて、開いてつぶすよ!

14 とんがりにタッチするまで開くよ!

ツル（右側）

14まで同じ工程で折る

15 2本足になっているほうを細くするよ!

18 横の2枚を少し広げて上へ上げると、できるよ!

19 くちばしになる所をつまんで「こんにちは」って下げるよ

21 できあがり

羽ばたくツル

14まで同じ工程で折る

15 2本足になっているほうを細くするよ!

16 Point! 横線より少し下で折り上げます

19 できあがり

★印の所を持ってしっぽを引く

折り筋線　　　裏返す　　　向きを変える　　　指を入れて広げる　　　引き出す・引っぱる　　　差し込む　　　ふくらます

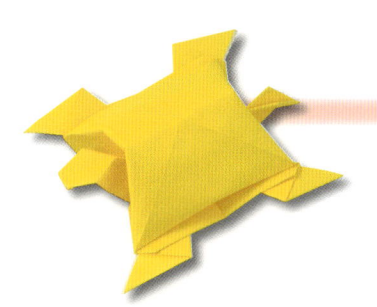

カメ
伝承

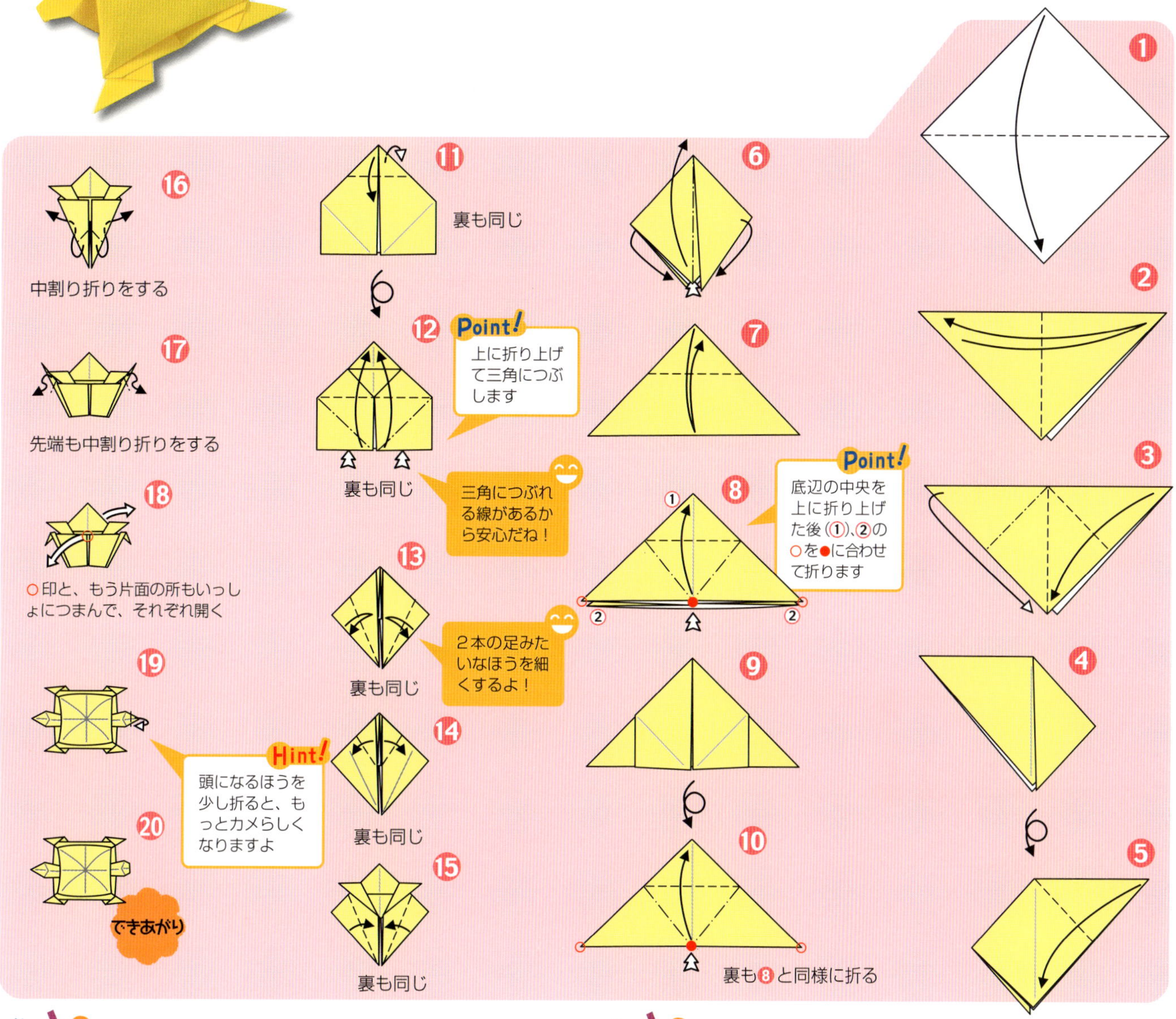

① ② ③ ④ ⑤ ⑥ ⑦

⑧ Point! 底辺の中央を上に折り上げた後①、②の○を●に合わせて折ります

⑨ ⑩ 裏も⑧と同様に折る

⑪ 裏も同じ

⑫ Point! 上に折り上げて三角につぶします
裏も同じ
三角につぶれる線があるから安心だね！

⑬ 裏も同じ
2本の足みたいなほうを細くするよ！

⑭ 裏も同じ

⑮ 裏も同じ

⑯ 中割り折りをする

⑰ 先端も中割り折りをする

⑱ ○印と、もう片面の所もいっしょにつまんで、それぞれ開く

⑲ Hint! 頭になるほうを少し折ると、もっとカメらしくなりますよ

⑳ できあがり

idea アレンジ遊び　カメ Family 愛の力
カメ Family の団結力、さて全部乗っかるか！？
カラフルなカメ Family にしてね！

- 親ガメは一番大きな紙で折り、ほかにも何段階かの大きさのカメを折っておきます。
- 大きい順に積んでいき、最後の小さいカメまで落ちないように積み上げていく遊びです。
- 途中で落としたら、積む人を交代するゲームにしても楽しいですね。

idea アレンジ遊び　クルクル、カメレース
カメは本当に遅いのか？
試してみよう！　かわいい歩み

- カメにたこ糸を付け、たこ糸のもう一方の端をトイレットペーパーの芯に貼り付けます。「用意、スタート！」でトイレットペーパーの芯を巻いていきましょう。
- カメがひっくり返らないように巻き進めて、早く巻ききったほうが勝ちです。

3月

折り方と記号　谷折り線 --------　前へ折る　山折り線 ------　後ろへ折る　折り筋をつける

3 お役立ち折り紙

いつでも遊べる！使える！

折っているうちにどんどん変身していく折り紙は、子どもたちに大人気です。ゲームやごっこ遊びがさらに楽しくなる折り紙や、保育のいろんな場面で大活躍の折り紙も大集合！

変身折り紙 P.81～P.87

3
- 帽子
- 家
- やおや / 店
- ピアノ
- さいふ
- 100

2
- 電車
- まくら
- サンドイッチ
- 帽子
- 船
- バス

1
- 山
- プリン
- 木
- 帽子
- 冬の帽子
- 家
- キツネ

5
- パッチンカメラ
- クリのいが
- やっこさん
- ぱくぱく
- はかま
- 花
- クローバー
- テーブル
- イス

4
- ネコ
- ライオン
- ウサギ
- パンダ
- クマ
- ゾウ

便利な入れ物グッズ P.93～P.97
- 三方
- コップ
- 箱
- つのこう箱
- 三角の入れ物
- 平たい入れ物

遊びの折り紙 P.88～P.91
- アクロバットホース
- いか飛行機
- へそ飛行機A
- へそ飛行機B
- しゅり剣
- ピョンピョン動物
- ブタ
- ウサギ
- ネコ

ごっこで遊ぼう！ P.92
- 中華屋さんの帽子
- かんむり

折り筋線 ——— ｜ 裏返す ｜ 向きを変える ｜ 指を入れて広げる ｜ 引き出す・引っぱる ｜ 差し込む ｜ 押しつぶす

80

変身折り紙 1

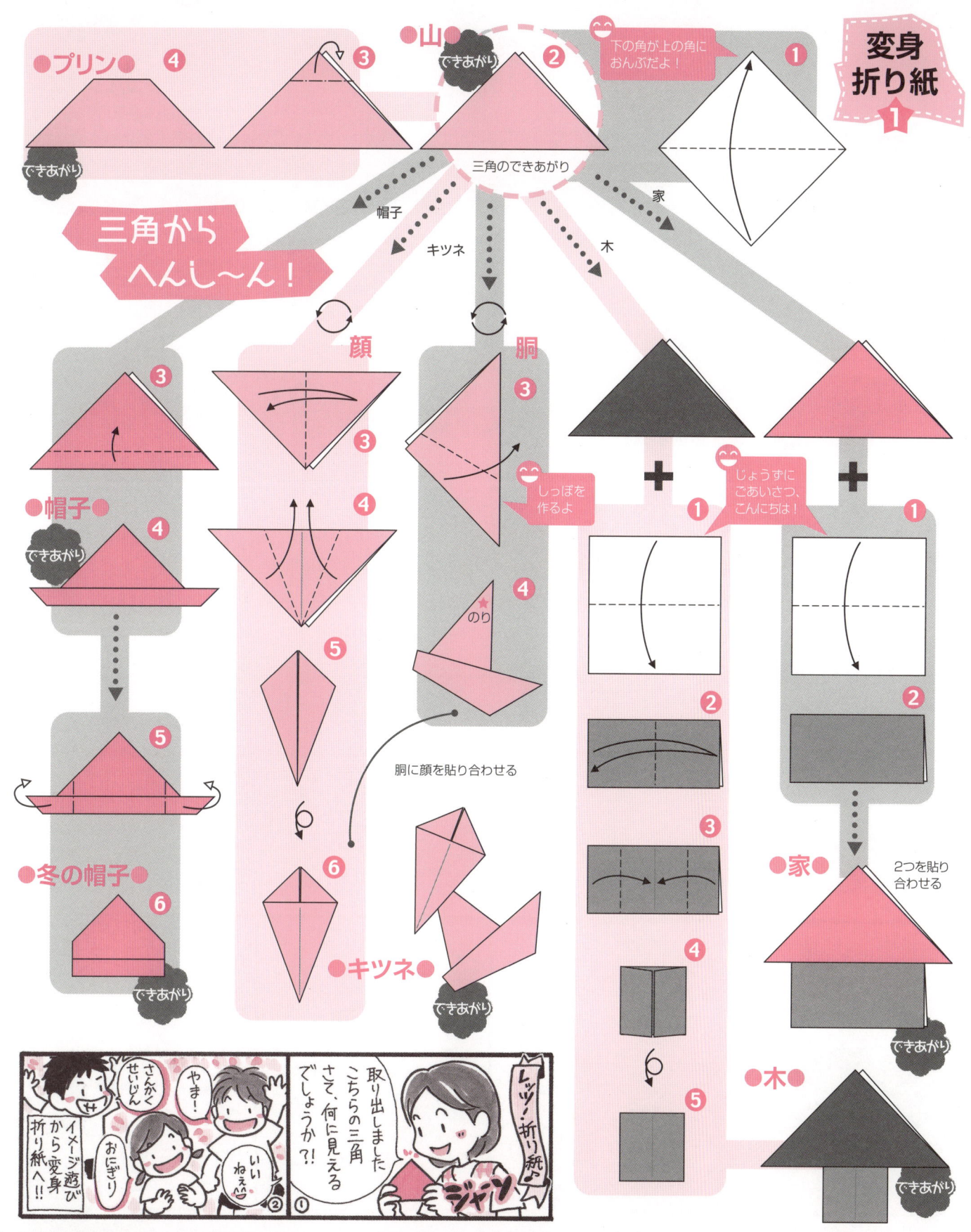

三角からへんし〜ん！

● 山 ●
下の角が上の角におんぶだよ！
三角のできあがり

● プリン ●

● 帽子 ● → ● 冬の帽子 ●

● 顔 ● + ● 胴 ● → ● キツネ ●
しっぽを作るよ
のり
胴に顔を貼り合わせる

● 家 ●
じょうずにごあいさつ、こんにちは！
2つを貼り合わせる

● 木 ●

イメージ遊びから変身折り紙へ！！
さんかくせいじん
おにぎり
やま！
いいねぇ♡
取り出しましたこちらの三角さて、何に見えるでしょうか？！
レッツ！折り紙♪
ジャン

81 折り方と記号 谷折り線 ------ 前へ折る 山折り線 —・—・— 後ろへ折る 折り筋をつける

❸ お役立ち折り紙

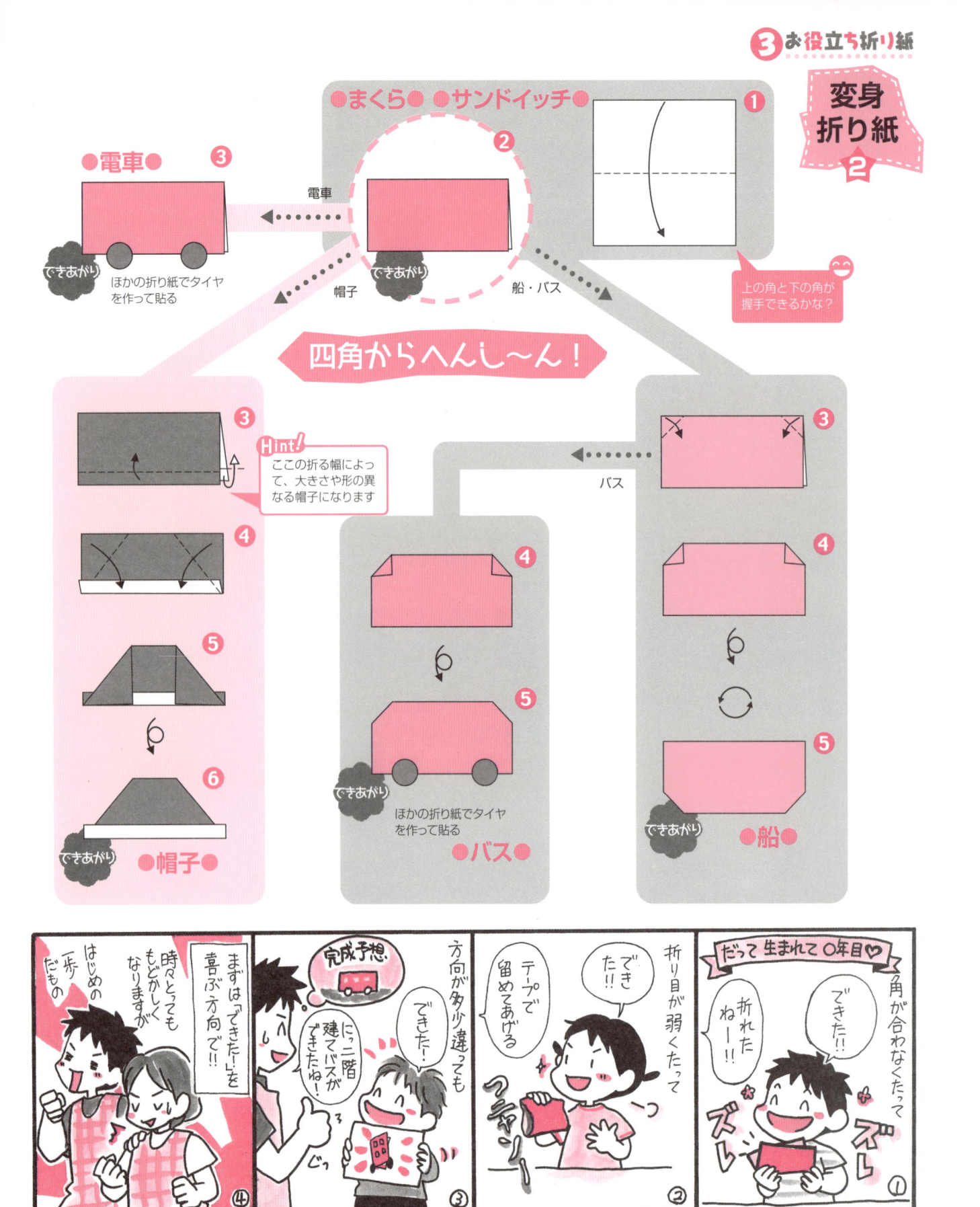

変身折り紙 2

●まくら● ●サンドイッチ●

① 上の角と下の角が握手できるかな？

② できあがり　船・バス

電車 →

●電車● ③ できあがり　ほかの折り紙でタイヤを作って貼る

帽子 →

四角からへんし〜ん！

③ Hint! ここの折る幅によって、大きさや形の異なる帽子になります

④

⑤

⑥ できあがり ●帽子●

③ バス →

④

⑤ できあがり ほかの折り紙でタイヤを作って貼る ●バス●

③

④

⑤ できあがり ●船●

【マンガ】

① だって 生まれて〇年目♡
「できた!!」「折れたねー!!」角が合わなくてもズレズレ

② 折り目が弱くたって「できた!!」テープで留めてあげる

③ 方向が多少違っても「できた!」にっ二階建てバスができたね！完成予想 じっ

④ はじめの一歩だもの 時々とってももどかしくなりますが まずは「できたー!」を喜ぶ方向で!!

折り筋線 ——　裏返す　向きを変える　指を入れて広げる　引き出す・引っぱる　差し込む　押しつぶす

変身折り紙 3 伝承

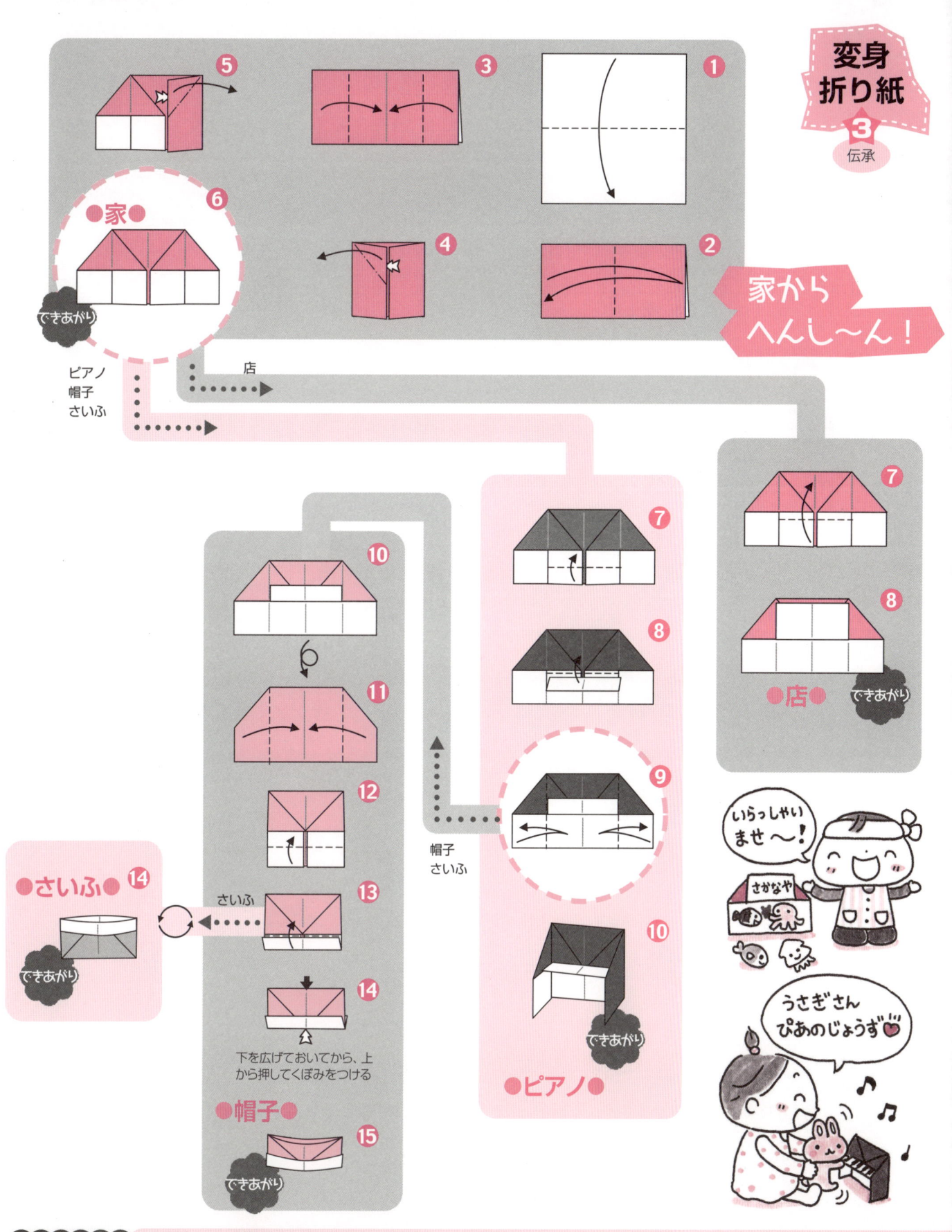

家からへんし～ん！

① ② ③ ④ ⑤ ⑥ ●家● できあがり

ピアノ
帽子
さいふ

店

⑦ ⑧ ●店● できあがり

⑦ ⑧ ⑨ ⑩ ●ピアノ● できあがり

帽子
さいふ

⑩ ⑪ ⑫ ⑬ ⑭ ⑮ ●帽子● できあがり

下を広げておいてから、上から押してくぼみをつける

さいふ

●さいふ● ⑭ できあがり

「いらっしゃいませ～！」
さかなや

「うさぎさん ぴあのじょうず」

折り方と記号　谷折り線 --------　前へ折る　⌒　山折り線 -----　後ろへ折る　⌒　折り筋をつける　⌒

3 お役立ち折り紙

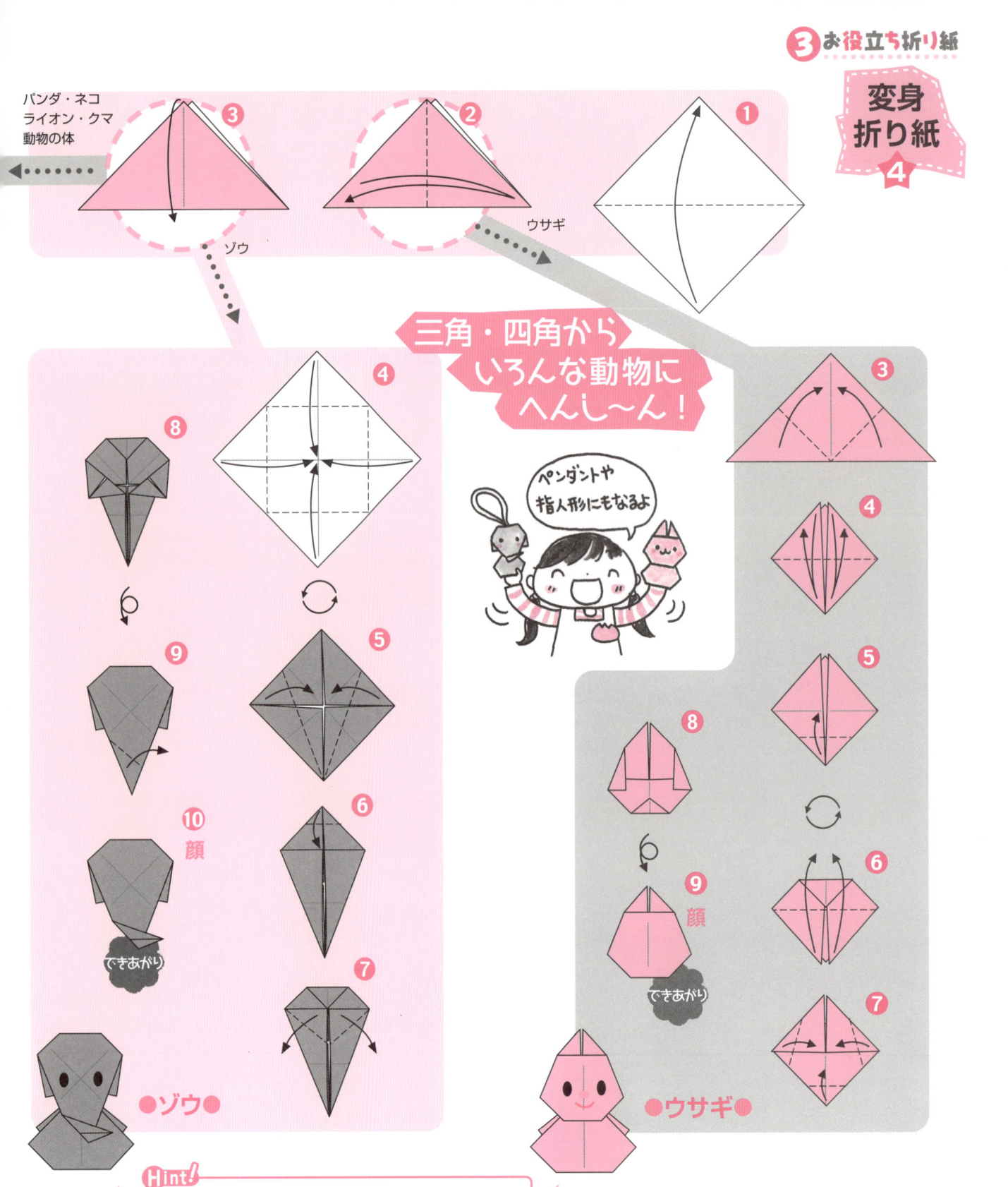

変身折り紙 4

パンダ・ネコ
ライオン・クマ
動物の体

三角・四角から
いろんな動物に
へんし〜ん！

ペンダントや
指人形にもなるよ

●ゾウ●

●ウサギ●

Hint! それぞれの顔と左ページの体を貼り合わせましょう。目や鼻などを貼り付けたり、描いたりすると完成です

折り筋線　　　裏返す　　　向きを変える　　　指を入れて広げる　　　引き出す・引っぱる　　　差し込む　　　押しつぶす

84

●パンダ●　●クマ●　●ネコ●　●ライオン●

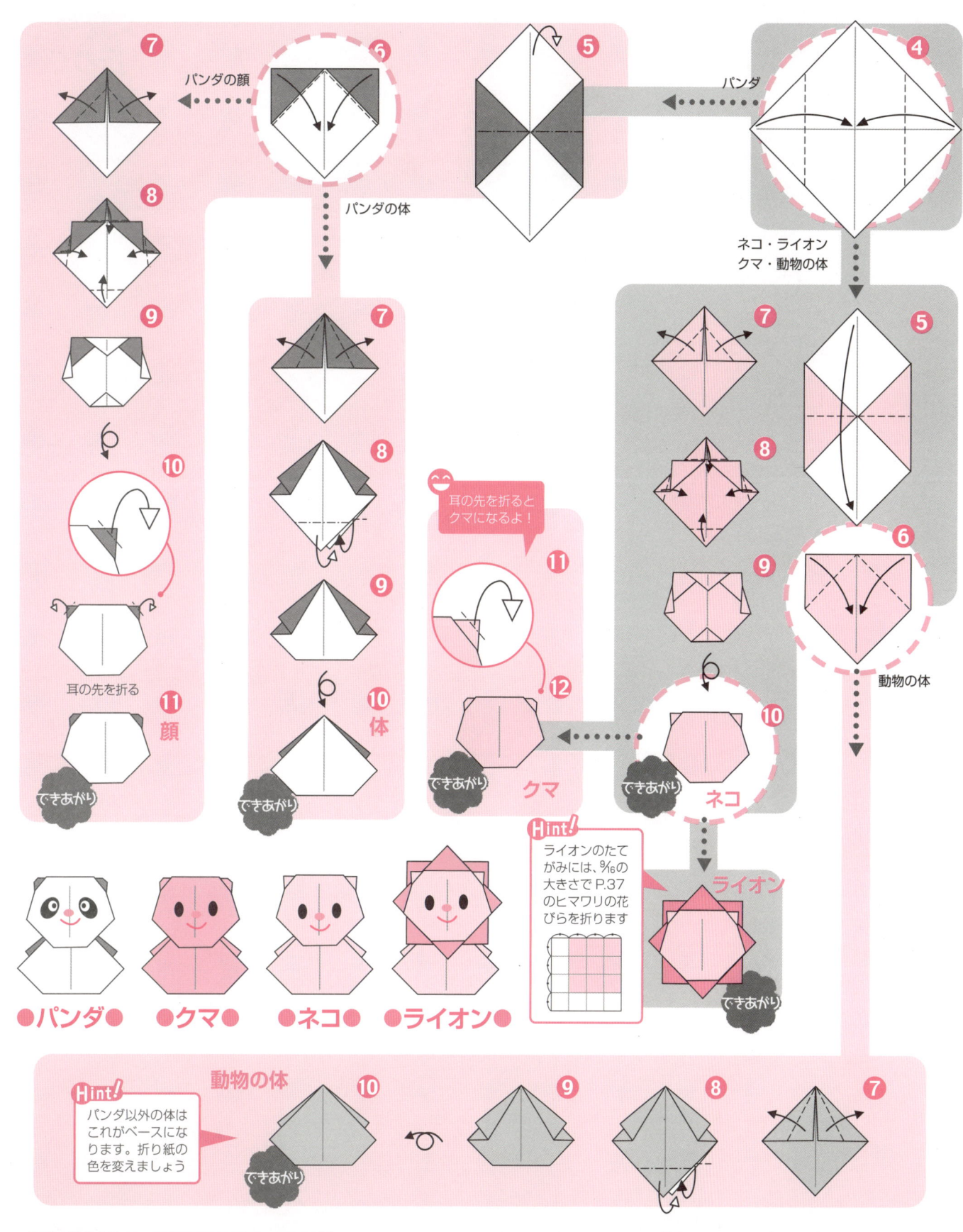

耳の先を折るとクマになるよ！

ライオンのたてがみには、9/16の大きさでP.37のヒマワリの花びらを折ります

動物の体

パンダ以外の体はこれがベースになります。折り紙の色を変えましょう

折り方と記号　谷折り線 ──── 前へ折る　山折り線 ──── 後ろへ折る　折り筋をつける

3 お役立ち折り紙

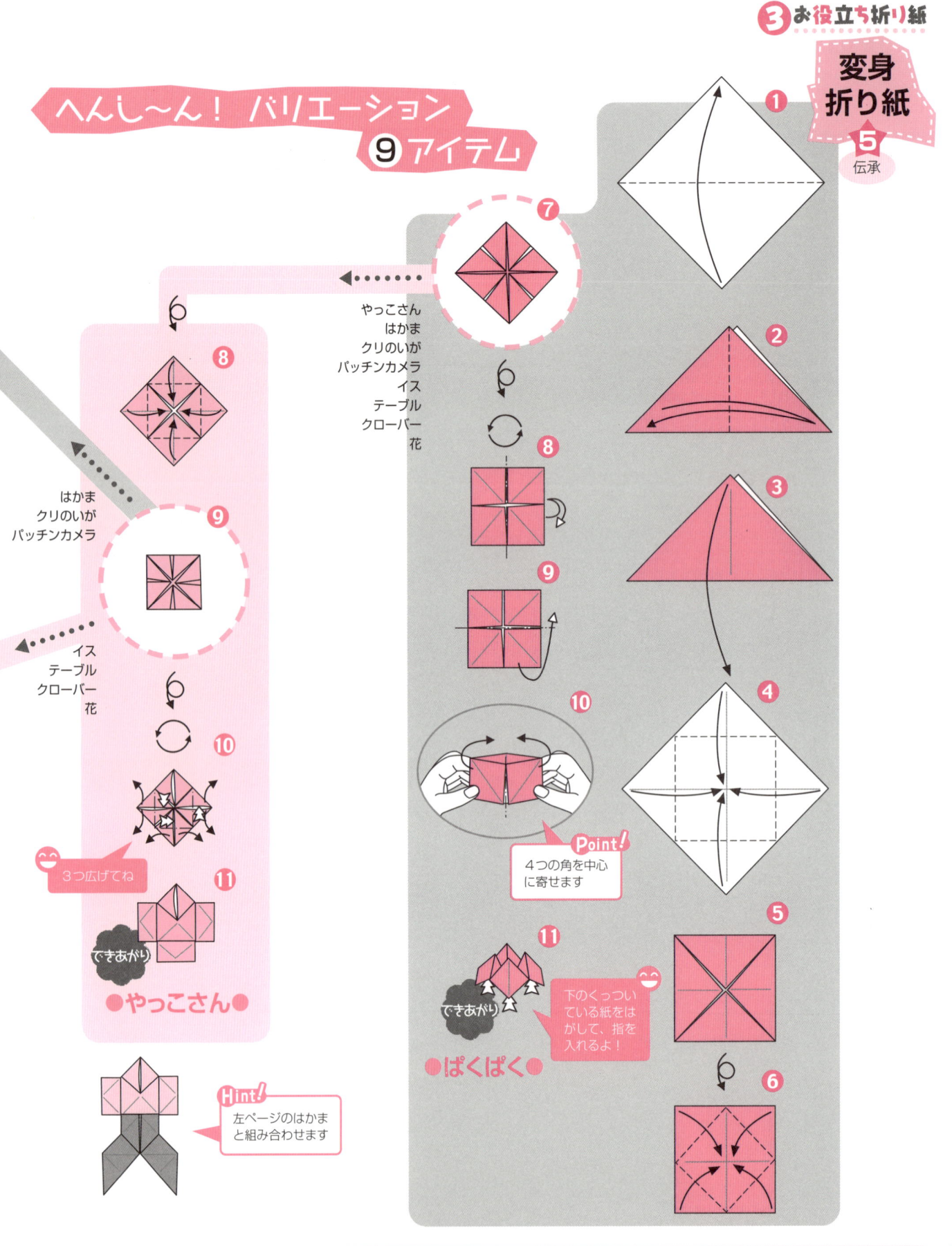

変身折り紙 5 伝承

へんし〜ん！バリエーション 9アイテム

やっこさん
はかま
クリのいが
パッチンカメラ
イス
テーブル
クローバー
花

はかま
クリのいが
パッチンカメラ

イス
テーブル
クローバー
花

3つ広げてね

できあがり
●やっこさん●

できあがり
●ぱくぱく●

Point! 4つの角を中心に寄せます

下のくっついている紙をはがして、指を入れるよ！

Hint! 左ページのはかまと組み合わせます

折り筋線 ——— 裏返す 向きを変える 指を入れて広げる 引き出す・引っぱる 差し込む 押しつぶす

86

●パッチンカメラ●

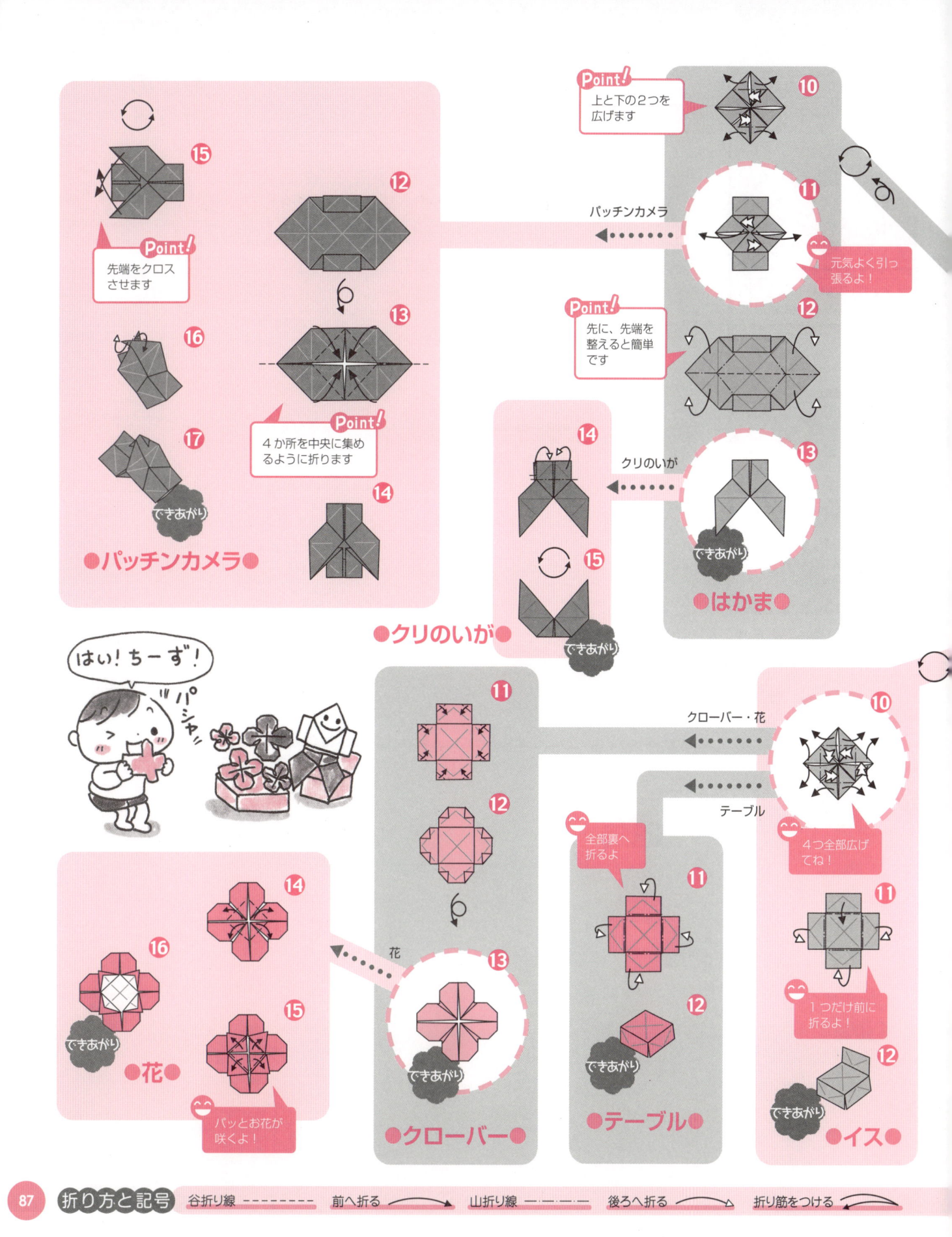

⑮ Point! 先端をクロスさせます

⑯

⑰ できあがり

●はかま●

⑩ Point! 上と下の2つを広げます

⑪ 元気よく引っ張るよ！

⑫ Point! 先に、先端を整えると簡単です

⑬ できあがり

パッチンカメラ ←……

⑫

⑬ Point! 4か所を中央に集めるように折ります

⑭

●クリのいが●

⑭

⑮ できあがり

クリのいが ←……

●花●

⑭

⑯ できあがり

⑮ パッとお花が咲くよ！

●クローバー●

⑪

⑫

⑬ できあがり

クローバー・花 ←……

●テーブル●

⑪ 全部裏へ折るよ

⑫ できあがり

テーブル ←……

●イス●

⑩ 4つ全部広げてね！

⑪ 1つだけ前に折るよ

⑫ できあがり

はい！ちーず！　パシャ

折り方と記号　谷折り線 ------　前へ折る　山折り線 — — —　後ろへ折る　折り筋をつける

3 お役立ち折り紙

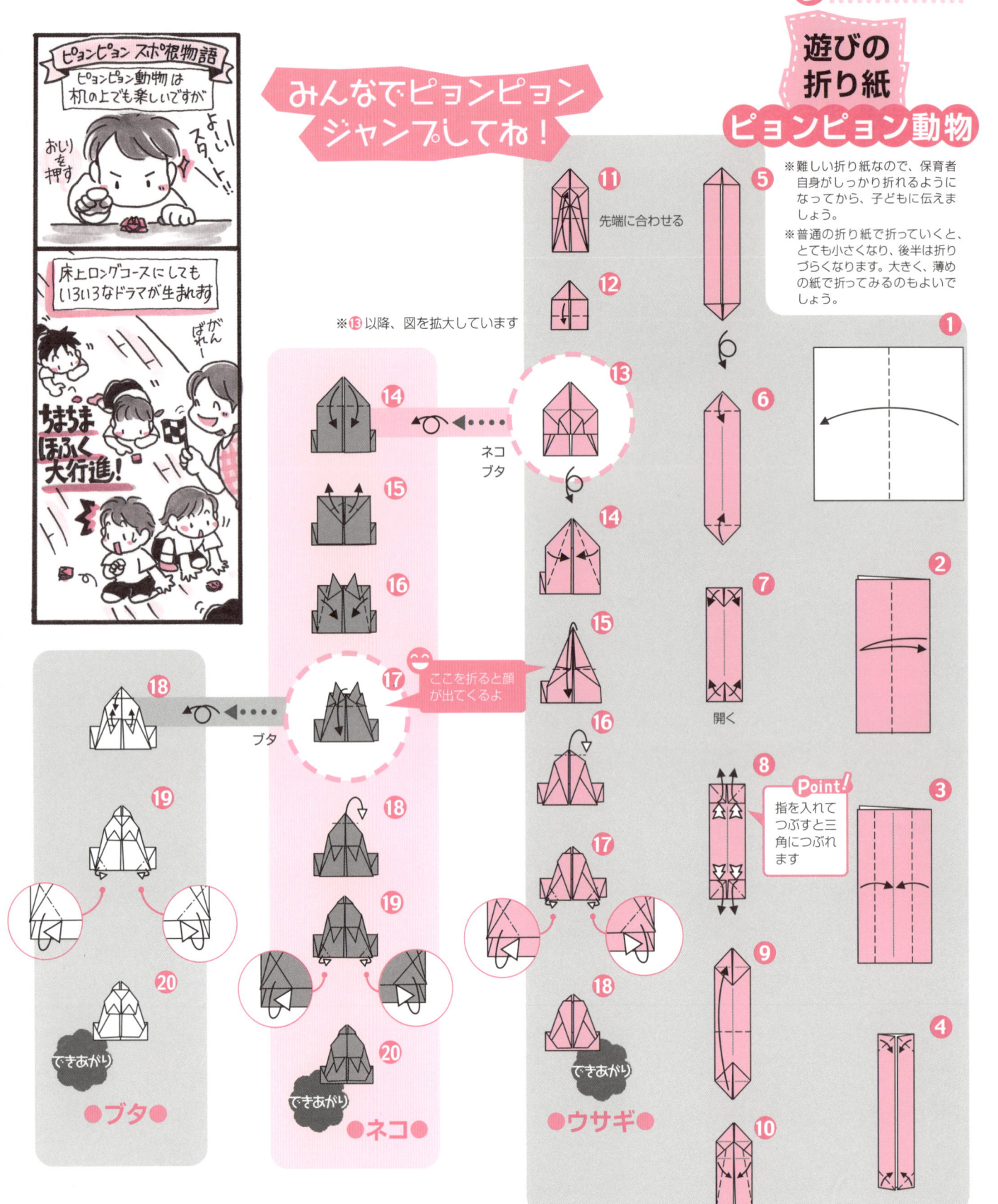

遊びの折り紙
ピョンピョン動物

※難しい折り紙なので、保育者自身がしっかり折れるようになってから、子どもに伝えましょう。

※普通の折り紙で折っていくと、とても小さくなり、後半は折りづらくなります。大きく、薄めの紙で折ってみるのもよいでしょう。

ピョンピョンズボラ物語
ピョンピョン動物は机の上でも楽しいですが
よーい、スタート!! おしりを押す

床上ロングコースにしてもいろいろなドラマが生まれます
がんばれー
なかまほふく大行進!

みんなでピョンピョンジャンプしてね!

⑪ 先端に合わせる
⑫
⑤
⑥
①
②
③
④
⑬ ネコ ブタ
⑭
⑮
⑯
⑦ 開く
⑧ Point! 指を入れてつぶすと三角につぶれます
⑰
⑱
⑨
⑩

※⑬以降、図を拡大しています

⑭
⑮
⑯
⑰ ここを折ると顔が出てくるよ
⑱ ブタ
⑲
⑳ できあがり ●ネコ●

⑱
⑲
⑳ できあがり ●ブタ●

できあがり ●ウサギ●

折り筋線 ──── 裏返す 向きを変える 指を入れて広げる 引き出す・引っぱる 差し込む 押しつぶす

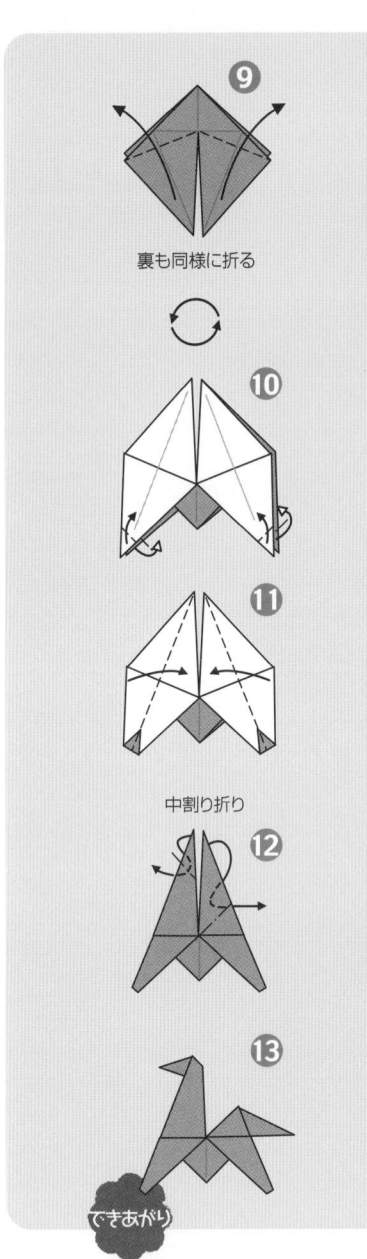

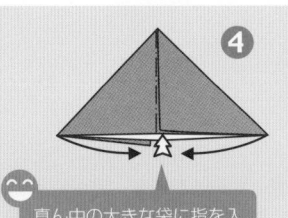

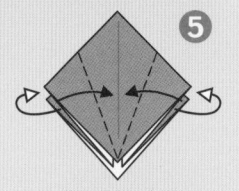

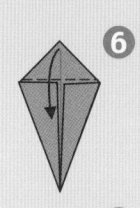

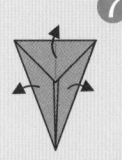

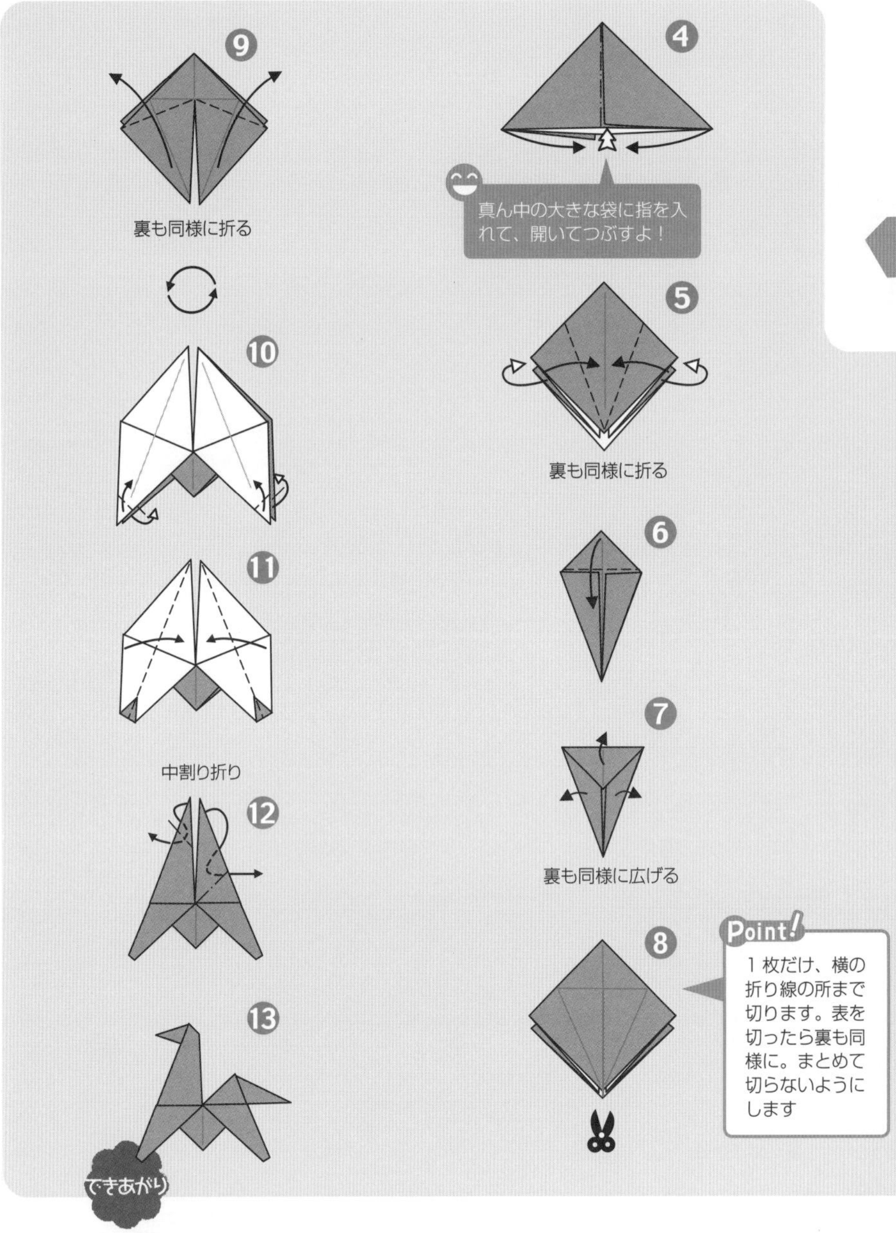

遊びの折り紙 アクロバットホース 伝承

ポンとはじくと一回転するよ！

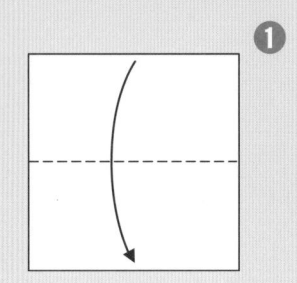

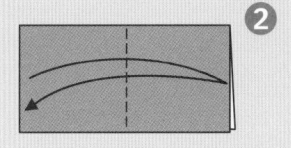

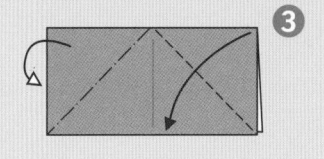

① （半分に折る）

② （半分に折る）

③ （折り筋をつける）

④ 真ん中の大きな袋に指を入れて、開いてつぶすよ！

⑤ 裏も同様に折る

⑥

⑦ 裏も同様に広げる

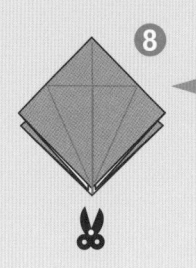

⑧ **Point!** 1枚だけ、横の折り線の所まで切ります。表を切ったら裏も同様に。まとめて切らないようにします

⑨ 裏も同様に折る

⑩

⑪ 中割り折り

⑫

⑬ できあがり

マンガ

① おしりをポン！っえい!!

② おお～！くるくるっ スタッ

③ おお！盛り上がってる盛り上がってる　パカラッ　みて～！わたしの！！　ぼくのも！！　スタッ　スタッ

折る時間、遊ぶ時間それぞれじっくりとってあげたい折り紙です

楽しみ方いろいろ♪

折り方と記号　谷折り線 -------- 　前へ折る →　　山折り線 — — —　後ろへ折る →　　折り筋をつける →

3 お役立ち折り紙

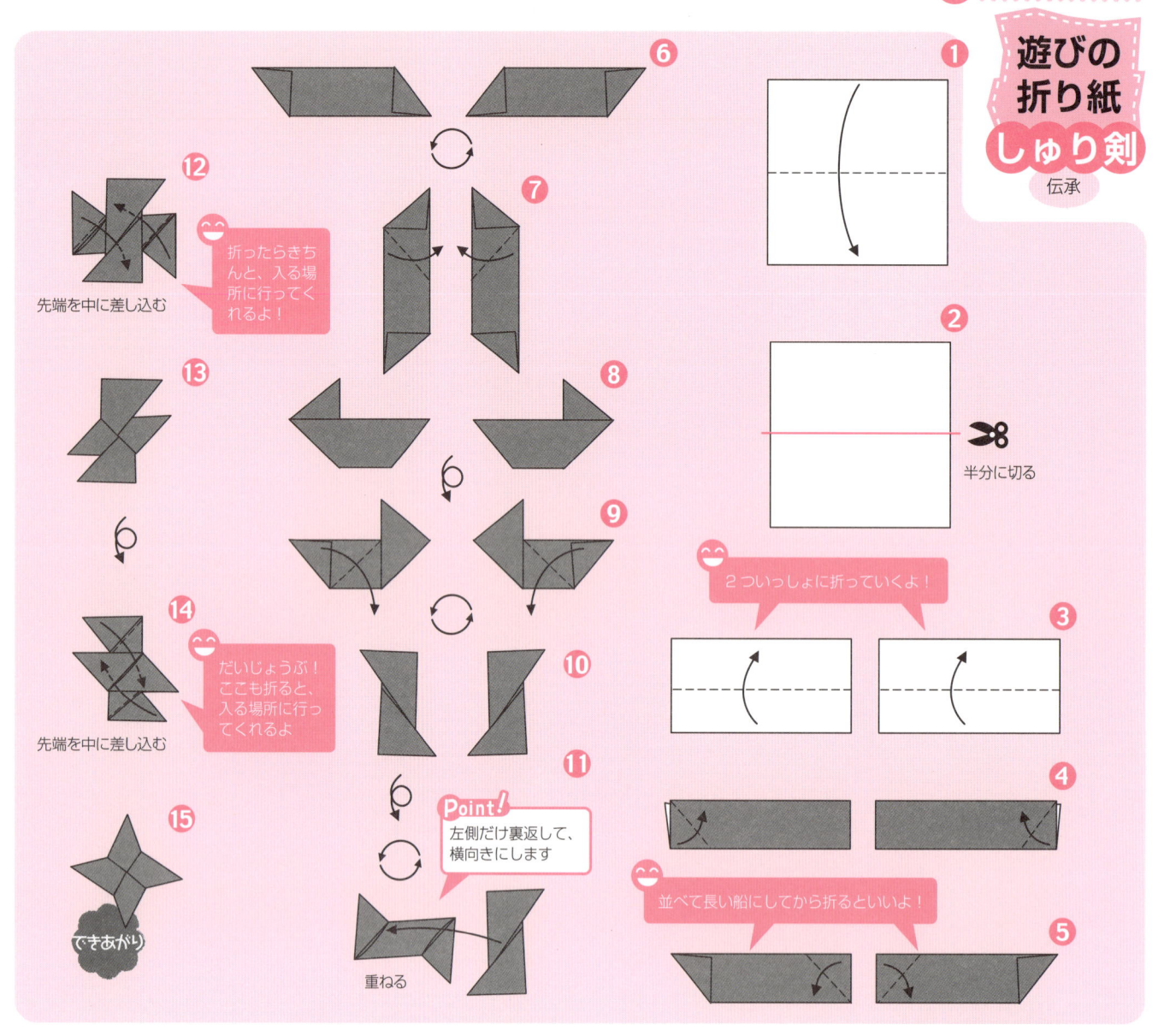

遊びの折り紙
しゅり剣
伝承

① ② 半分に切る

2ついっしょに折っていくよ！

③ ④ ⑤

並べて長い船にしてから折るといいよ！

⑥ ⑦ ⑧ ⑨ ⑩ ⑪

折ったらきちんと、入る場所に行ってくれるよ！

Point！ 左側だけ裏返して、横向きにします

重ねる

⑫ 先端を中に差し込む

⑬

⑭ 先端を中に差し込む

だいじょうぶ！ここも折ると、入る場所に行ってくれるよ

⑮ できあがり

「ちょこっと変身！」の巻

① しゅり剣を使って忍者ごっこができるなあ　ふむ　よくばり百科

② 今日は忍者になるための修業をするよ　それならいっそ折る段階も…　みんなしっかりついてきてね！

③ まずは忍者の必須アイテムを作ります！　これも修業　わぁー！

④ ちょこっと変身で楽しい時間に　いつもより集中力が…　しゅぎょう。しゅぎょう。しゅぎょう。

折り筋線　裏返す　向きを変える　指を入れて広げる　引き出す・引っぱる　差し込む　押しつぶす

遊びの折り紙
紙飛行機
伝承

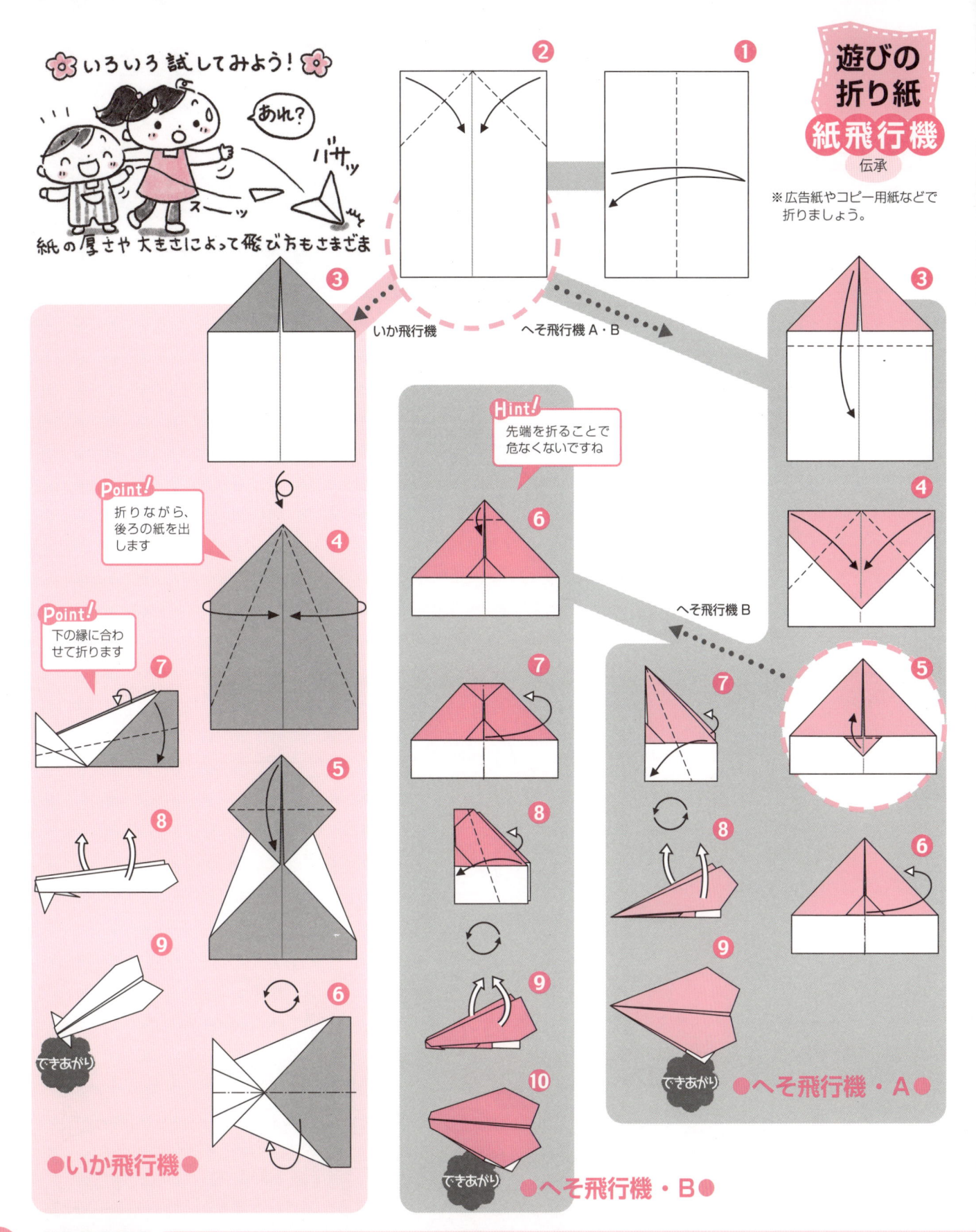

※広告紙やコピー用紙などで折りましょう。

いろいろ試してみよう！
あれ？
バサッ
スーッ
紙の厚さや大きさによって飛び方もさまざま

いか飛行機

へそ飛行機 A・B

Point! 折りながら、後ろの紙を出します

Point! 下の縁に合わせて折ります

Hint! 先端を折ることで危なくないですね

へそ飛行機 B

できあがり

● いか飛行機 ●

● へそ飛行機・B ●

● へそ飛行機・A ●

できあがり

折り方と記号　谷折り線　------　前へ折る　⌒　山折り線　— — —　後ろへ折る　⌒　折り筋をつける　⌒

3 お役立ち折り紙

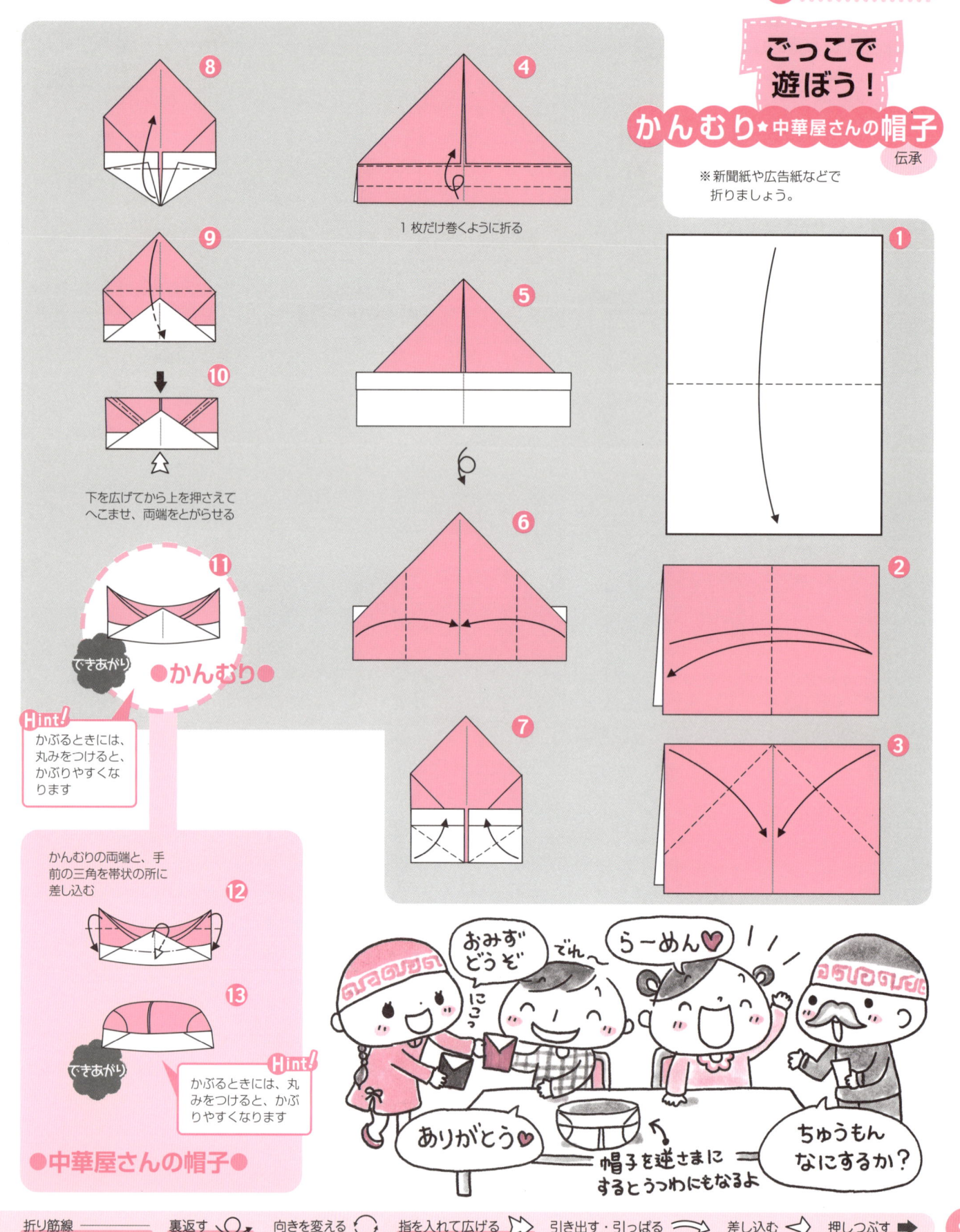

ごっこで遊ぼう！
かんむり★中華屋さんの帽子
伝承

※新聞紙や広告紙などで折りましょう。

④ 1枚だけ巻くように折る

⑩ 下を広げてから上を押さえてへこませ、両端をとがらせる

⑪ ●かんむり● できあがり

Hint! かぶるときには、丸みをつけると、かぶりやすくなります

⑫ かんむりの両端と、手前の三角を帯状の所に差し込む

⑬ できあがり

Hint! かぶるときには、丸みをつけると、かぶりやすくなります

●中華屋さんの帽子●

「おみずどうぞ」「でれ〜」「にこっ」「らーめん♥」「ありがとう♥」「ちゅうもんなにするか？」

帽子を逆さまにするとうつわにもなるよ

折り筋線 ──　裏返す　向きを変える　指を入れて広げる　引き出す・引っぱる　差し込む　押しつぶす

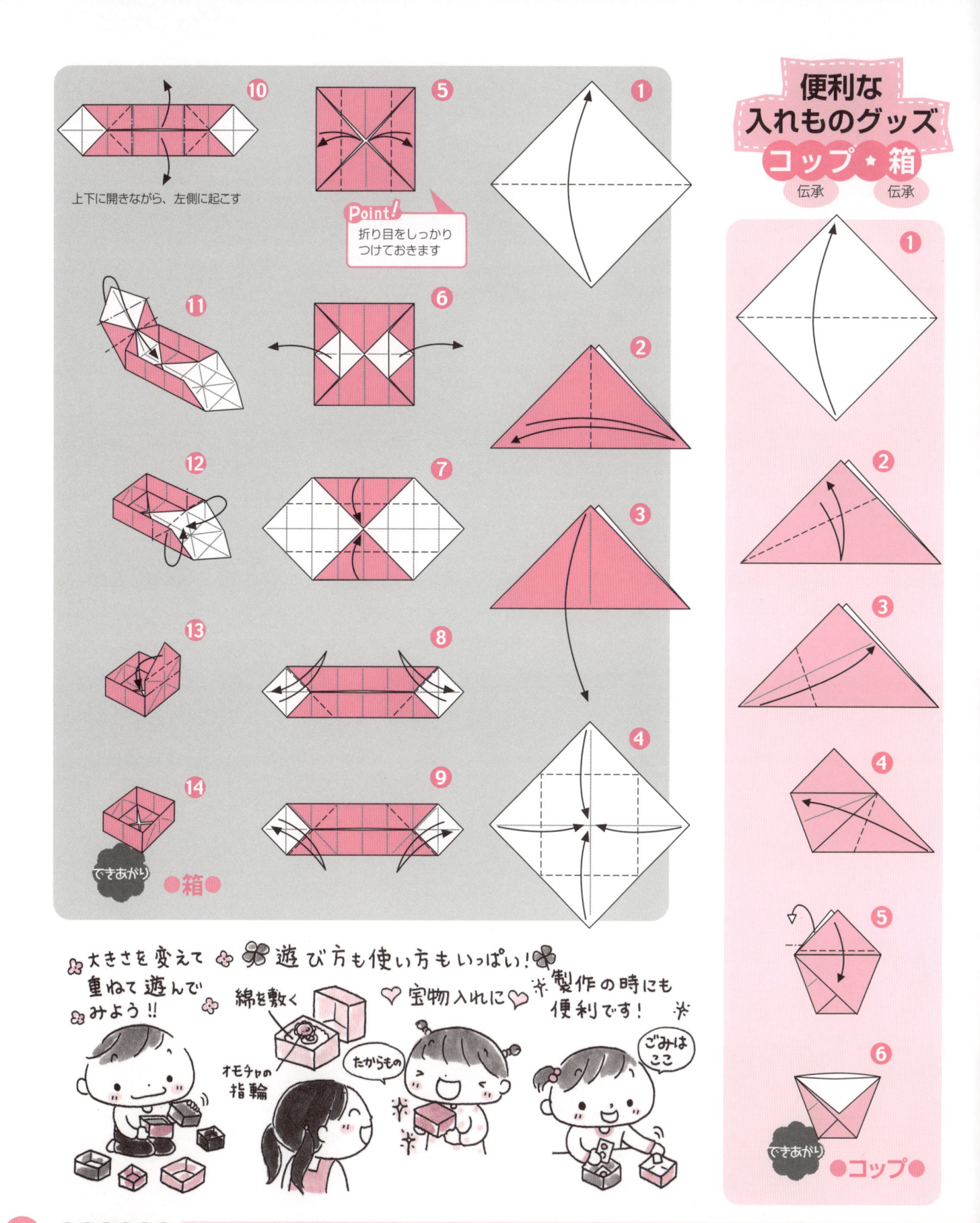

便利な入れものグッズ
コップ ★ 箱
伝承　　伝承

●箱●

Point！ 折り目をしっかりつけておきます

⑩ 上下に開きながら、左側に起こす

⑭ できあがり

大きさを変えて重ねて遊んでみよう!!
遊び方も使い方もいっぱい！
綿を敷く／オモチャの指輪
たからもの／宝物入れに
製作の時にも便利です！
ごみはここ

●コップ●
⑥ できあがり

折り方と記号　　谷折り線 -------　前へ折る　　山折り線 ─ ─ ─　後ろへ折る　　折り筋をつける

❸ お役立ち折り紙

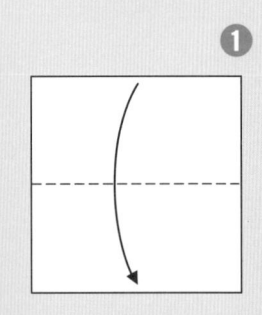

便利な入れものグッズ
三方
伝承

⑪ 2つの三角を左右に開いて長方形を作る

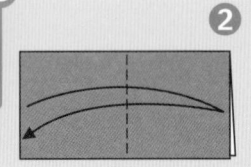

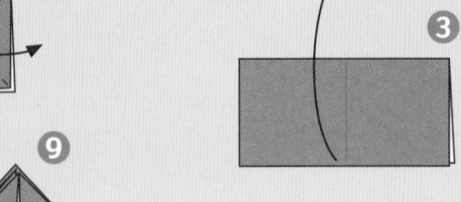

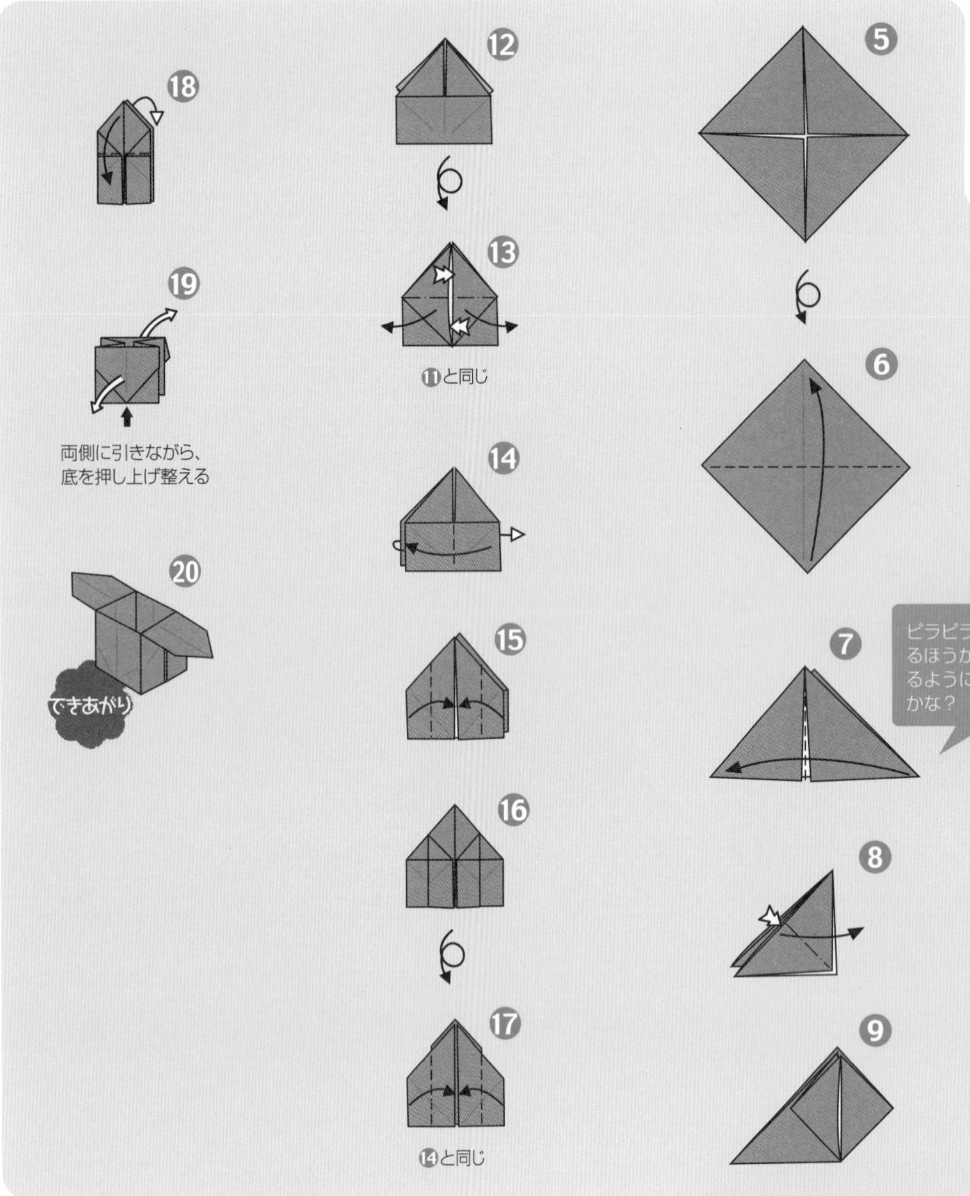

⑲ 両側に引きながら、底を押し上げ整える

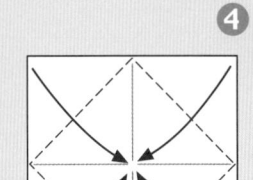

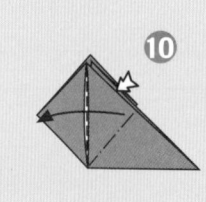

⑳ できあがり

ピラピラしているほうが出ているように折れたかな?

⑬ ⑪と同じ

⑰ ⑭と同じ

たっくんは3歳だからお豆は3つね

節分にぴったり

うん♡

✧動物にも変身!✧

折り筋線　　裏返す　向きを変える　指を入れて広げる　引き出す・引っぱる　差し込む　押しつぶす

94

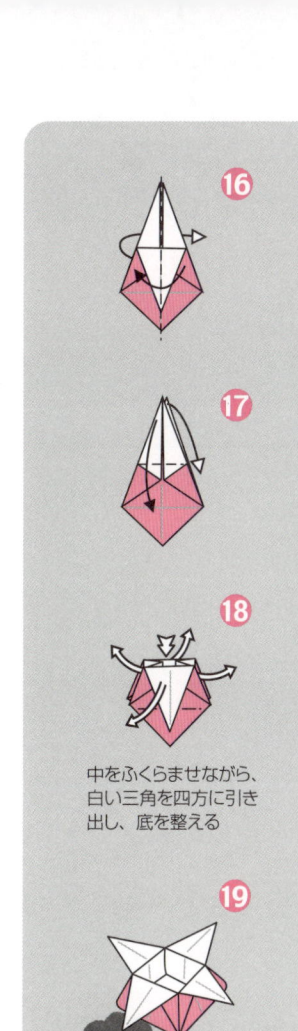

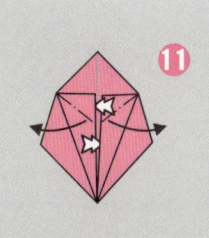

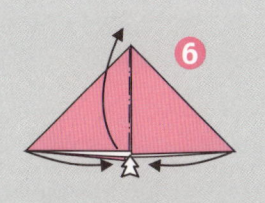

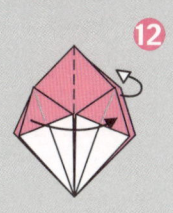

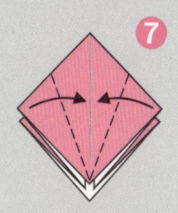

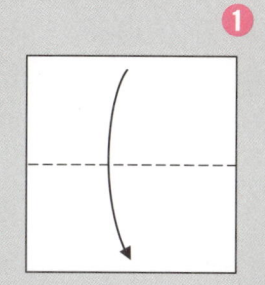

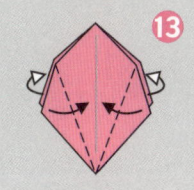

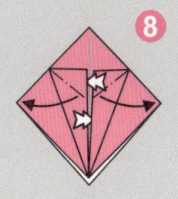

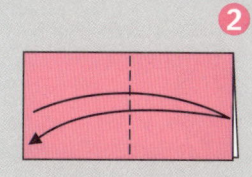

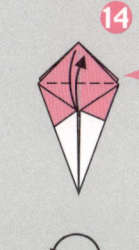

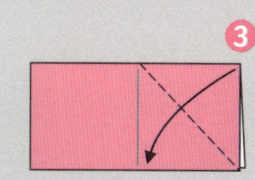

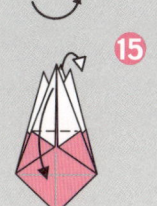

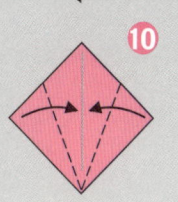

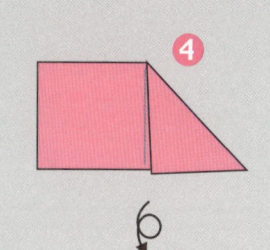

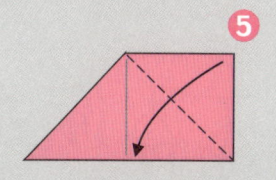

便利な入れものグッズ
つのこう箱
伝承

18 中をふくらませながら、白い三角を四方に引き出し、底を整える

14 Point! 後ろへも同じように折って、折り目をつけておきます

19 できあがり

かわいい箱は 使い方いっぱい

小物を入れよう
↑ 輪ゴム　↑ おはじき

ひなまつりには あられを入れよう
おいしい？
うん！

黄色い折り紙を丸めて入れるとスイセンみたいに。立体壁面に使おう！

95　折り方と記号　谷折り線 --------　前へ折る　⌒　山折り線 -- -- --　後ろへ折る　⌒▷　折り筋をつける　⌒

3 お役立ち折り紙

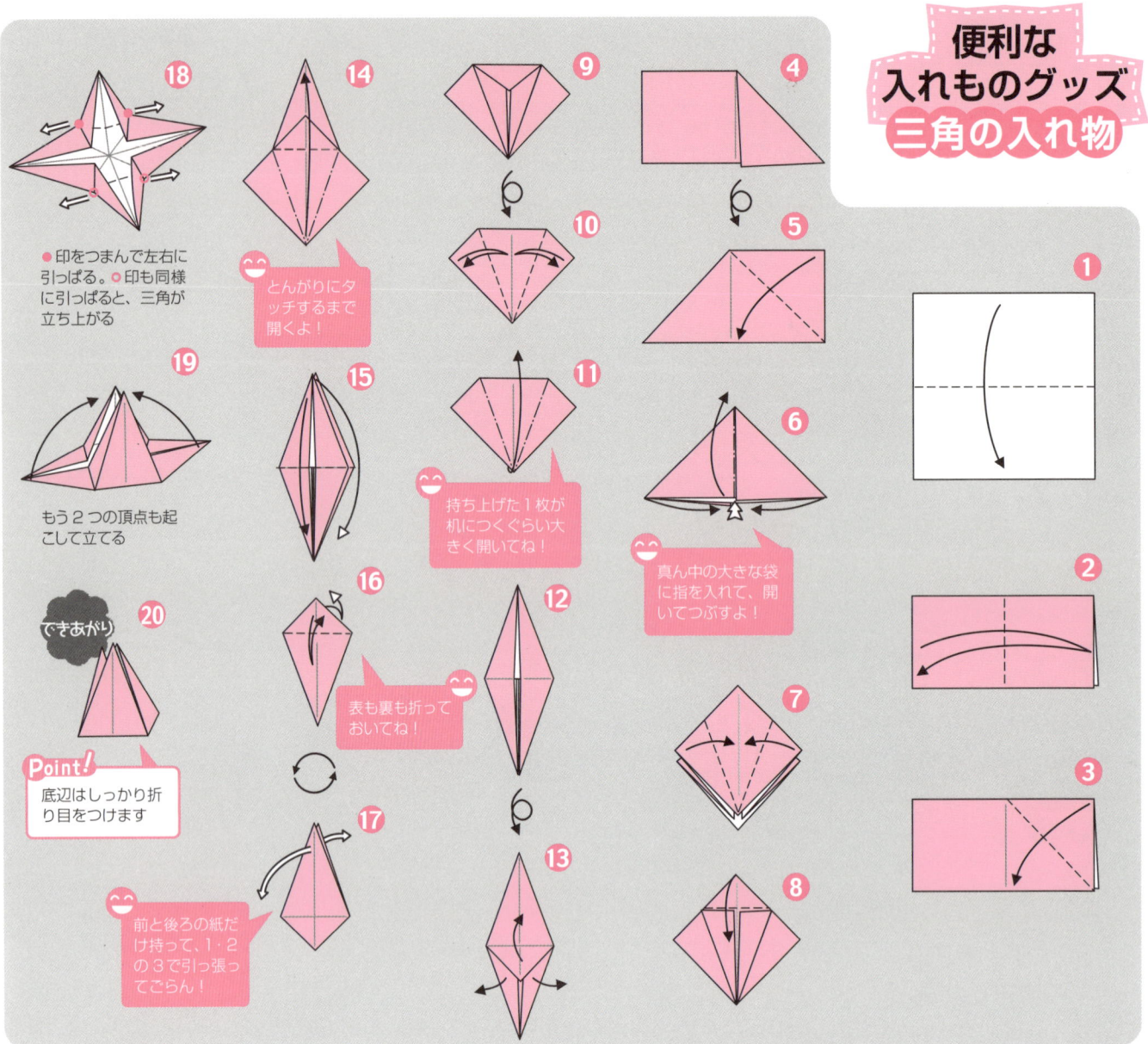

便利な入れものグッズ
三角の入れ物

18 ●印をつまんで左右に引っぱる。○印も同様に引っぱると、三角が立ち上がる

14 とんがりにタッチするまで開くよ！

9

4

5

1

19 もう2つの頂点も起こして立てる

15

10

11 持ち上げた1枚が机につくぐらい大きく開いてね！

6 真ん中の大きな袋に指を入れて、開いてつぶすよ！

2

20 できあがり

16 表も裏も折っておいてね！

12

7

3

Point! 底辺はしっかり折り目をつけます

17 前と後ろの紙だけ持って、1・2の3で引っ張ってごらん！

13

8

ちょうちん　夏祭りなどなど　トレーシングペーパー

風りん　サイズもいろいろ作ってみてね！

七夕かざり　キラキラの紙を使ってもgood!

お役立ちがいっぱい！

ツリー・オーナメント　四面サンタ

おみやげ　くるっとひと結び

折り筋線　　　裏返す　　向きを変える　　指を入れて広げる　　引き出す・引っぱる　　差し込む　　押しつぶす

96

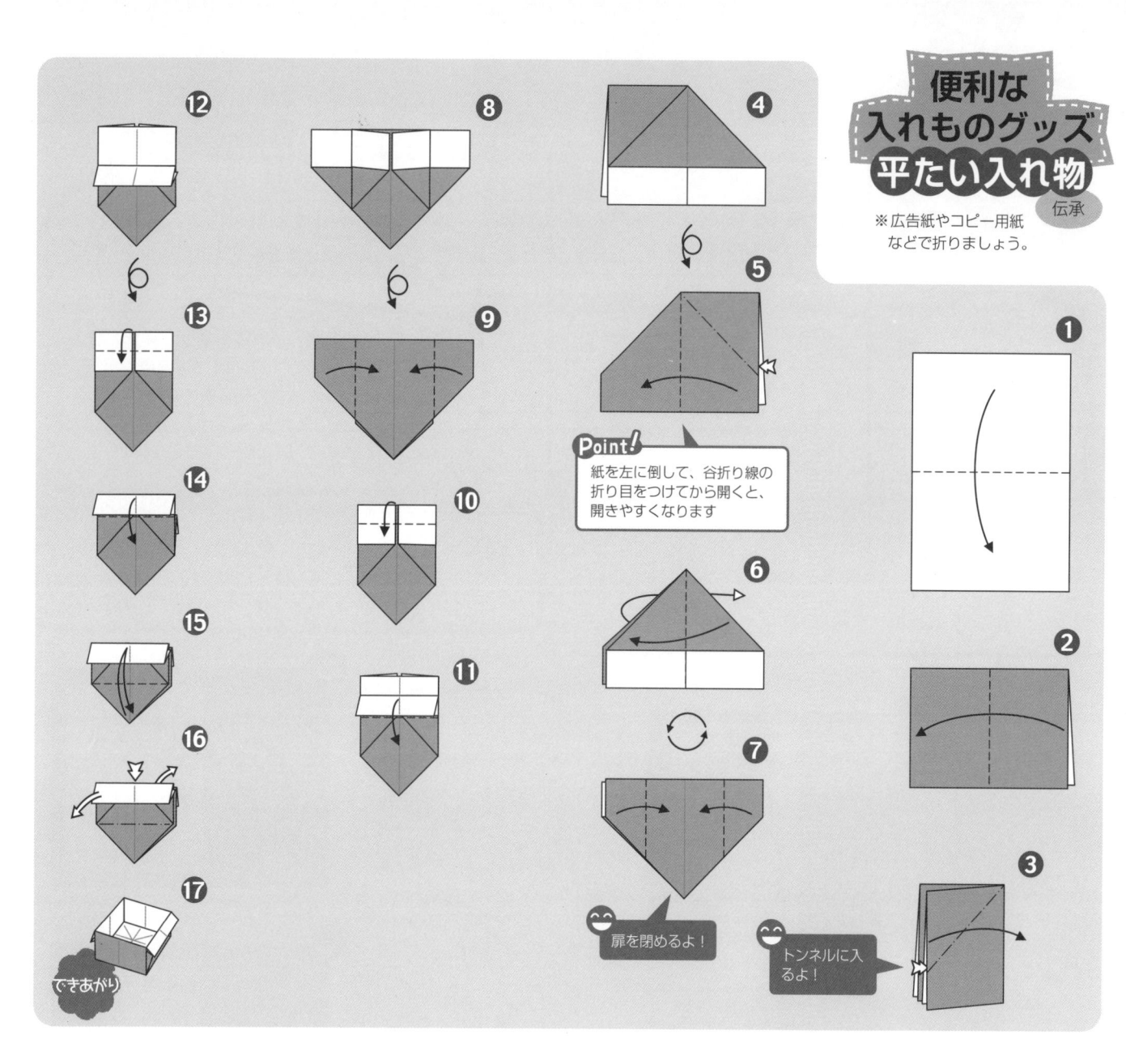

便利な入れものグッズ
平たい入れ物 伝承

※広告紙やコピー用紙などで折りましょう。

Point! 紙を左に倒して、谷折り線の折り目をつけてから開くと、開きやすくなります

扉を閉めるよ！

トンネルに入るよ！

折り方と記号　谷折り線 --------　前へ折る　　山折り線 — — —　後ろへ折る　　折り筋をつける

④ 折り紙スキルアップ術

折り紙が楽しくなるとっておきの術を紹介します。毎日の保育がさらに楽しくなりますように。

スキルアップ術 その1

折り紙が楽しくなる!! ことばがけ＆折り図記号

折り方を教えるのは、案外難しいですよね。子どもがイメージしやすい言葉に変えることがポイントです。本書で使っている記号とともに、子どもへのことばがけの例を紹介します。

1コマ目：サンドイッチにするよ！パンを折って半分にします。
2コマ目：だ〜か〜ら〜 こう折るの!!　なかなか伝わらないこんな時は…
3コマ目：サンドイッチできたよ！　中身こぼれない？　ちょっと言い方を変えたら楽しく分かりやすくなりますよ〜！

記号 山折り線 ─‧─‧─ 後ろへ折る →
表から見た状態で後ろ（裏側）へ折る

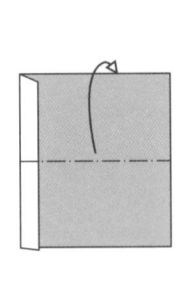

- 折り紙体操！後ろへ向かって1・2・3！
  「後ろにそらす運動」いち・に・さん
- 後ろへかくれんぼ！
  かくれろ〜！

Point!
山折りを、裏返して折ると谷折りです。折りにくいときは、一度裏返して、谷折りをしてから表を向けてもいいですね。

記号 谷折り線 ------- 前へ折る →
矢印の方向に折る

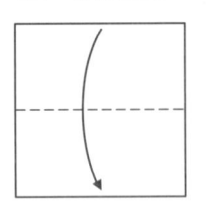

●下へ折るとき●
- 折り紙が「こんにちは！」って、ごあいさつしているよ！
  こんにちは　ペコリ

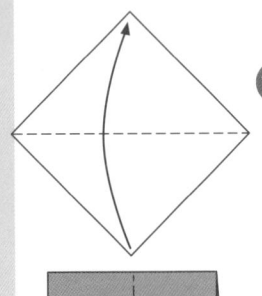

●上や横へ折るとき●
- 向こうの角へタッチ！
  ヘイタッチ！

- 反対側へジャンプ！
  ジャーンプ

記号 裏返す

現在、表になっている面を裏にする

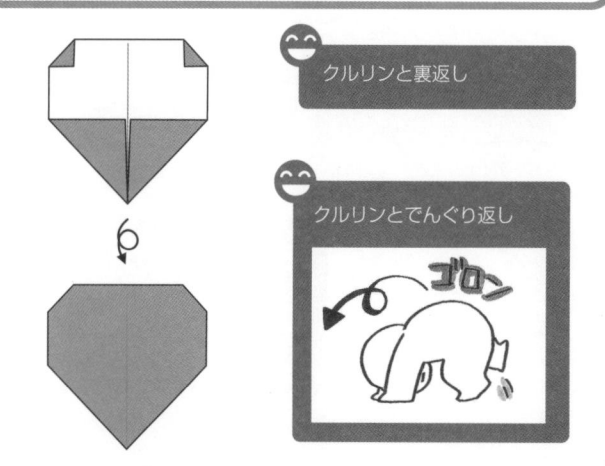

クルリンと裏返し

クルリンとでんぐり返し

Point!
時に、◯ ↻ のように2つの記号が同時に出てくることがありますが、どちらが先でもかまいません。子どもたちには、裏返してから方向を変えたほうが混乱せずにやりやすいでしょう。

中割り折り

二重になっている紙の間を割って折る

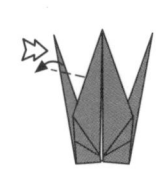

紙の間に指を入れて「こんにちは」って折ってね

紙の間に指を入れて、上に折るよ

Point!
はじめに表と裏に折り筋をつけてから、押すように折ると簡単です。
高度な技術なので、子どもができないときは無理強いをせず、保育者が手伝ってあげましょう。

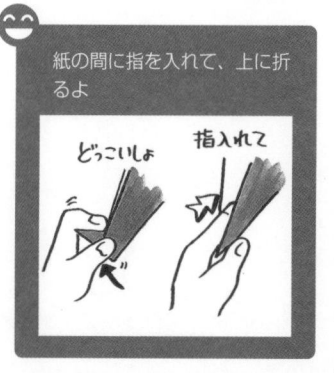

記号 折り筋をつける　折り筋線

矢印の指示に従って折り、折り筋をつけて、前の状態に戻す

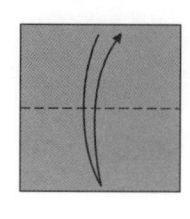

折り紙がごあいさつしたら、電車が通るよ。駅に到着したら、開いてね。

Point!
子どもたちにとって、せっかく折ったものを戻すのは不安なことかもしれません。戻したときは、「線ができているかな?」などと確認すると安心しますよ。
谷折りのときは、「ペコンとへこんだ線」山折りのときは、「ポコンと出っ張った線」というふうに、線の状態をわかりやすく伝えてみてもよいでしょう。

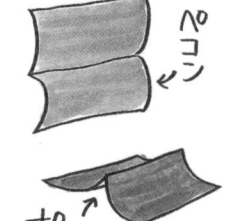

記号 向きを変える

紙の状態を上下、左右へと方向を変えて、折りやすくしたり、形の見通しをつきやすくしたりする

くるっと回して、とんがりが横にくるよ

くるっと回して、ピラピラしたところが下にくるよ

4 折り紙スキルアップ術

記号 指を入れて広げる

袋状になっているところなどを大きく開いて、次の工程へ移りやすくする

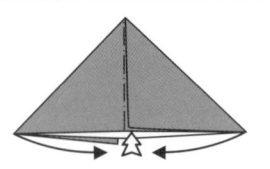

洞くつの奥には宝物があるらしいよ！のぞいてみよう

他にも…

おっ！ かいじゅうがいるぞ！

とのぞきこんでいるうちに…、あら不思議、次の工程に移っているのです。

Point!
大きく開くことで、紙が次に折る形につぶれかかってくれます。

ペタンと四角に

記号 引き出す・引っぱる

重なっている上の紙だけをつまみ、矢印の方向へ引き出す

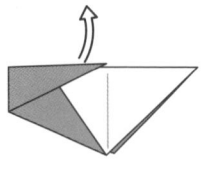

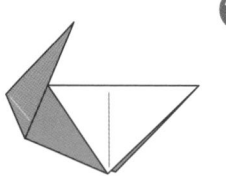

Point!
つい力が入り、下の紙ごと引っぱってしまい、動かなくなることがあります。

やさしくつまんで、連れてきてね

おいで

記号 ふくらます

穴から息を吹き込んでふくらます

穴にお口を当てて、「ふーっ」としてね

穴はどこ？

Point!
子どもたちにシャボン玉の経験があれば、「シャボン玉を吹くみたいにね」と言うと、伝わりやすいでしょう。
なかなかふくらまず、唾でベタベタに破けてしまうこともあります。その前に、保育者がやって見せてあげるといいですね。

記号 差し込む

矢印の指している方向に差し込む

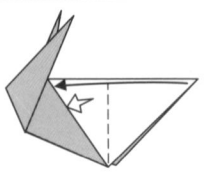

ポケットを広げて中に入れてあげてね

Point!
入れようとしている部分を指で軽くふくらませておくといいでしょう。

記号 押しつぶす

軽く指で押す

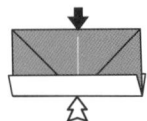

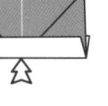

Point!
押すためには、内側から軽く開き、やや立体的にしてから押すといいでしょう。

開いて押す

ペコンと押してみよう！

100

記号 段折り	記号 巻くように折る
交互に谷折り、山折りをして階段のように折る	端から巻くように谷折りをする

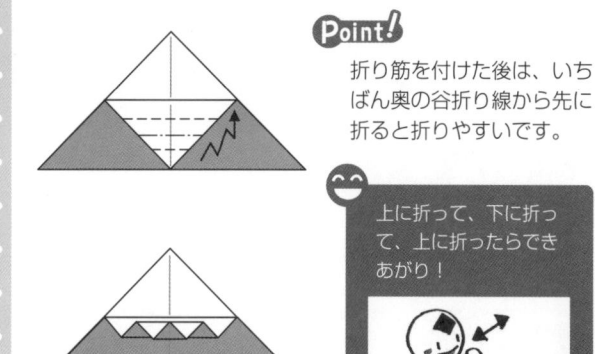

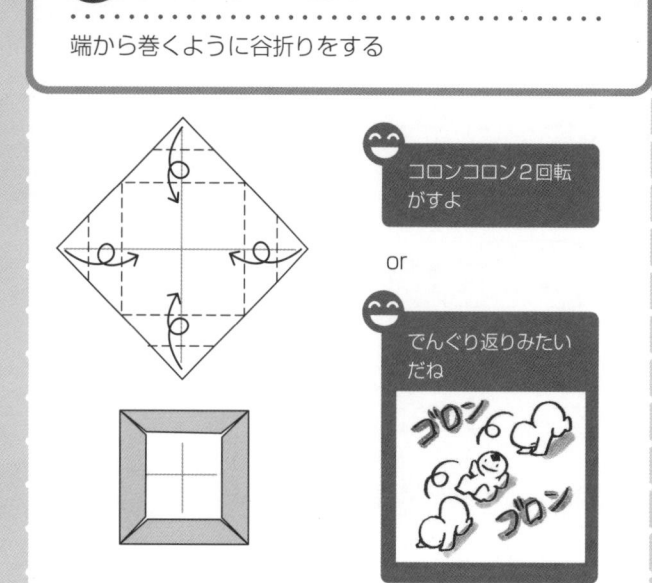

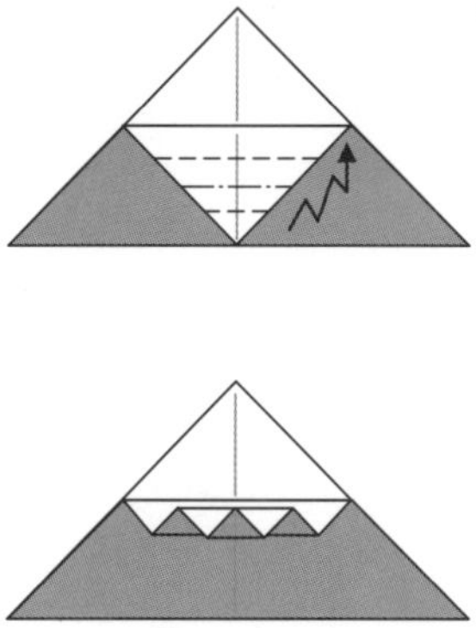

Point!
折り筋を付けた後は、いちばん奥の谷折り線から先に折ると折りやすいです。

上に折って、下に折って、上に折ったらできあがり！

コロンコロン2回転がすよ

or

でんぐり返りみたいだね

スキルアップ術その2

子どもといっしょに楽しく折るために

「きっちりなんて折れないよ！」「すぐに嫌気をさしてしまって…」など、悩みは多いですね。でも、焦らなくても、子どもは成長していきます。きっちり教えるのもOK！ ゆったり折るのもOK！ まずは、子どもといっしょに楽しみましょう。

できた！！
ズレズレでもだいじょうぶ！
「三角になったよ！」「2つ折りできたよ！」喜びは共感のしどころです！

自分も子どもも切りかえじょうずだ！
焦らずに ひとやすみ また明日チャレンジしましょ！

一番しまったと思っているのは子どもです
あらら— でもだいじょうぶだいじょうぶ セロハンテープが強い味方です！

手助けのタイミング！
あせあせ よれよれ
わからなくなると 気持ちも紙もよれよれに。ますます折りづらくなる前に助けてあげてください

のりは指先にちょっと！
つけすぎても乾かせばOK！ 待つ間に次の折り紙を楽しんでもいいですね

お助けマン
ハラリ

きっちり三角　きっちり四角
真剣集中！
せっせっせっ
ふふ
うえのさんかくだけおるの
こう？

④ 折り紙スキルアップ術

スキルアップ術 その3
保育でさらに折り紙を活用!!

保育の現場で、折り紙をもっと活用できる方法を伝授します。

折り紙そのものに変化をつけて…

- **素材をかえて!**　布／包装紙／新聞紙／オーロラ紙
- **色をかえて!**　くり→ピンクでうさぎ／赤でイチゴ→くるま
- **大小をかえて!**
  - 12cm×12cm　子どもの手にピッタリ
  - 15cm×15cm　本書で主に使用
  - 25cm×25cm　特大サイズ

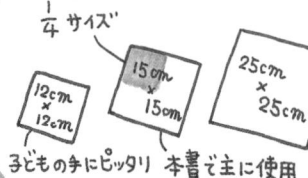

保育のいろんな場面で何通りもの使い方ができます!!

保育のさまざまな場面で…

- **自由時間に** — 子ども同士楽しみながら
- **保育参観に** — 親子でコミュニケーションをはかりながら
- **先生の出し物に** — ペープサートに!
- **作品展に** — 個人作品／クラス作品
- **運動会に** — がんばったごほうびのペンダントに 
- **プログラム作りに**  — ○○発表会／クリスマス会へようこそ　ワンポイントではなやかに!
- **発表会に** — お面にピッタリ!
- **誕生会に** — カード／かんむり／ペンダント

102

スキルアップ術 その4
壁面製作が簡単で楽しくなる!! コツ&アイデア

ちょっとしたコツ・アイデアが壁面製作を助けます。

★ 見せ方に変化をつけたいときは…
- 折り紙の大小や向きをかえる
- 同じパーツでも顔や手足の向きをかえて表情に変化を！

★ 貼ったり、はがしたりを繰り返すときは…
色画用紙を傷つけないように…
- 布ガムテープ
- セロハンテープ
- フィルムテープでしっかりカバー

★ できるだけ手間を省くために…
- ホチキス
- 手、足など同じもの左右対称のものは、まとめ切りに！

★ 簡単にかわいらしさを加えたいときは…
- 丸シール
- クラフトパンチ　作りおきして使おう！
- 色も大きさもたくさんあって便利！
- 折り紙の箱

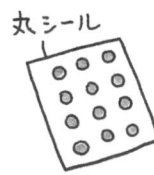

★ 壁面のボリュームを出したいときは…
- モール
- 段ボールやスチレンボード
- 色画用紙をわにする

● ポケット状のものも楽々！
- 作品を入れる

● リング状のものを活用

スキルアップ術 その5
せいさく帳がすてきに束ねられる!! アイデア

毎月できあがるのが待ち遠しくなります。

● 色画用紙を手作りで束ねてみよう!!
- リング
- カラーせいさく紙　表紙・裏表紙に使うと丈夫に！
- クラフトパンチを活用！
- ワンポイント　作品の裏　セロハンテープを貼ってからパンチで穴をあけると丈夫に！
- 表紙もすてきに！お絵描きしている写真を貼るなど

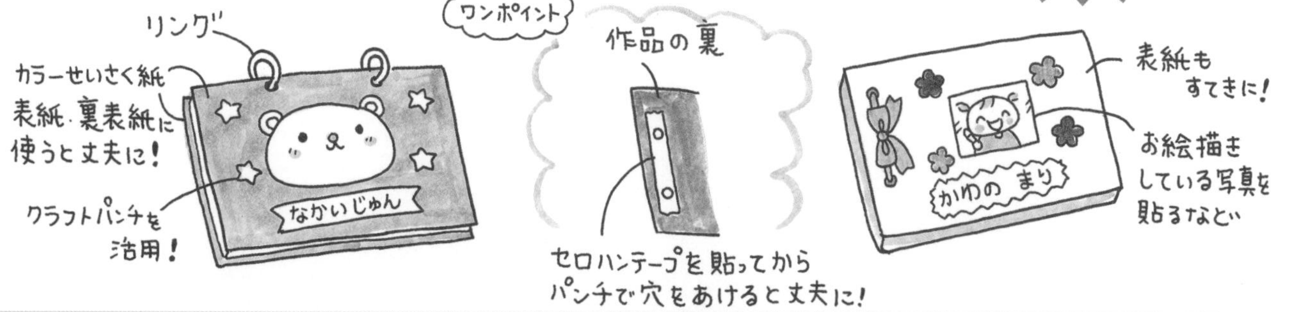

便利な型紙

①年中使える壁面（P.4〜9）、②季節の折り紙（P.10〜79）に掲載の壁面の型紙です。それぞれの園に合わせて、拡大率を調整してください。

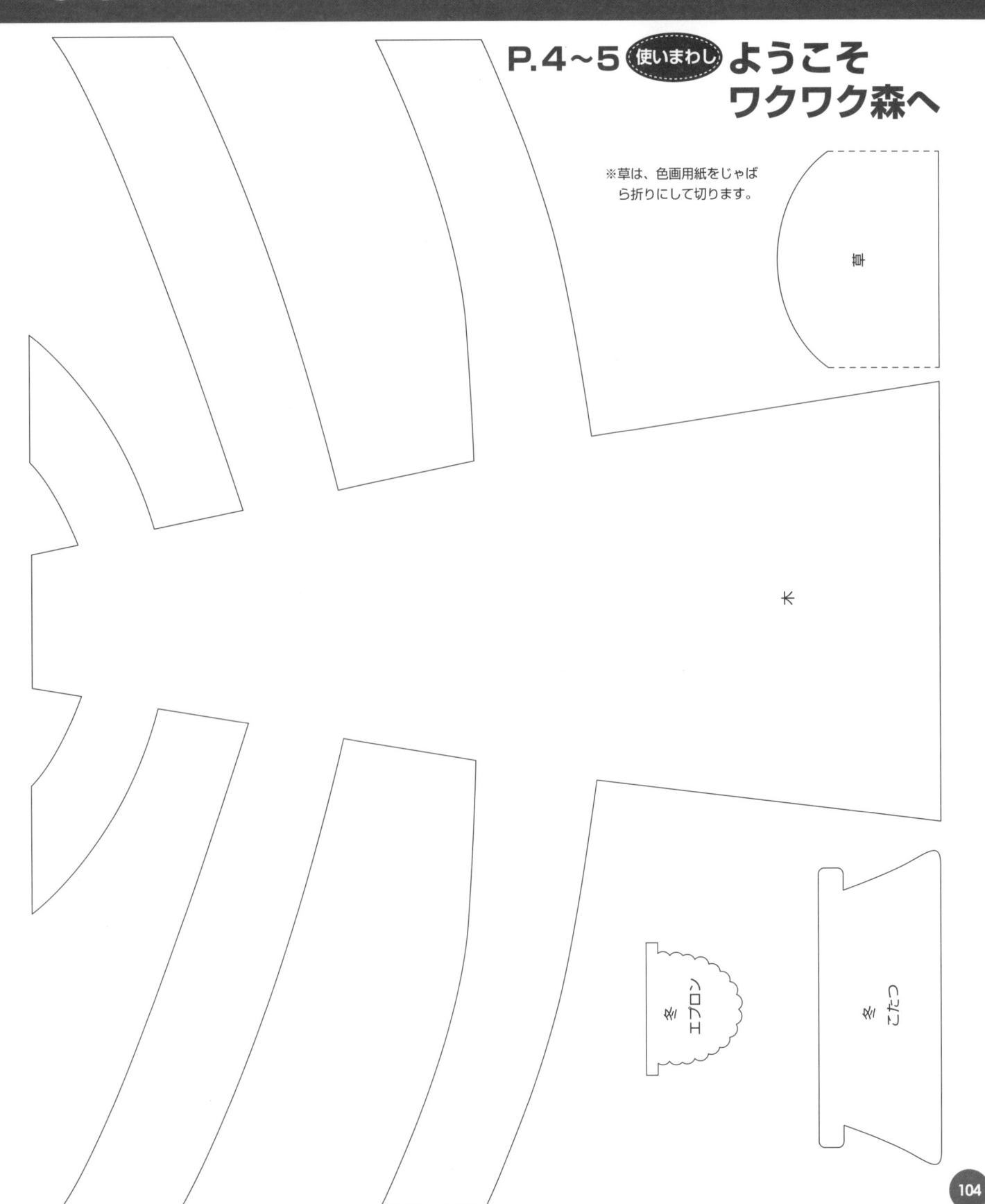

P.4〜5 使いまわし ようこそワクワク森へ

※草は、色画用紙をじゃばら折りにして切ります。

草

木

エプロン
こたつ

●本書の壁面は、約50cm×約70cmのボードに、主に15cm×15cmの折り紙を使用して製作しています。型紙は、約235%に拡大すると、掲載のような見え方になります。

P.6～7 使いまわし 大空の下で

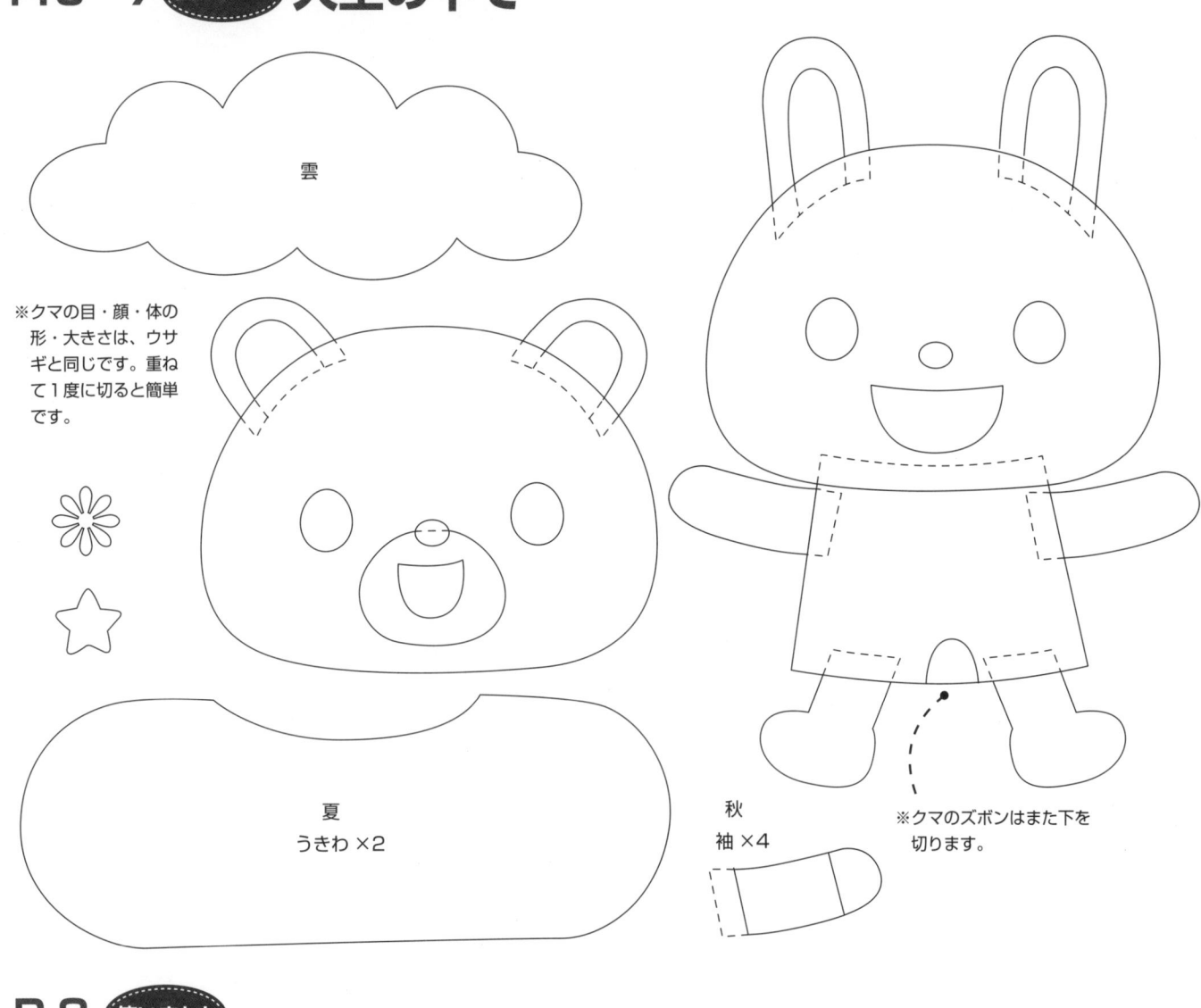

雲

※クマの目・顔・体の形・大きさは、ウサギと同じです。重ねて1度に切ると簡単です。

夏
うきわ×2

秋
袖×4

※クマのズボンはまた下を切ります。

P.8 使いまわし
ウキウキお散歩

草

秋
台車

みんなで発表会

楽譜立て

冬
帽子×2

支柱

台

雪だるまの手袋

手袋×4

長靴×4

●本書の壁面は、約50cm×約70cmのボードに、主に15cm×15cmの折り紙を使用して製作しています。型紙は、約235%に拡大すると、掲載のような見え方になります。

P.9 誕生表 12か月のHappy Birthday!

円×12

12月　ヒイラギ

7月　クジラの潮

しぶき・大

しぶき・小

P.10 4月 ニコニコ入園式

※ゾウの体の形・大きさは、ウサギと同じです。1度にまとめて切るといいでしょう。

※ゾウのズボンは、ウサギのスカートのまた下を切ります。

葉・大

※葉は、色画用紙を二つ折りにして、型紙の点線をわに合わせて切って開くと、左右対称に切れます。

葉・小

●本書の壁面は、約50cm×約70cmのボードに、主に15cm×15cmの折り紙を使用して製作しています。型紙は、約235%に拡大すると、掲載のような見え方になります。

P.12 4月 イチゴ畑へようこそ！

※ネズミの手・足・耳・体の形・大きさは、5匹とも同じです。手と足も同じ形なので、1度にまとめて切るといいでしょう。手足の動きを自由に変えてみましょう。

ネズミ×5

P.16 5月 ゆったりこいのぼり

木

山

山

●本書の壁面は、約50cm×約70cmのボードに、主に15cm×15cmの折り紙を使用して製作しています。型紙は、約235%に拡大すると、掲載のような見え方になります。

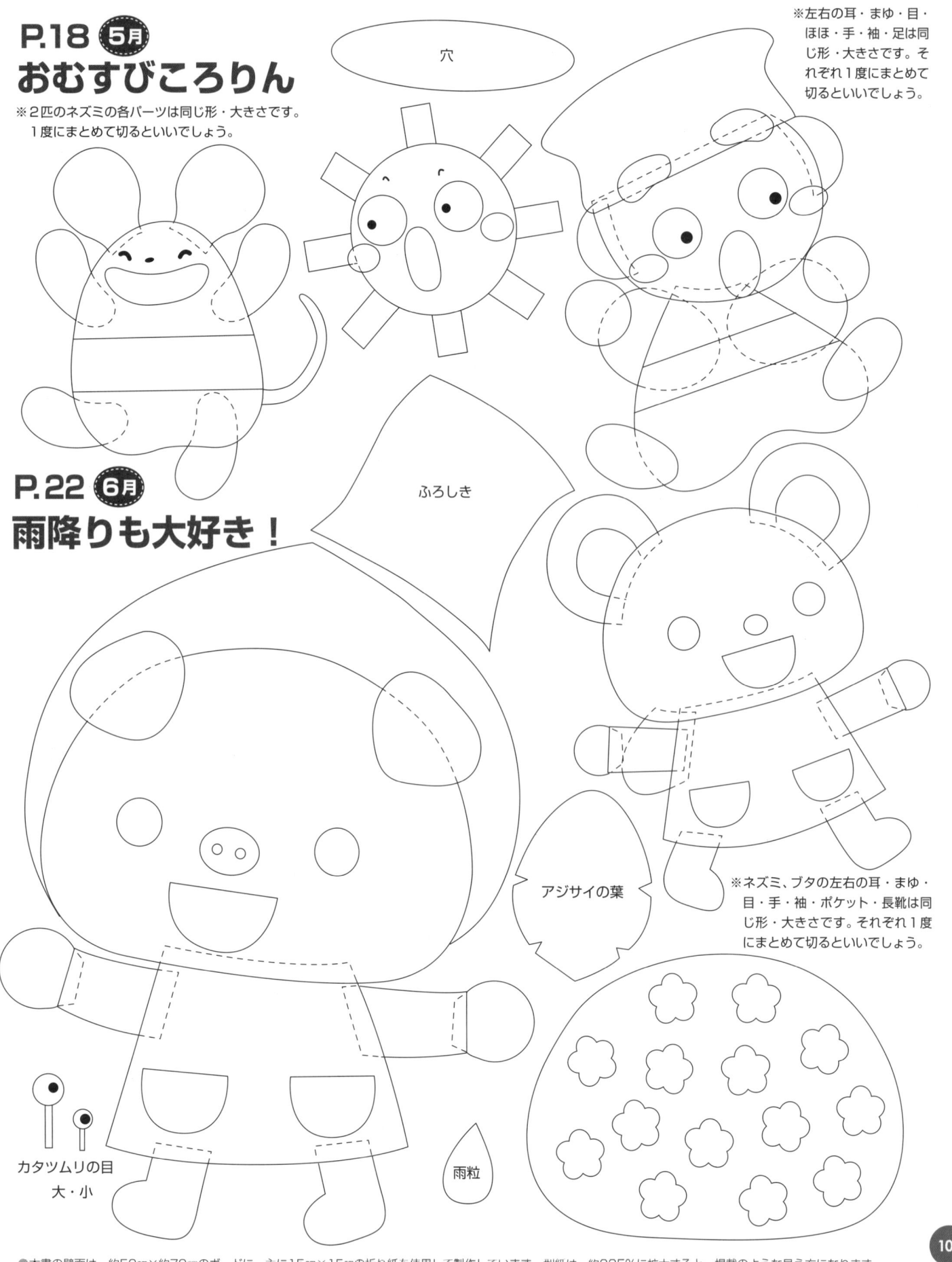

P.18 5月
おむすびころりん
※2匹のネズミの各パーツは同じ形・大きさです。
1度にまとめて切るといいでしょう。

P.22 6月
雨降りも大好き！

※左右の耳・まゆ・目・ほほ・手・袖・足は同じ形・大きさです。それぞれ1度にまとめて切るといいでしょう。

穴

ふろしき

アジサイの葉

※ネズミ、ブタの左右の耳・まゆ・目・手・袖・ポケット・長靴は同じ形・大きさです。それぞれ1度にまとめて切るといいでしょう。

カタツムリの目
大・小

雨粒

●本書の壁面は、約50cm×約70cmのボードに、主に15cm×15cmの折り紙を使用して製作しています。型紙は、約235%に拡大すると、掲載のような見え方になります。

P.24 6月 チクタク時計ワールド

※ウサギのパーツは、3匹とも同じ形・大きさです。手と足も同じ形なので、1度にまとめて切るといいでしょう。手足の動きを自由に変えてみましょう。

ウサギ×3

時計の針

P.28 7月 天の川でピクニックデート

星の尾×3

P.30 7月 スイスイクジラ

クジラの潮

波

●本書の壁面は、約50cm×約70cmのボードに、主に15cm×15cmの折り紙を使用して製作しています。型紙は、約235％に拡大すると、掲載のような見え方になります。

P.34 8月 Let's go！虫捕り！

※クマのパーツは、2匹とも同じ形・大きさです。耳と手はすべて同じ大きさの円なので、1度にまとめて切るといいでしょう。手足の動きを自由に変えてみましょう。

※体・足の形・大きさは、P.12 4月　イチゴ畑へようこそ！（型紙P.107）のネズミと同じです。

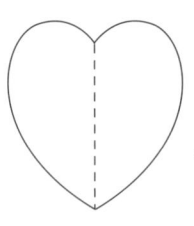

ヒマワリの葉
大・小

※ヒマワリの葉は、色画用紙を二つ折りにして、型紙の点線をわに合わせて切って開くと、左右対称に切れます。

P.36 8月 ヒマワリ畑

※ハチのパーツは、2匹とも同じ形・大きさなので、1度にまとめて切るといいでしょう。顔や体の動きを自由に変えてみましょう。

※手・足・触角はモールにするといいでしょう。

※ウサギ、ネズミの左右の耳・目・手・足は同じ形・大きさです。それぞれ1度にまとめて切るといいでしょう。

●本書の壁面は、約50㎝×約70㎝のボードに、主に15㎝×15㎝の折り紙を使用して製作しています。型紙は、約235％に拡大すると、掲載のような見え方になります。

P.40 9月 秋が来た！

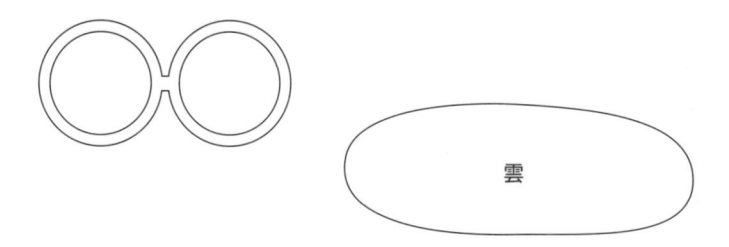

雲

P.42 9月 コスモス畑でかくれんぼ

※ネズミのパーツは2匹とも同じ形・大きさです。左右の耳もすべて同じ大きさの円なので、1度にまとめて切るといいでしょう。

※耳・顔の形・大きさは、P.36　8月　ヒマワリ畑（型紙P.110）のネズミと同じです。流用してもいいですね。

※ネコ、ウサギの顔・体の形・大きさは同じです。1度にまとめて切るといいでしょう。

※ウサギの耳・顔の形・大きさは、P.36　8月　ヒマワリ畑（型紙P.110）のネズミと同じです。流用してもいいですね。

●本書の壁面は、約50cm×約70cmのボードに、主に15cm×15cmの折り紙を使用して製作しています。型紙は、約235％に拡大すると、掲載のような見え方になります。

P.46 10月 ドングリがいっぱい！

※リスのパーツは2匹とも同じ形・大きさです。左右の耳・手・足も同じ形・大きさなので、1度にまとめて切るといいですね。手足の動きを自由に変えてみましょう。

切り株

P.48 10月 ワクワクハロウィン

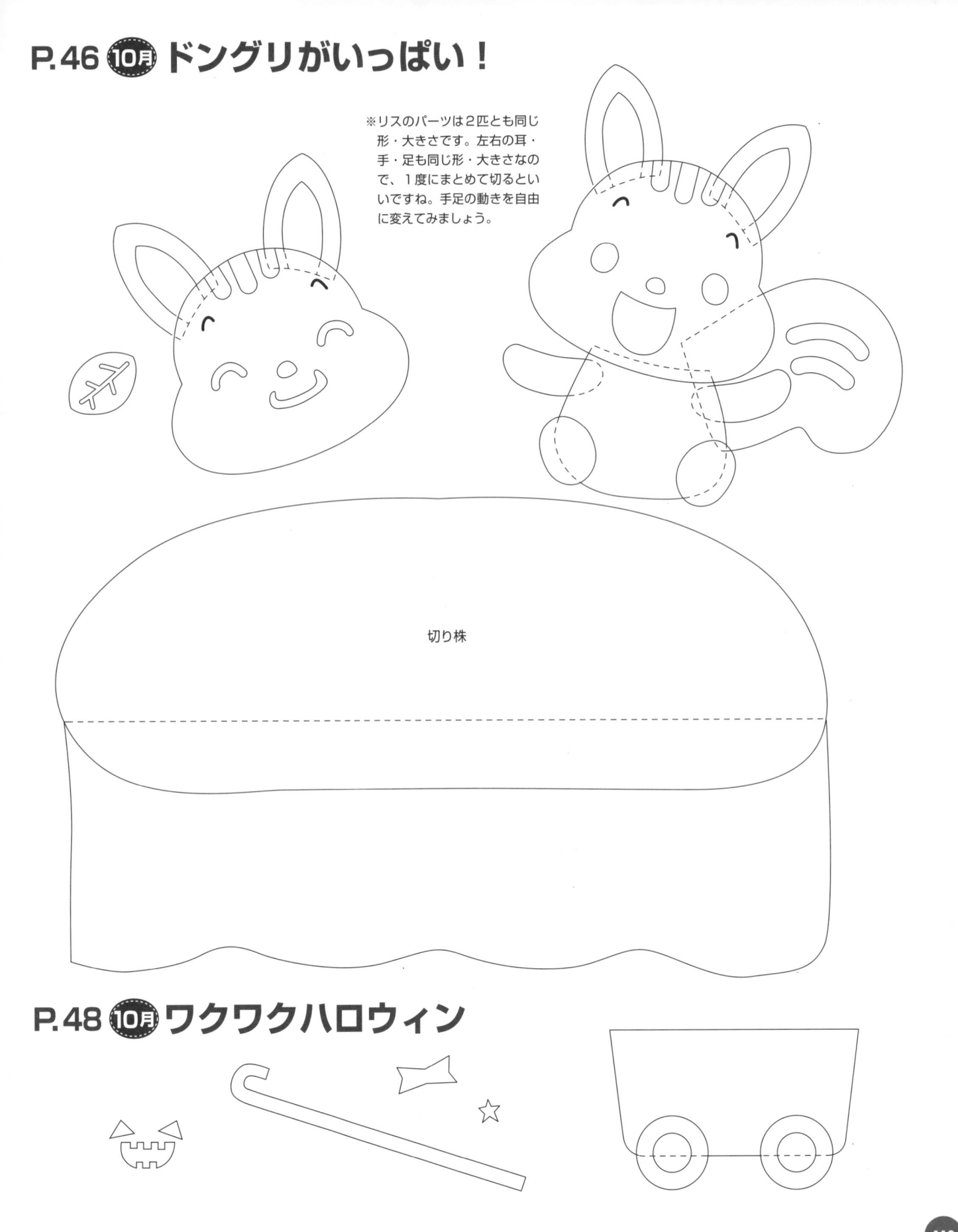

P.48 10月 せいさく帳 魔法使いのスープ

※本書掲載のせいさく帳（257cm×365cm）は、約155％に拡大しています。

P.52 11月 ホクホク焼きイモ

※キツネのパーツは2匹とも同じ形・大きさです。左右の耳・手・足も同じ形・大きさなので、1度にまとめて切るといいですね。手足の動きを自由に変えてみましょう。

●本書の壁面は、約50cm×約70cmのボードに、主に15cm×15cmの折り紙を使用して製作しています。型紙は、約235％に拡大すると、掲載のような見え方になります。

P.56 12月 サンタクロースがやって来た！

※本書では、片段ボールを10cm×10cmの大きさに切り、使用しています。

台紙

鉢

P.58 12月 プレゼントがいっぱい

※サンタの足とトナカイの手・足はすべて同じ形・大きさなので、1度にまとめて切るといいですね。

※サンタのひげと帽子以外のパーツは、P.18 5月 おむすびころりん（型紙P.108）のおじいさんと同じ形・大きさです。流用してもいいですね。

P.62 1月 あけましておめでとう

※文字は、筆でかいてもいいでしょう。

あけましておめでとうございます

●本書の壁面は、約50cm×約70cmのボードに、主に15cm×15cmの折り紙を使用して製作しています。型紙は、約235%に拡大すると、掲載のような見え方になります。

P.64 1月
今年の目標は？

※12支の顔の形・大きさは、イノシシ以外すべて同じです。手の形・大きさは、ニワトリ以外すべて同じです。まとめて切るといいですね。

あけまして
おめでとう

P.68 2月 鬼っ子ダンシング！

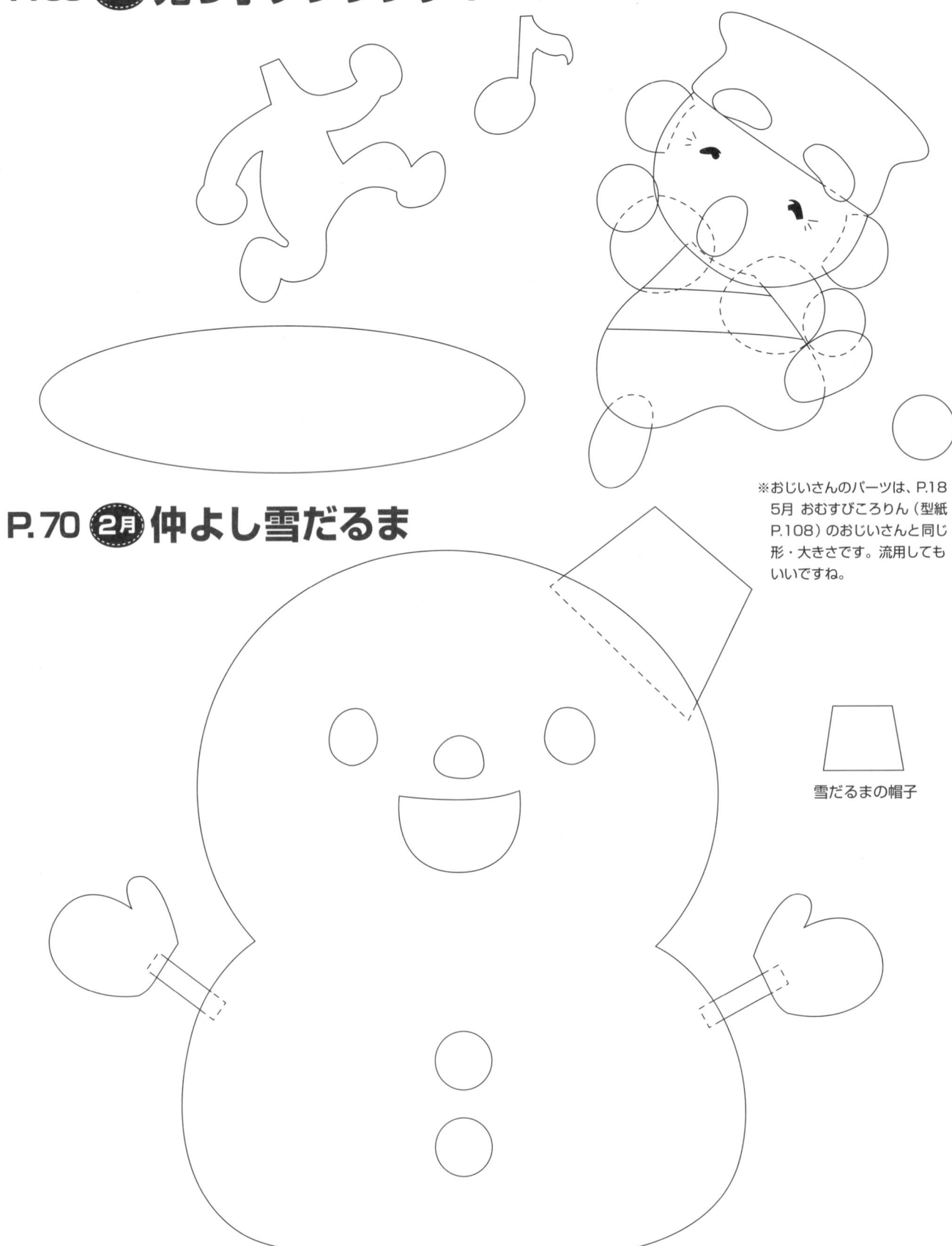

※おじいさんのパーツは、P.18 5月 おむすびころりん（型紙 P.108）のおじいさんと同じ形・大きさです。流用してもいいですね。

P.70 2月 仲よし雪だるま

雪だるまの帽子

●本書の壁面は、約50cm×約70cmのボードに、主に15cm×15cmの折り紙を使用して製作しています。型紙は、約235%に拡大すると、掲載のような見え方になります。

P.76 **3月** 卒園おめでとう！　　P.74 **3月** みんなでひなまつり

★いつでも使える、お役立ちチケット★　　お店屋さんごっこなどの際に、空欄にチケット名や金額を書いて、コピーをして使いましょう。

●本書の壁面は、約50cm×約70cmのボードに、主に15cm×15cmの折り紙を使用して製作しています。型紙は、約235%に拡大すると、掲載のような見え方になります。

★ 折り紙さくいん：ジャンル別

★ 生き物
- アクロバットホース　89
- イヌ　11
- ウサギ　84、88
- 宇宙人　13
- オタマジャクシ　21
- カエル　26
- カタツムリ　23
- カッパ　13
- カメ　79
- キツネ　81
- キンギョ　38
- クジラ　31
- クマ　84
- クワガタムシ　35
- ことり　13
- セミ　11、35
- ゾウ　84
- チョウチョウ　14、59
- ツル　78
- テントウムシ　15
- トナカイ　57
- トンボ　41
- ネコ　84、88
- ハクチョウ　72
- ハチ　15
- バッタ　45
- 羽ばたくツル　78
- パンダ　84
- ピョンピョン動物　88
- ブタ　88
- ペンギン　71
- ミノムシ　54
- ライオン　84
- リス　50

★ 草花
- アジサイ　27
- イチョウ　53
- 落ち葉　53
- カーネーション　20
- 木　81
- キク　45
- キノコ　51
- クリのいが　86
- クローバー　86
- コスモス　43
- ススキ　44
- チューリップ　11
- ツクシ　77
- ツバキ　72
- とがった葉　53
- ドングリ　47
- 葉っぱ　11
- 花　86
- ヒマワリ　37
- 丸い葉　54

★ 食べ物
- 赤カブ　13
- イチゴ　13
- おにぎり　19
- 貝　33、51
- カキ　26、44
- かき氷　75
- かしわもち　19
- カボチャ　51
- キャンディー　49
- 果物　44
- クリ　13、44、47
- ケーキ　60
- ゴボウ　66
- サンドイッチ　82
- スイカ　39
- ソフトクリーム　75
- ダイコン　67
- トマト　37
- ナシ　44
- ナス　26
- 肉まん　13
- ニンジン　67
- ブドウ　13
- プリン　77、81
- ミカン　44
- 野菜　66
- リンゴ　44

★ 乗り物
- いか飛行機　91
- 紙飛行機　91
- だまし舟　32
- 電車　20、82
- バス　82
- 船　82
- へそ飛行機　91
- ロケット　29

★ 自然
- 雨粒　26
- 流れ星　31
- 富士山　77
- 山　81
- 雪だるま　71

★ 身に付ける物
- うで時計　25
- かんむり　92
- さいふ　83
- 中華屋さんの帽子　92
- てぶくろ　71
- ネクタイ　27
- はかま　86
- 冬の帽子　81
- 帽子　81、82、83
- リボン　59

★ 建物・家具
- 家　81、83
- イス　86
- テーブル　86
- ピアノ　83
- まくら　82
- 店　83

★ 入れ物
- コップ　93
- 三角の入れ物　96
- 三方　94
- つのこう箱　95
- 箱　93
- 平たい入れ物　97

★ 伝統物・人物
- 網（七夕飾り）　33
- おしし　65
- 鬼　69
- おびな　75
- おひなさま　75
- おり姫　29
- かざぐるま　32
- かぶと　19
- こいのぼり　17
- コマ　63
- サンタ　57
- 七夕飾り　33
- ちょうちん　33
- 羽子板　65
- ひこ星　29
- 福の神　66
- 魔法使い　49
- めびな　75
- やっこさん　86
- リース　60

★ 遊べる物
- クルクル　61
- クレヨン　55
- しゅり剣　90
- ぱくぱく　86
- パッチンカメラ　86
- 風船　38
- 本　55

折り紙さくいん：50音順

あ
- 赤カブ　13
- アクロバットホース　89
- アジサイ　27
- 雨粒　26
- 網（七夕飾り）　33
- 家　81、83
- いか飛行機　91
- イス　86
- イチゴ　13
- イチョウ　53
- イヌ　11
- ウサギ　84、88
- 宇宙人　13
- うで時計　25
- おしし　65
- オタマジャクシ　21
- 落ち葉　53
- 鬼　69
- おにぎり　19
- おびな　75
- おひなさま　75
- おり姫　29

か
- カーネーション　20
- 貝　33、51
- カエル　26
- カキ　26、44
- かき氷　75
- かざぐるま　32
- かしわもち　19
- カタツムリ　23
- カッパ　13
- かぶと　19
- カボチャ　51
- 紙飛行機　91
- カメ　79
- かんむり　92
- 木　81
- キク　45
- キツネ　81
- キノコ　51
- キャンディー　49
- キンギョ　38
- クジラ　31
- 果物　44
- クマ　84
- クリ　13、44、47
- クリのいが　86

さ
- クルクル　61
- クレヨン　55
- クローバー　86
- クワガタムシ　35
- ケーキ　60
- こいのぼり　17
- コスモス　43
- コップ　93
- ことり　13
- ゴボウ　66
- コマ　63

さ
- さいふ　83
- 三角の入れ物　96
- サンタ　57
- サンドイッチ　82
- 三方　94
- しゅり剣　90
- スイカ　39
- ススキ　44
- セミ　11、35
- ゾウ　84
- ソフトクリーム　75

た
- ダイコン　67
- 七夕飾り　33
- だまし舟　32
- 中華屋さんの帽子　92
- チューリップ　11
- チョウチョウ　14、59
- ちょうちん　33
- ツクシ　77
- つのこう箱　95
- ツバキ　72
- ツル　78
- テーブル　86
- てぶくろ　71
- 電車　20、82
- テントウムシ　15
- とがった葉　53
- トナカイ　57
- トマト　37
- ドングリ　47
- トンボ　41

な
- 流れ星　31
- ナシ　44
- ナス　26
- 肉まん　13
- ニンジン　67
- ネクタイ　27
- ネコ　84、88

は
- はかま　86
- ハクチョウ　72
- ぱくぱく　86
- 箱　93
- 羽子板　65
- バス　82
- ハチ　15
- バッタ　45
- パッチンカメラ　86
- 葉っぱ　11
- 花　86
- 羽ばたくツル　78
- パンダ　84
- ピアノ　83
- ひこ星　29
- ヒマワリ　37
- ピョンピョン動物　88
- 平たい入れ物　97
- 風船　38
- 福の神　66
- 富士山　77
- ブタ　88
- ブドウ　13
- 船　82
- 冬の帽子　81
- プリン　77、81
- へそ飛行機　91
- ペンギン　71
- 帽子　81、82、83
- 本　55

ま
- まくら　82
- 魔法使い　49
- 丸い葉　54
- ミカン　44
- 店　83
- ミノムシ　54
- めびな　75

や
- 野菜　66
- やっこさん　86
- 山　81
- 雪だるま　71

ら
- ライオン　84
- リス　50
- リース　60
- リボン　59
- リンゴ　44
- ロケット　29

〈編著者〉
津留見裕子（つるみ　ゆうこ）
日本折紙協会会員。幼稚園教諭。
幼稚園の現場経験を生かして、子どもたちが折りやすい折り紙を創作する活動をしている。そのほかにも、幼児・児童から高齢者、障害をもつ方に、折り紙の楽しさを伝えている。
著書など
『オーレイ！　折り紙』著（メイト）
『はじめておりがみ』案・指導（Gakken）
『3歳児／4歳児／5歳児の保育資料・12か月のあそび百科』阿部恵／編著（ひかりのくに）の折り紙ページを担当。

〈製作・アレンジ〉
池田かえる（いけだ　かえる）
短大を卒業後、乳児保育園で保育士として7年間勤務。
その後、イラストと絵本を学び、2006年からフリーランスのイラストレーターとして活躍中。
保育士の経験を生かし、壁面製作・アレンジプラン・企画内容協力などに携わる。
著書など
『from to 保育者 books ①　壁面・デジカメ goods』共著（ひかりのくに）
『from to 保育者 books ②　行事のイラストおまかせ CD-ROM』企画協力・イラスト（ひかりのくに）
『ハッピー保育 books ①　0・1・2歳児担任の保育の仕事まるごとブック』著（ひかりのくに）

いわいざこまゆ（いわいざこ　まゆ）
短大を卒業後、保育士として保育園で7年間勤務。
イラストレーターとして保育のイラストや4コマ漫画、造形アイデアを中心に保育雑誌等で活躍中。
現在もアルバイトとして、保育現場で保育に携わる。
著書など
『ハッピー保育 books ②　3・4・5歳児担任の保育の仕事まるごとブック』（ひかりのくに）
保育経験を生かして、イラストを担当。

あとがき

　たくさんの色がある折り紙は、見ているだけでもワクワクします。どの色を使おうかな？　何を折ろうかな？　1枚の紙からいろいろなものができることを思うと楽しくなります。
　折り紙は、大人と子どもがいっしょになって楽しめます。大人も子どもも折り紙を折っているときは、ひと折り、ひと折りを大切にしている姿があります。また、手間のかかった作品だけでなく、どんなに単純で簡単な作品であっても、できあがった達成感と、しあがった満足感で、すてきな笑顔を見せます。そして、自分なりに頑張ってしあげた自慢の作品が保育室に飾られたときには、さらに輝いた表情になっています。「自分で作ったんだ」という達成感が自信につながっているのでしょう。
　この本が、日々の保育活動のお役にたつことができ、そして、たくさんの子どもたちの笑顔へとつながっていくことができましたらうれしいです。
津留見裕子

スタッフ：
本文レイアウト・編集協力／太田吉子
折り図イラスト／柳　深雪
本文イラスト／池田かえる
　　　　　　　いわいざこまゆ
撮影／今泉邦良（アイマックス）
企画編集／長田亜里沙・安藤憲志
校正／堀田浩之

本書掲載イラストおよびデザインは、ご購入された個人または一施設・団体が、営利を目的としない掲示物、園だより、学校新聞、社内報、私的範囲内の年賀状等のカード類に自由に使用することができます。ただし以下のことを遵守してください。
○他の出版物、企業の PR 広告、商品広告、企業・お店のマーク等への使用や、園児募集ポスター、園バスのデザイン、その他物品に印刷し販促に使用または商品としての販売、インターネットのホームページ（個人的なものも含む）等に使用はできません。無断で使用することは、法律で禁じられています。なお、イラストを変形、または手を加えて上記内容に使用する場合も同様です。
○本書掲載イラスト等を複製し、第三者に譲渡・販売・頒布（インターネットを通じた提供も含む）・賃貸することはできません。

from・to 保育者 books ③
おりがみ よくばり百科

2009年　10月　初版発行
2023年　7月　第20版発行

編集者　津留見裕子

制作・アレンジ　池田かえる・いわいざこまゆ

発行人　岡本　功

発行所　ひかりのくに株式会社

〒543-0001　大阪市天王寺区上本町3-2-14　郵便振替00920-2-118855　TEL06-6768-1155
〒175-0082　東京都板橋区高島平6-1-1　郵便振替00150-0-30666　TEL03-3979-3112
ホームページアドレス　https://www.hikarinokuni.co.jp

印刷所　凸版印刷株式会社

Ⓒ 2009　乱丁、落丁はお取り替えいたします。

Printed in Japan
ISBN978-4-564-60313-6
NDC376　120P　26×21cm